编者简介

　　李昕，1980年出生，内蒙古通辽人。内蒙古大学法学学士（2001年），西南政法大学法学硕士（2005年），西南政法大学法学博士（2008年）。2008年7月至今在广州大学法学院任教，为副教授、硕士生导师。致力于民事诉讼法和证据制度的研究。在《求是学刊》、《法律适用》等刊物上发表论文十余篇，出版学术专著1本。

广州大学律师学书系

民事诉讼法
教学案例

李昕 ◇ 编

案例教学是法学本科教学的生命(代序)

一、国家本科教学改革政策和法律认知规律都要求推进案例教学

2012年3月21日教育部印发的《高等教育专题规划》(教高〔2012〕5号)文件第3条第(一)项第3段规定:"要重视学生在学习中的主体地位,注重学思结合,倡导启发式、探究式、讨论式、参与式教学。"对于法学本科教学而言,进行案例教学是贯彻"启发式、探究式、讨论式、参与式"教学的重要形式。第一,案例教学是一种启发式教学。和传统的"满堂灌"教学法相比,案例教学注重启发学生分析问题与解决问题的思路。教师在授课过程中,时刻根据案例向学生提出问题,使学生开动脑筋,保持高度活跃的思维。教师用启发式、提问式教学方法,回应学生所提出的案例解决方案。第二,案例教学是一种参与式教学。在案例教学过程中,学生必须事先阅读与案例相关的法律知识和基础理论,把自己的思维置于案例的情境里,参与到案例解决方案的探讨中,其主动性和积极性都得到了极大的发挥。第三,案例教学是一种讨论式教学。在案例教学过程中,教师可以就案例阐明自己的观点,学生也可以就案例发表自己的意见。学生和学生之间,学生和老师之间均可自由讨论、辩论,充分陈述自己的观点和理由。

案例教学是最符合法律认知规律的教学方法。法律本来就是将生活中发生的真实案例通过归纳、整理,上升为一般性规定的东西。法学理论也来源于对生活案例的总结,或者说是对生活案例的类型化。法律调整就是从具体案例上升为类型指导的过程。自然的、具体的、不定型的生活案例,只有经过立法者的定型后,才能上升为法律规定。立法者将生活案例上升为法律规定的过程,实际就是一种抽象和概括的过程。立法的抽象和概括过程具有如下特点:(1)它舍掉生活行为个案的某些外部环节、非本质特点、差异,而抽取出其共同的东西。(2)它在思维中将生活行为个案的不同方面隔离开来、剥离开来,将所要着重研究的那一方面抽取出来,而将其他方面暂时地舍弃掉。

(3)它将生活行为个案的现实复杂关系"简化"为逻辑上的关系,着重研究这种简化了的关系的变动情况及其制约条件。这就是法律产生的逻辑进程。根据这样的逻辑进程,人们对于抽象、概括的法律规定的讲授、学习,只有将它(该法律规定)还原到生活案例的情境中,才能真正地理解它,才能清楚地解释它,才能学习到它的本来面目和实质内涵。既然立法是由具体到抽象的过程,那么学习法律就必须是一个由抽象到具体的展现过程,必须将一条条抽象的法律规定,展现为它的来自面目——生活案例。法律的教学活动必须遵循这一规律,必须采取"把法律还原为生活案例"的教学方法。

二、法律教育发达国家和地区都将案例教学作为法律教学的主要形式

美国内战之后,哈佛法学院首创的案例教学法得到推广,甚至成了美国法律教育的代名词。案例教学法的创始人兰德尔教授认为法律是一门科学,而科学意味着实用性,案例教学的目的在于培养学生像律师一样进行思考的能力。学生借助于对案例的分析来寻找各种法律原则,训练法律思维,获得分析和综合能力[1]。美国的案例教学模式主要训练学生识别争议的精确要点及顺利解决争议的能力。这种方式首先要求学生在面对争论时,能够通过筛选判例找出切合案例的法律规则,然后以此为切入点,为有利于己方的解决方案据理力争。美国的判例教学法是与学徒制、讲授制教学法进行了长时间的竞争并最终取得胜利的,是与从个案中寻找法律规则这一普通法体制取得优势地位分不开的[2]。

在"遵循先例"的普通法背景下学习法律,英国的法律教育更是注重案例教学。在英国,几乎任何一门课程中最经典的案例都会在课堂上进行分析。为了让学生们熟悉典型案例,各科教师还经常布置案例分析作业。学生们要在课外充分阅读、研究案例,上课时他们走上讲台来讲述自己对于案例解决的观点和思路。其他学生可以提问,最后再由老师进行讲评。英国大学的案例分析课一般是小班上课(不超过20人),每5人为一组。上课时学生围成圈。教师总结上次学习或者讨论的内容和技能,然后当场向每小组下发书面案例材料(多数为法院的真实案例)和相关的问题等,然后在小组内进行讨论分析,

---

[1] 韩慧:《论美国法律教育的职业化取向》,载《当代教育科学》2008年第13期。
[2] [美]詹姆斯·马克塞纳:《美国的法学院是否可以作为日本法学教育的模式?》,王进译,载《法学教育研究》第3卷,第237~238页。

每位学生均须发表自己的观点,教师有时给予必要的指导。然后,每小组选出本组代表进行小组总结性的发言,教师在黑板上记录每组分析的事实问题、法律问题、有无责任、理由、辩护结论和依据等。教师针对每组结论进行分析和评价。这种案例分析课程不仅培养了学生的团队精神,而且更重要的是可以将学习的法律知识和技能应用到具体案例中,培养学生分析问题的能力①。

在澳洲大学的法学院,案例研讨也是教学的基本形式之一。例如在西悉尼大学麦卡瑟分校法学院,法律学士学位为全日制学习,包含有24门持续一学期的课程,其中16门核心课。核心课每周4学时,原则上是这样分配的:1学时讲授,2学时讨论,1学时技能指导。讨论课内容基本上是案例研讨。这样算来,案例讨论课占总学时的1/2。在讲授课中,教师也是不断地用案例来解释知识点。

我国香港的大学法学院普遍采取"2+1"课堂教学法。所谓"2+1"课堂教学方法,就是每门课都安排每周上3个学时,其中2学时采取讲授方式,1学时采取分组讨论方式。在讲授课过程中,教师主要讲授争议性问题、实践中常常发生的法律问题,并不是按一个学科的体系来讲授。大量本学科体系内的知识留给学生自学;在1学时的讨论课上,学生被分成8~10个小组,每组4~5人,每组都指定组长1名。讨论的内容是刚刚讲授完的知识,一般是针对一些与讲授内容高度相关的案例进行讨论。

大陆法系国家的法学高等教育也是将案例讨论作为主要的也是最基本的教学方式。例如,在德国法学本科教育中,学生所修课程类型包括:课堂讲授、练习课、专题研讨课三部分。(1)课堂讲授。承担课堂讲授工作的教授注重授课的理论性和系统性,旨在向学生全面传授法学基础知识。其在教学中比较注重对抽象理论进行解释。法学教材也注重对抽象的概念和原理进行解释和分类。学生听完教授的某门课程后,期末时并不需要考试。(2)练习课。该课是必须通过考试拿学分的课。练习课主要是"案例分析",考试方式包括闭卷考试和拟定论文两个方面。闭卷考试进行3次,拟定论文进行2次。闭卷考试的时间通常为3小时,内容为"案例分析"。论文则可拿回家去写,为期3周时间。学生只要通过一次闭卷考试和一次论文,即可取得这门课程的学分。通常情况下,闭卷考试的及格率为1/3。(3)专题研讨课。一般选择某个专题

---

① 张胜利:《英国法学本科教育和律师职业教育对我们的启示——以英国西英格兰大学(UWE)法学院为例》,载《天津法学》2011年第2期。

进行讨论,主要面向高年级学生开设。学生须在参加研讨课之前的较长时间内择定题目并撰写论文,然后在研讨课开始之前提交论文,并向参加研讨课的同学分发。上研讨课时,由学生宣讲论文,介绍自己的观点和论证思路,并进行论证,然后在教授的主持下由其他同学发表意见,进行评论和批评,展开讨论。教授实际扮演主持人的角色①。

在法国的法学本科教学中,讲授课和辅导课、讨论课是教学的基本形式。讲授课一般在几百人的阶梯教室进行,以教师讲授为主,无指定课本,但开学之初教师会列出参考书目。学生如有疑问,可以在课堂上随时举手或以便条形式提出,也可以在课间或课后与老师单独交流、讨论。讲授课的教师一般由具有一定年资、威望的教授担任。授课内容以概念、原理、理论为主。但多穿插经典案例和最新案例。辅导课则采用小班制,一般在20人左右,任课教师通常为年轻教师,在读的博士生或校外聘请的法律实务工作者,如律师、公证人、法官等。辅导课以案例教学为主,夹杂实例分析。辅导课的教师经常鼓励学生大胆发言,提出不同的看法、观点,供大家讨论。辅导课的学生则必须课前认真准备,课堂上积极发言。学生在辅导课堂上表现通常占期末成绩的30%。单纯从取得学分,完成学业的角度来考虑,学生也要在课前认真做好准备②。

通过上述举例可知,案例研讨课是各主要法律教育发达国家向学生传授法学原理、讲授法学基本知识所采取的主要形式。在上述国家的法学教育中,讲授课在一门课的教学中所占用的学时并不多,一般占1/3左右,也不需要考试。学生要想拿到该门课的学分,必须花大力气参加案例研讨课或辅导课。案例研讨课或辅导课要考试,这是该门课学习任务的最核心部分。

三、借鉴外国案例教学经验开创案例教学新模式

当前,我国的高等教育政策要求高校要着重培养学生的实践动手能力、创新能力和知识应用能力。对于法律学科的教学而言,进行案例教学,调动学生解决案例的兴趣、培养学生解决案例的能力,是培养学生具备前述三种能力的重要途径。进行案例教学,必须充分借鉴外国的先进经验,结合我国高校法学

---

① 肖德芳:《德国"双轨制"法学教育改革的启示》,载《宜宾学院学报》2006年第9期。
② 张莉:《道器一体,学以致用——法国法学高等教育模式研究》,载《中国法学教育研究》2010年第5卷第1辑。

教育的实际情况,设计出适合我国高校实际的案例教学新模式。

(一)根据教学内容精选并编排案例

进行案例教学,教师首先必须精心选择具有典型性、代表性、能充分阐释教学知识点的案例。案例教学虽然可以引发学生听课的兴趣,但这并不是主要目的。案例教学的主要目的在于通过案例分析使学生更好地理解和掌握法学的一般原理、原则,提高学生运用法律知识解决实际问题的能力。① 所以,根据教学知识点来精选案例是进行案例教学的前提和基础。

选择教学案例,应当坚持如下几个原则:第一,尽量选择近期判决生效的真实案例。对这样的案例进行讨论可以使教学更加贴近现实生活,能引导学生及时关注司法实践中的新问题,能增加学生用法律知识解决现实问题的自信心和兴趣。第二,尽量选择典型的疑难案例。所谓案例的典型性,就是此案例的解决方案与课程的知识点具有紧密的联系性。所谓案例的疑难性,就是此案例的解决方案不是唯一的,可能存在不同的甚至对立的观点,而且这些观点对于解决此案例都具有合理性。讨论这样的案例,能拓展学生的思维路径。第三,要根据课程知识点的体系来编排案例。这样能使老师根据教学进度来方便地使用这些案例,充分配合理论教学。第四,要多角度地选择案例。要根据阐释某一知识点的需要,从多个角度来选择案例。一般一个知识点、一个法律制度、一个法律原则要选择10个左右的案例。学生从不同角度运用同一法律知识来解决这些案例,可以增强学生对此法律知识的深入理解,能从不同角度、不同层次培养学生运用法律知识分析、解决实际问题的能力。第五,将本门课程的教学案例编辑成册。能公开出版最好,印成内部资料也可以。这样可使学生一册在手即可遍览本门课程的所有教学案例。

(二)设计好课堂案例教学的方法和步骤

应当围绕增强学生在课堂教学中的主体性来设计案例教学的方法和步骤。学生在课堂教学中的主体性主要包括自主选择、自主学习、自主应用等。当学生能自主地用自我学习到的法律知识来自主提出对真实案例的解决方案时,学生会不断产生学习兴趣甚至爱好,而这种兴趣和爱好又能进一步促进他

---

① 张丽英:《英国的法律职业与法学教育及其借鉴》,载《西安电子科技大学学报》(社会科学版)2007年第6期。

的自我选择、自我学习和自我应用。以此为出发点,开展案例教学可遵循如下方法和步骤:

第一步,适当安排课堂人数。开展案例教学的课堂学生数量不宜过大,一般一个课堂保持40~60人左右。

第二步,上课前老师要把学生分成小组,一般5人为一组,指定组长。一般分成10个小组左右为宜。

第三步,老师要把每节课讲授的知识点所对应的案例提前一周至二周布置给学生。学生必须在上课前以小组为单位集体讨论案例。学生必须提前预习将上课要讲授的法学理论和法学知识的相关内容,要提前讨论出案例的解决方案。每个案例的解决方案都是小组集体智慧的结晶。

第四步,老师上课时要用1/3左右的课时来概括性讲授教学大纲要求的主要知识点。应当主要讲授该知识能解决何种实际问题、该知识应当如何应用、该知识解决实际问题的主要路径等。对于该知识的沿革、理论根据、本质等抽象的问题尽量不讲或少讲,留给学生自学。

第五步,老师随机让任何一个小组的任何一名学生上讲台来回答提前布置的任何一个案例的解决方案。该学生回答的案例解决方案必须是代表本小组的意见。老师根据学生回答的案例解决方案的情况给该小组打分。此分数是对小组每位同学的打分,是计算平时成绩的根据。这种"连坐式"考核,可以培养学生的团队合作精神。要加大平时成绩占期末成绩的比重,一般应当占30%~50%。

第六步,其他同学对于该同学讲述的案例解决方案可以提出问题让其解答。学生也可以就相关案例的解决方案向老师提出问题,老师可以简要回答。

第七步,几个小组的代表回答完案例解决方案后,老师根据课堂时间最后作简要讲解。老师此时应当主要讲解学生在案例讨论过程中所呈现出的一般性问题,对于学生普遍不理解的知识点要重点讲授。

以上案例教学模式能让学生在反复应用的过程中来掌握法律知识和法律原则。它不是让学生死记硬背具体的法律条文,而是让学生通过自我学习、集体研究大量的案例来掌握法律的精神和原则。在上课之前,学生必须认真钻研老师下发的案例汇编,查阅相关的理论知识和司法解释等资料。在课堂上,学生可以展示个人的表达能力和解决案例的能力以及逻辑思维能力。这样的案例讨论,既可以增加学生学习知识的积极性和主动性,也可以提高学生上课的主体性。学生把教学课堂当成了展示自我才能的舞台。

以上案例教学模式必须以编写好案例教材为重要前提。为了达到以上教学目标,卓有成效地开展案例教学,我们广州大学法学院编辑了这样一套案例研讨教材。希望这套教材以及上述案例教学方法的开展,能够开创案例教学的新模式,使教学质量不断提高,能对培养"应用型、复合型法律职业人才"起到促进作用。

邵维国

2013年9月6日

目 录

第一章　民事诉讼和民事诉讼法/1
第一节　民事纠纷及其解决机制/1
第二节　民事诉讼的概念/8

第二章　诉和诉权/20
第一节　诉/20
第二节　诉权/34

第三章　基本原则和基本制度/43
第一节　基本原则/43
第二节　基本制度/51

第四章　管　辖/63
第一节　级别管辖/63
第二节　地域管辖和专属管辖/65

第五章　当事人/79
第一节　原告和被告/79
第二节　第三人/124
第三节　多数人诉讼/144

第六章　民事证据制度/175
第一节　民事证据/175
第二节　证据的种类/177

第三节 证据收集/187
第四节 证明和证明对象/193
第五节 证明责任/197

第七章 法院调解/205

第一节 法院调解原则/205
第二节 调解协议/206

第八章 临时性救济和诉讼保障/209

第一节 保全/209
第二节 先予执行/211
第三节 强制措施/212
第四节 送达/214

第九章 第一审普通程序、简易程序/216

第一节 第一审普通程序/216
第二节 简易程序/222

第十章 上诉程序、再审程序/226

第一节 上诉程序/226
第二节 再审程序/234

第十一章 特别程序/241

第一节 选民资格案件/241
第二节 督促程序案例讨论/242
第三节 公示催告程序案例讨论/243

第十二章 强制执行程序案例讨论/245

第一节 执行概述案例讨论/245
第二节 执行措施案/247

第一章 民事诉讼和民事诉讼法

第一节 民事纠纷及其解决机制

案例 1.1→

教师与学校之间的纠纷是否属于民事纠纷?

一、案情简介[①]

A 工业大学副教授吕某素在 2012 年调资时未能得到调资,吕某素找到该校人事处处长段某问明缘由,人事处处长解释说:吕某素未能得到晋升是因为其工作表现不好,并经学校工资调整领导小组慎重研究决定的。据考勤记载,吕某素在上一学年的教学中,无故缺课 30 课时,而且上课也不认真,在学生中造成了不良的影响,在当年的考核中被认定为不称职。按照市工资调整领导小组的文件规定,凡在近三年中的考核中有一次为不称职者,不能晋升工资。故,A 工业大学决定对吕某素的工资不予晋升。吕某素对上述解释提出异议,认为考勤记载不准确,称其实际缺勤课时最多 10 课时左右,而且都是事先向教研室主任请了假的,对其工作考核评定为不称职缺少事实依据。学校对于吕某素的辩解并未予以采纳,维持对其不予晋升工资的决定。此时,有人提醒吕某素:3 年前学校向其颁发了聘书,聘其担任该校某专业的副教授,这实际上是与学校签订了一份劳动合同,工资问题应当是劳动合同的当然内容,因此而发生的纠纷可以向法院提起诉讼。于是,吕某素请一律师为其写了一份诉状并向法院提起诉讼,要求法院判决撤销 A 工业大学不予晋升其工资的决定。法院是否应当受理此案呢?

[①] 案例来源于:《民事诉讼疑难案例分析(课堂讨论案例)》,西南政法大学法学院民事诉讼法教研室,唐力选编。

二、分歧观点

关于法院是否应当受理此案,存在以下两种不同观点:

第一种观点认为,教师和学校之间的人事争议不属于民事纠纷,法院不应当受理此案。学校属于国家事业单位,目前我国在事业单位与个人之间出现人事争议后,在立法上还没有一项专门的法律来适用。法院受理此类案件于法无据,因此法院应以该案不属于法院民事诉讼受案范围为由驳回原告的起诉。

第二种观点认为,法院应当是受理此案。国家设置民事诉讼的目的是多元化的,化解当事人之间的纠纷,保障社会秩序的稳定无疑是民事诉讼的目的之一。如果事业单位的人事争议游离在司法审查范围之外,容易激化矛盾。法院应当发挥司法能动性,扩大受案范围,为社会公众寻求法律帮助提供支持。

三、提示与参考

民事纠纷也称民事争议,是指平等主体之间发生的,以民事权利义务为内容的社会纠纷。民事纠纷作为法律纠纷的一种,一般来说,是因为违反了民事法律规范而引起的。民事纠纷一般分为平等主体间人身关系纠纷和财产关系纠纷。事业单位与其工作人员之间因辞职、辞退及履行聘用合同所发生的争议属于人事争议。针对司法实践中不断出现的事业单位与其工作人员之间的争议,2003年,最高人民法院颁布了一项司法解释,规定法院审理事业单位因辞职、辞退及履行聘用合同(福利待遇)所发生的争议适用我国劳动法的规定处理。2011年8月15日中央组织部、人力资源社会保障部、总政治部以人力资源社会保障部发〔2011〕88号印发《人事争议处理规定》,根据该规定事业单位与工作人员之间因解除人事关系、履行聘用合同发生争议的,当事人可以协商解决;不愿协商或者协商不成的,可以向主管部门申请调解,不愿调解或调解不成的,可以向人事争议仲裁委员会申请仲裁。当事人也可以直接向人事争议仲裁委员会申请仲裁。当事人对仲裁裁决不服的,可以向人民法院提起诉讼。

案例 1.2

公证纠纷是否属于民事纠纷？

一、案情简介①

滕某某于 2005 年表示放弃继承其父亲的遗产，并与其母亲、兄弟姐妹一起到广西玉林市公证处进行了公证，玉林市公证处出具了〔2005〕玉证内字第 1016 号公证书，确认滕某某已放弃继承。后滕某某的妻子韦某惠、儿子滕某帅认为滕某某放弃继承遗产的行为损害了其合法权益，玉林市公证处所做的上述公证书违法，根据《中华人民共和国公证法》第 40 条的规定，向玉林市玉州区人民法院提起民事诉讼，要求法院判令玉林市公证处撤销上述公证书。

二、分歧观点

关于法院是否应当受理此案，存在以下两种不同观点：

第一种观点认为，法院不应当受理此案。公证本身是一项证明活动，故公证行为本身并不设立、变更或终止公证当事人、公证事项利害关系人之间的民事权利义务关系，不论人民法院是否撤销公证书，均不必然影响公证当事人、公证事项利害关系人之间基于公证事项所产生的民事关系。《中华人民共和国公证法》第 40 条中所说的"争议"是指当事人或公证事项利害关系人之间的争议，只能以对方当事人为被告对"争议"提起民事诉讼，而不是以公证机关作为被告请求撤销公证或确认公证无效。玉林市公证处不是适格的被告，该案不属于人民法院民事诉讼的受案范围，法院应当依法对韦某惠、滕某帅的起诉裁定不予受理。

第二种观点认为，法院应当受理此案，该案属于法院的受案范围。公证机构是依法设立，不以营利为目的，依法独立行使公证职能、承担民事责任的证明机构。公证机关与公证申请人之间的法律关系是平等主体之间的法律关系。我国《民事诉讼法》第 3 条明确规定：人民法院受理公民之间、法人之间、其他组织之间以及他们相互之间因财产关系和人身关系提起的民事诉讼。因

---

① 案例来源于：http://www.chinacourt.org/article/detail/2013/04/id/952517.shtml，访问时期：2012 年 5 月 6 日。

此法院应当受理该案。更为重要的是,赋予公证申请人提起民事诉讼的权利,有利于加强司法对公证的监督。

三、提示与参考

公证是公证机构根据自然人、法人或者其他组织的申请,依照法定程序对民事法律行为、有法律意义的事实和文书的真实性、合法性予以证明的活动。公证机构办理公证,应当遵守法律,坚持客观、公正的原则。全国设立中国公证协会,省、自治区、直辖市设立地方公证协会。中国公证协会和地方公证协会是社会团体法人。根据自然人、法人或者其他组织的申请,公证机构办理下列公证事项:(1)合同;(2)继承;(3)委托、声明、赠与、遗嘱;(4)财产分割;(5)招标投标、拍卖;(6)婚姻状况、亲属关系、收养关系;(7)出生、生存、死亡、身份、经历、学历、学位、职务、职称、有无违法犯罪记录;(8)公司章程;(9)保全证据;(10)文书上的签名、印鉴、日期,文书的副本、影印本与原本相符;(11)自然人、法人或者其他组织自愿申请办理的其他公证事项。

案例 1.3→

民事纠纷的解决方式有哪几种?

一、案情简介[①]

甲男与乙女系隔壁邻居。因甲时常聚集三朋四友在家打麻将,严重影响了乙家正常的休息。乙多次到甲家,希望甲夜晚不要扰民。一次甲家正在玩麻将,乙敲门表示不满。甲出言不逊,辱骂乙神经病。乙亦怒斥甲不务正业。甲恼羞成怒,上前拉住乙的衣服说:"我是赌徒,你就是妓女。"乙羞愤不已,转身欲走,但被甲拉住。挣扎间致乙衬衣被撕破,上身部分裸露。乙遭此羞辱之后,神经受到严重刺激,神经衰弱加重,不能正常生活、工作,所在外企因此将其辞退。

二、分歧观点

关于乙可以通过何种方式维护自己的权益,存在以下三种不同观点:

---

① 该案例为2004年国家司法资格考试试卷四第六题。

第一种观点认为,甲、乙可以通过基层人民调解委员会调解解决该纠纷。以调解的方式解决纠纷,不仅能节约司法资源,还可以维护甲、乙双方之间的邻里关系,在解决纠纷的同时也维护了社会关系的稳定。

第二种观点认为,乙应当以甲侵犯其人格权为由向人民法院提起民事诉讼。民事诉讼是维护社会正义的最后一道防线,为了有效地维护自己的权益,乙应当采用诉讼的方式解决纠纷。

第三种观点认为,乙可以侮辱罪向人民法院提起刑事诉讼,并提起附带民事诉讼。甲的行为已经符合侮辱罪的构成要件,乙可以向法院提起刑事自诉附带民事诉讼。

三、提示与参考

民事纠纷,是指平等主体之间发生的,以民事权利义务为内容的社会纠纷。民事纠纷可分为两大内容:一类是财产关系方面的民事纠纷,另一类是人身关系的民事纠纷。其解决机制有自力救济、社会救济、公力救济。自立救济是由当事人自己解决民事纠纷,主要有自决与和解两种方式。社会救济是指由社会介入解决民事纠纷,主要是诉讼外调解和仲裁。诉讼外调解,是指民事纠纷的双方当事人在第三方的主持下,就争执的问题进行协商并达成协议的行为。仲裁,是指民事纠纷的双方当事人达成协议,一致同意将争议提交第三方,由第三方对争议予以裁断的行为。仲裁的前提条件,是双方当事人有协议,且提交仲裁的事项是法律允许仲裁的事项及仲裁协议约定的仲裁机构客观存在。公力救济主要是指国家介入民事纠纷的解决,民事诉讼是公力救济的典型代表。作为一种解决民事纠纷的方式,诉讼是指法院在民事纠纷的双方当事人及其他诉讼参与人的参加下,就民事案件进行审理和作出裁判的行为。任何一种纠纷解决方式都有各自的优势和不足,解决纠纷的功能各有侧重,人民调解能够就近、及时地化解民间纠纷,降低纠纷解决的成本,彻底解决民事纠纷,防止矛盾纠纷的激化和升级。其不足之处在于:缺乏严格的程序规范,随意性较大;调解人员文化程度参差不齐,影响调解的质量与效率。与调解相比,诉讼以国家的强制力作为后盾,纠纷的解决过程也有严格程序,但诉讼周期较长,成本较高。

案例 1.4

调解协议签订后,一方当事人反悔的,应如何处理?

一、案情简介

张某与李某产生邻里纠纷,张某将李某打伤。为解决赔偿问题,双方同意由人民调解委员会进行调解。经调解员黄某调解,双方达成赔偿协议。后张某反悔不履行协议,李某应如何维护自己的权益?

二、分歧观点

关于李某如何更好地维护自己的权益,存在以下三种不同观点:

第一种观点认为,张某反悔不履行协议,李某可就协议向法院提起诉讼。根据《人民调解法》第32条的规定,经人民调解委员会调解达成调解协议后,当事人之间就调解协议的履行或者调解协议的内容发生争议的,一方当事人可以向人民法院提起诉讼。

第二种观点认为,李某可以向人民法院申请司法确认,而后申请强制执行。根据《人民调解法》第32条第2款的规定,人民法院依法确认调解协议有效,一方当事人拒绝履行或者未全部履行的,对方当事人可以向人民法院申请强制执行。

第三种观点认为,张某反悔不履行协议,李某可向法院提起人身损害赔偿诉讼。人民调解与民事诉讼同为民事纠纷解决方式,针对同一纠纷,当事人既可以进行人民调解,也可以向法院提起诉讼。

三、提示与参考

人民调解,是指人民调解委员会通过说服、疏导等方法,促使当事人在平等协商基础上自愿达成调解协议,解决民间纠纷的活动。人民调解委员会调解民间纠纷,应当遵循下列原则:第一,在当事人自愿、平等的基础上进行调解;第二,不违背法律、法规和国家政策;第三,尊重当事人的权利,不得因调解而阻止当事人依法通过仲裁、行政、司法等途径维护自己的权利。人民调解和民事诉讼虽然同为民事纠纷的解决机制,两者有着明显的区别。第一,两者的适用范围不同。根据我国《民事诉讼法》的规定,人民法院受理公民之间、法人之间、其他组织之间以及他们相互之间因财产关系和人身关系提起的民事诉讼。而调解作为一种纯粹的民间性质的纠纷解决机制，并没有相应的法律规范对其适用范围加以规定，从我国目前存在的调解机构和实践来看，调解的适用范围也是比较宽泛的。第二，人民调解和民事诉讼都是通过居间第三者来解决纠纷，但该第三者的性质不同。对于调解来说，其居间第三者是人民调解委员会，属于民间机构；通过诉讼形式解决纠纷，居间第三者只能是作为国家司法机关的人民法院。第三，当事人的自治性有所不同。在人民调解中，调解员是以沟通、诱导、协调等方式促成当事人解决纠纷，仅起着促进、引导、协调的作用，最终能否达成调解协议取决于双方当事人的意愿。而在诉讼中，人民法院作为国家的审判机关，凭借国家审判权来确定纠纷主体之间的民事权利义务关系及民事法律责任的承担，又以国家强制力保证民事判决、裁定的内容得以实现。在民事诉讼中纠纷的解决不必依赖于双方当事人的合意。第四，从法律后果上来看，由于人民调解委员会的民间性以及法律适用上的非严格性，双方当事人达成的调解协议不具有法律上的拘束力，也无强制执行力。诉讼则与之不同，诉讼中其所产生的无论是民事判决还是民事裁定，都具有法律上的约束力和强制执行力。

案例 1.5→

当事人签订仲裁协议，一方当事人向法院提起诉讼，应如何处理？

一、案情简介

南京市 A 区张某与 B 区刘某签订房屋买卖合同。约定：张某将位于 C 区的一套住房卖给刘某，并约定，因履行合同发生争议，协商不成时，由南京仲裁委员会（位于南京 D 区）仲裁解决。后因刘某拖欠房款，双方发生争议。张某向法院提起诉讼，而刘某则将纠纷提交给了南京仲裁委员会。

二、分歧观点

关于法院是否应当受理此案，存在以下两种不同观点：

第一种观点认为，法院应当受理该案。其理由在于：民事诉讼解决的是平等主体之间的民事权益纠纷，张某和刘某之间的争议属于民事纠纷的范围，且一方当事人已经法院起诉，意味着当事人已经放弃了仲裁，而选择诉讼作为解决纠纷的途径。因此，法院应当受理。

第二种观点认为,法院不应当受理此案,此案应由仲裁机构裁决。理由在于:仲裁作为民事纠纷的解决方式之一,主要受理当事人之间涉及财产权益的纷争。在本案中双方当事人已经通过合意达成了有效的仲裁协议,足以排斥法院对该案的管辖。

三、提示与参考

民事诉讼和仲裁作为两种最主要的民事纠纷解决方式,各有特色,各有所长。在两者关系上,我国立法采取的是或裁或审,一裁终局的原则。或裁或审制度是仲裁法的基本制度之一,是指当事人选择解决争议途径时,在仲裁与审判中只能二者取其一的制度。当事人选择了以仲裁途径解决争议,就不可以再选择诉讼;当事人若选择了诉讼就不可以同时选择仲裁。一裁终局制度是指当事人之间的纠纷,一经仲裁审理和裁决即告终结,该裁决具有终局的法律效力。裁决作出后,当事人就同一纠纷再申请仲裁或者向人民法院起诉的,仲裁委员会或者人民法院不予受理。仲裁和民事诉讼同为民事纠纷的解决机制,两者之间既有联系又有区别。两者的区别在于:第一,仲裁的前提是当事人双方达成仲裁协议,自愿将争议提交仲裁机关,而民事诉讼只要一方的起诉符合法定条件法院就会受理。第二,当事人有权选择仲裁员,而民事诉讼的审判人员则由人民法院决定。第三,仲裁一般不公开审理,而民事诉讼则以公开审理为原则,以不公开审理为例外。第四,仲裁实行一审终局制。当事人不得就同一事实再次申请仲裁,也不能向人民法院再行起诉、上诉;而民事诉讼实行二审终审制。两者之间的联系体现在:第一,仲裁权利的实现需要民事诉讼程序的参与,如仲裁过程中财产保全和证据保全。第二,司法对仲裁的监督,如对仲裁协议效力的确认和审查,仲裁裁决的撤销和执行都离不开民事诉讼程序。

第二节　民事诉讼的概念

案例 1.6→

一元钱诉讼是否符合民事诉讼的价值追求?

一、案情简介

甲、乙系邻居,因琐事发生争执。甲以乙对其辱骂为由,向法院诉请乙应赔偿人民币一元。

二、分歧观点

关于法院是否应当受理此案,存在以下两种不同观点:

第一种观点认为,法院应当受理此案。不论诉讼标的额的多少,只要诉讼索求的利益正当,符合起诉的条件,法院就应当受理此案。"一元钱"官司应该与其他的普通官司一视同仁,并应平等地分享司法资源,法院应当保障每个公民通过诉讼保护自己受到侵害的民事权益的权利。在诉讼公正和诉讼效率之间,应公正优先。

第二种观点认为,法院不应当受理此案。诉讼首先要考虑的是诉讼成本与收益,如果法院对该案进行事实审理,势必造成司法成本的浪费。司法资源是有限的,其利用也应是有限度的。司法、执法的成本是昂贵的,目前案件积压严重,审判力量不足,为了实现司法资源的有效配置,一元钱诉讼应尽量在诉讼外解决。在诉讼公正和诉讼效率之间,应当效率优先。如果法院受理一元钱诉讼势必会导致当事人滥诉、滥用诉讼权利,甚至是诉讼爆炸,使原本就紧张的司法资源更捉襟见肘。

三、提示与参考

公正与效率是民事司法的基本价值取向。诉讼公正与效率是一个世纪性主题,同时也是一个世界性主题。社会公众都迫切要求司法公正与高效。关于公正与效率的关系,学者站在不同的角度有不同的看法。有人认为,在社会主义市场经济条件下,诉讼活动应当是"效率优先,兼顾公正"。也有人认为,效率与公正并不是同一范畴中相互对立的两极,何者优先并不具有实际意义,应采取兼容并蓄的态度评判公正与效率的关系。还有人认为,在公正和效率之间,应当是公正优先,兼顾公正。目前学界通说认为,诉讼应平衡兼顾公正和效率,诉讼公正是诉讼价值的核心目标,诉讼效率是诉讼价值的有效保障。一般认为,诉讼公正来源于英国的自然正义原则,作为一种古老的正义观念,自然正义原则起源于自然法。作为正式的法律制度,一般认为其历史可追溯到 1215 年英国的《自由大宪章》。效率原本是经济学中的术语,即产出与投入之比率。目前学者大都认为,诉讼应当考虑经济合理性因素,追求资源的优化配置和有效利用的水平,促使有限资源产生最大化效益。

案例 1.7

法院能否主动提供法律服务？

一、案情简介[①]

2013年以来,江苏省某市人民法院积极开展"走访企业"活动,先后与辖区30家重点骨干企业进行对接,就企业在经营活动中涉及合同签订、如何避免和化解经营风险、企业经营过程中产生的劳动争议等问题提供相应法律服务。

二、分歧观点

关于法院的行为是否妥当,存在以下两种不同观点:

第一种观点认为,法院的行为并无不当之处,是司法能动性的体现。在推进依法治国,建设社会主义法治国家的历史进程中,人民法院发挥职能作用的内涵越来越丰富,维护社会稳定为完善社会主义市场经济体制提供司法保障。国家设置民事诉讼的目的就是保护当事人行使诉讼权利,保证人民法院查明事实,分清是非,正确适用法律,及时审理民事案件,确认民事权利义务关系,制裁民事违法行为,保护当事人的合法权益,教育公民自觉遵守法律,维护社会秩序、经济秩序,保障社会主义建设事业顺利进行。

第二种观点认为,法院的行为有欠妥当。法院主动为企业提供法律服务与审判权的被动性、消极性相冲突。民事诉讼实行不告不理,在民事诉讼实践中,有些法院主动上门服务,寻找案源,为事主"排忧解难"。这种做法,表面上看是服务到位,为民做主,实际上是违反了司法权的被动性,有损司法公正,有"告"方"理",才是一个公正司法的开始。

案例 1.8

刑事附带民事诉讼能否另行提起民事诉讼？

一、案情简介

2010年9月3日,张某之子张甲(23岁,已独立生活)无证驾驶张某

[①] 案例来源于:http://www.chinacourt.org/article/detail/2013/06/id/1016498.shtml,访问日期:2013年6月24日。

所有的三厢轿车,将王某之妻陈某撞倒致伤。经该市交警大队认定张甲负本次事故的主要责任,陈某负本次事故的次要责任。案发后,检察院指控张甲犯交通肇事罪,向法院提起公诉。在诉讼过程中,受害人陈某作为附带民事诉讼原告人向法院提起附带民事诉讼。法院遂依法作出刑事附带民事判决:(1)被告人张甲犯交通肇事罪,判处有期徒刑一年;(2)被告人张甲应赔偿附带民事诉讼原告人陈某的经济损失共62700元。判决生效后,因张甲无经济赔偿能力亦无财产可供执行。陈某向市法院提起民事诉讼,要求判令张某承担垫付责任。

二、分歧观点

关于法院是否应当受理此案,存在以下两种不同观点:

第一种观点认为,人民法院不应受理此案。理由是张某并不是法律明确规定的刑事附带民事诉讼赔偿责任人。依据《最高人民法院关于执行〈中华人民共和国刑事诉讼法〉若干问题的解释》第86条规定:"附带民事诉讼中依法负有赔偿责任的人包括:(一)刑事被告人(公民、法人和其他组织)及没有被追究刑事责任的其他共同致害人;(二)未成年刑事被告人的监护人;(三)已被执行死刑的罪犯的遗产继承人;(四)共同犯罪案件中,案件审结前已死亡的被告人的遗产继承人;(五)其他对刑事被告人的犯罪行为依法应当承担民事赔偿责任的单位和个人。"与该案有关的民事赔偿请求,受害人已在刑事附带民事诉讼中提出,因此,不应另行提起民事诉讼。另外,根据《关于刑事附带民事诉讼范围问题的规定》,人民法院审理附带民事诉讼案件,依法判决后,查明被告人确实没有财产可供执行的,应当裁定中止执行或终结执行,待被告人有经济赔偿能力时再恢复执行。

第二种观点认为,人民法院应当立案受理受害方当事人另行提起的民事诉讼,理由:(1)在本案张某将其所有的三厢轿车交给无驾驶证的刑事被告人张甲驾驶而将陈某撞伤。我国《侵权责任法》第49条规定:"因租赁、借用等情形机动车所有人与使用人不是同一人时,发生交通事故后属于该机动车一方责任的,由保险公司在机动车强制保险责任限额范围内予以赔偿。不足部分,由机动车使用人承担赔偿责任;机动车所有人对损害的发生有过错的,承担相应的赔偿责任。"很明显,张某行为有一定的过错,应对这一损害结果负有特定义务。(2)无论民事诉讼法还是刑事诉讼法都没有明确禁止刑事附带民事诉讼当事人另行提起诉讼。因此,为充分有效地保护受害方的合法权益,使其损失及时得以赔偿,人民法院应当立案。

三、提示与参考

刑事附带民事诉讼是指司法机关在刑事诉讼过程中,在解决被告人刑事责任的同时,附带解决因被告人的犯罪行为所造成的物质损失的赔偿问题而进行的诉讼活动。其法律依据是《刑事诉讼法》第99条。该条规定,被害人由于被告人的犯罪行为而遭受物质损失的,在刑事诉讼过程中,有权提起附带民事诉讼。被害人死亡或者丧失行为能力的,被害人的法定代理人、近亲属有权提起附带民事诉讼。

案例 1.9→

民事诉讼法律关系存在于哪些诉讼主体之间?

一、案情简介

甲、乙二人来到某商场购买结婚物品,甲因商场地面滑而不幸摔倒,致使右手手臂骨折,因此花费了大量医疗费。甲、乙二人认为责任在商场,要求商场赔偿损失;商场认为甲的损失应当自负,双方发生纠纷。

二、分歧观点

关于本案中存在的民事诉讼法律关系,存在以下两种不同观点:

第一种观点认为,甲、商场分别与法院之间存在民事诉讼法律关系。其主张所谓的民事诉讼法律关系,是指人民法院和一切诉讼参与人之间在民事诉讼过程中发生的,由民事诉讼法所调整的诉讼上的权利义务关系。它包括以下几层含义:第一,民事诉讼法律关系发生在民事诉讼过程中;第二,民事诉讼法律关系存在于人民法院和一切诉讼参与人之间;第三,民事诉讼法律关系以诉讼权利义务为内容;第四,民事诉讼法律关系受民事诉讼法调整。

第二种观点认为,不仅甲、商场分别和法院之间存在民事诉讼法律关系,甲和商场之间也存在民事诉讼法律关系。其主张所谓的民事诉讼法律关系,是指在民事诉讼中,人民法院、当事人以及除当事人之外的所有诉讼参与人之间发生的受到民事诉讼法调整的社会关系。民事诉讼法律关系是由审判法律关系和争讼法律构成的特殊的社会关系。

三、提示与参考

民事诉讼法律关系是民事诉讼法学中一个十分重要的问题。它不仅直接关系到民事诉讼当事人和有关参与者在诉讼中的地位和作用,还牵涉民事诉讼理论框架的构筑。民事诉讼法律关系理论的核心内容是确定人民法院同一切诉讼参与人之间的诉讼权利义务关系。但对于民事诉讼中的这种权利义务关系究竟发生在谁与谁之间,各国的民事诉讼法学者们在看法上从来就不一致,由此形成了以下不同的学说:

(1)一面关系说。该学说认为,民事诉讼法律关系只是当事人双方之间的关系。当原告认为自己的民事权利遭到他人侵犯或发生争执时,才到法院向相对方提起诉讼。在诉讼中,原、被告双方紧紧围绕民事实体权利的归属而展开斗争。法院始终处于中立的第三者地位。所以,只有原、被告之间的关系才受到民事诉讼法的调整。

(2)两面关系说。该学说认为,原告起诉是请求法院保护其权利,法院受理原告的起诉是其职责使然,所以,原告与法院要产生一定的关系;当法院受理原告人的诉状后,按规定必须向被告人送达起诉状,被告收到起诉状后有义务提交答辩状,法院也有职责接受答辩状。于是,被告也要和法院产生一定的关系。这种发生在民事诉讼中的法院与原告、法院与被告之间的"关系"就是民事诉讼法律关系。

(3)三面关系说。该学说主张,民事诉讼法律关系不仅仅是法院与原告、法院与被告之间的关系,还应当包括原告与被告之间的横向关系。理由是:在诉讼中,原被告之间也存在权利义务关系。例如原告陈述时被告不得阻止,被告陈述时原告也不得阻止。此所谓彼此之"忍耐"义务,与义务相对应的就是权利。

(4)法律状态说。此说认为,民事诉讼的根本任务是要确定民事判决,民事诉讼程序就是根据判决的既判力确定当事人的权利作为目的的一种程序。为了追求这种目的,当事人之间便形成一种状态:即当事人对未来判决预测的状态。例如,一方当事人出现对胜诉的"希望",另一方当事人便出现对败诉的"恐惧",这种"希望"与"恐惧"的利益状态从诉讼一开始便在当事人之间交替出现或变化。所以,民事诉讼法律关系并不是什么权利义务关系而是一种状态。

(5)多面系列关系说。此说认为,民事诉讼法律关系既不是一面也不是两面更不是三面关系。民事诉讼法律关系是一种多面系列关系。他们说,民事诉讼法律关系是发生在法院同原告人、法院同被告人、法院同检察机关、法院同国家管理机关、法院同当事人的代理人、法院同每个诉讼参加人之间的。

(6)审判法律关系加争讼法律关系。持此观点的学者认为,民事诉讼法律关系是审判法律关系加争讼法律关系。所谓审判法律关系是指,在人民法院与当事人及其他诉讼参与人之间形成的由民事诉讼法、法院组织法等法律调整的以审判权利和审判义务为内容的社会关系。所谓争讼法律关系,是指在当事人与其他诉讼参与人之间形成的由民事诉讼法、律师法及其他诉讼法规调整的以诉讼权利和诉讼义务为内容的社会关系。

案例 1.10→

民事诉讼的目的是什么?

一、案情简介

甲、乙为夫妻,因感情不和分居。甲与丙同居,甲重病,丙一直照顾。后来甲死亡,将财产遗赠给丙,法院以其违反公序良俗原则判决遗赠无效。

二、分歧观点

针对法院的判决,存在两种不同的观点:

第一种观点认为,法院的判决符合民事诉讼设置的目的,维护了社会秩序的稳定,发挥了法院政策导向功能。

第二种观点认为,甲将财产遗赠给丙完全符合法律的规定,法院过于注重判决的社会效果,而忽略了本案中的案件事实。

三、提示与参考

民事诉讼目的,是指国家设立民事诉讼制度所期望达到的目标或结果。诉讼目的论被认为是民事诉讼的基本理论之一,它不仅为民事诉讼制度设计提供基本理念或曰"指导方向",而且可以为法官的法律解释提供方向性的指导,在成文法不甚完善的国家,这种指导在某些时候显得更为重要。在民事诉讼法学上关于民事诉讼目的存在众多学说并存在纷争的局面。下面对其中主要学说做简要介绍:

(1)私法权利保护说。该说认为,国家设立民事私法制度,表明其禁止当事人通过"私力救济"来实现其权利;而作为代价,国家就应承担起保护当事人权利的任务。根据此学说,法院在审理案件时应严格遵循实体法的规定,保护当事人的实体法上的法定权利。

(2)私法秩序维持说。该说认为,民事诉讼制度是国家设立的,国家设立民事诉讼制度的目的在于满足社会整体的需要,维护社会秩序的稳定,而不是维护某个当事人的私法权利。尽管客观上民事诉讼制度起到了保护私法权利的作用,但从设立者的角度看,维持社会私法秩序才是其根本目的。根据此学说为了维护私法秩序的稳定,应赋予法官解释法律甚至是创设新权利以维护和完善私法秩序。

(3)纠纷解决说。提出这一学说的日本学者兼子一认为,民事诉讼不是以对原有实体权利的确认为出发点,而是以解决纠纷为其出发点。该学说认为程序法先于实体法产生。因此民事诉讼的目的既不是保护私法权利,更不是维护私法秩序的稳定,民事诉讼的目的就是解决纠纷,在处理现代型纠纷和复杂民事案件时,纠纷解决说更具说服力。

(4)程序保障说。该学说源自"二战"后的日本,强调程序本身的独立性和重要性。该说从"正当程序"(due process)的观念出发,认为民事诉讼的正当性来自其程序的正当,而不是其结果的正当;民事诉讼程序并不是为了达到正确判断的手段,其过程本身就是民事诉讼的目的。

除上述几种主要学说外,还有"多元说"和"搁置说"。"多元说"认为,民事诉讼的目的应该是多元的,而不是单一的。"搁置说"认为,民事诉讼目的论研究并无太大意义而主张将其搁置起来。我国民事诉讼法学对目的论的讨论并没有充分展开。

案例 1.11→

请求确认民办学校举办者身份是否属于民事诉讼?

一、案情简介①

2000年3月18日,安徽省黄山市教育委员会向歙州学校颁发了《安徽省社会力量办学许可证》。经登记管理机关黄山市民政局核准登记的

---

① 案例来源于:《人民法院案例选》(第2辑),人民法院出版社2012年版,第147~148页。

民办非企业单位(法人)登记申请表记载,举办者为洪某秋、洪某忠,开办资金来源:洪某秋450万元,洪某忠50万元。2000年9月,歙州学校开始招收第一批学生。现为小学、初中、高中十二年一贯制学校。学校开办后,洪某秋历任歙州学校校长、总监,系歙州学校的法定代表人。2007年1月17日,洪某秋因车祸死亡。洪某琴与洪某秋为夫妻关系,两人生育一子洪某轩。洪某华、方某香是洪某秋的父母。2007年2月4日,经歙县教育局组织召开歙州学校董事长人选协调会,决定在新董事长确定前由洪某琴代理董事长。2007年12月29日,黄山市民政局向歙州学校发出责令改正通知书,责令其于2008年1月31日前办理法定代表人变更手续。歙县人民政府办公室发文成立歙州学校法人变更工作领导小组。黄山市教育局于2008年1月28日核准同意歙州学校变更董事长,2月1日又发文撤销同意变更董事长的核准意见。2008年2月3日,黄山市民政局发文同意变更歙州学校法定代表人为洪某忠。洪某琴与洪某忠为变更歙州学校法定代表人等事项产生纠纷,遂诉至黄山市中级人民法院,请求依法确认洪某琴、洪某轩是歙州学校举办者,确认洪某忠不是歙州学校的举办者。

  黄山市中级人民法院审理认为,民办学校的举办者身份和出资份额确认纠纷,系自然人基于投资行为引起的、平等主体之间基于财产和人身关系产生的纠纷,属于人民法院民事法律调整的范围。洪某秋出资举办歙州学校发生在婚姻关系存续期间,其出资的财产应为夫妻共同财产。其出资后依法就其出资份额在歙州学校享有相应权益。《继承法》第26条第1款规定,夫妻在婚姻关系存续期间所得的共同所有的财产,除有约定的以外,如果分割遗产,应当先将共同所有的财产的一半分出为配偶所有,其余的为被继承人的遗产。《民办教育促进法》等法律、法规没有规定民办学校的出资份额不能分割或继承。按照民法理论,洪某秋的出资行为所产生的财产权益应当可以分割和继承。洪某秋在学校的创办过程中通过行为自认其出资为350万元而否定了登记的450万元数额,故对洪某秋的出资应认定为350万元。洪某琴、洪某轩主张其享有歙州学校260万元出资,占52%份额的诉讼请求应予支持。洪某琴、洪某轩诉请承继举办者的身份,无法律明确规定,洪某琴、洪某轩可以依据《民办教育促进法》及其他法律、法规的规定向相关部门申请办理。据此判决:(1)确认洪某琴、洪某轩享有歙州学校出资260万元,占52%的出资份额;(2)驳回洪某琴、洪某轩其他诉讼请求。

  歙州学校、洪某忠不服,向安徽省高级人民法院提起上诉。

安徽省高级人民法院二审认为,依据《民办教育促进法》有关规定,举办者是身份权,确认或否定(变更)民办学校举办者身份(资格),是我国法律赋予有关行政主管部门的特有的权力,属行政许可内容,不能通过民事诉讼程序予以解决。洪某琴、洪某轩就举办者身份(资格)确认提起本案民事诉讼不妥,应裁定驳回起诉,原审判决以驳回(其他)诉讼请求方式处理该纠纷不当,应予以纠正。2011年12月20日,安徽省高级人民法院裁定:驳回洪某琴、洪某轩要求确认洪某琴、洪某轩是歙州学校举办者,确认洪某忠不是歙州学校举办者的起诉。

二、分歧观点

关于请求确认民办学校举办者身份的诉讼是否属于民事诉讼,存在两种不同的观点:

第一种观点认为,请求确认民办学校举办者身份的诉讼是行政诉讼而非民事诉讼。该意见认为,根据《民办教育促进法》的规定,民办学校的设立由当地政府教育行政部门审批,由该机构对举办者提交的材料内容的真实性、合法性进行审查。从这个角度来看,确认民办学校举办者身份(资格)属于政府教育行政部门行政权限。因此,有关确认民办学校举办者的纠纷不是民事诉讼的主管范围。

第二种观点认为,请求确认民办学校举办者身份的诉讼是民事诉讼。根据我国《民法通则》第37条的规定,法人应当具备下列条件:依法成立,有必要的财产或者经费,有自己的名称、组织机构和场所,能够独立承担民事责任。很明显,民办学校为民事法上的法人。民办学校的举办者作为民办学校的出资人,有关其身份的纠纷应为民事纠纷。

案例 1.12

因政府及其主管部门对企业国有资产划转发生的纠纷是否属于民事诉讼案件?

一、案情简介[①]

1998年,江苏省建筑材料供销总公司(以下简称"建材公司")欠银行

---

① 案例来源于:《人民法院案例选》(第2辑),人民法院出版社2012年版,第176~178页。

借款 200 万元,后因经营困难,向江苏省建材工业管理办公室(以下简称"建材办")申请将其南京市下关区孙家洼 79 号仓库及划拨的国有土地使用权转让给效益好的单位,并安置 10 名职工。建材办同意由江苏中联建材有限公司(以下简称"中联公司")负责接受,并安置建材公司 10 名职工。1999 年 1 月,南京市国土局同意将上述国有土地使用权人由建材公司变更为中联公司。同年 3 月,中国长城资产管理公司南京办事处(以下简称"长城公司")收购银行对建材公司的不良债权 200 万元。同年 5 月 22 日,中联公司领取孙家洼 79 号国有土地使用权证。同年 5 月 24 日,江苏省委办公厅决定不再保留建材办,其原承担的行政管理职能划入省经贸委,建材办转为建材管理公司。2006 年 7 月,中国江苏国际经济技术合作公司(以下简称"中江公司")吸收合并建材管理公司。2007 年 7 月,中联公司作为被拆迁人应得孙家洼 79 号土地和房产拆迁补偿款 1255 万元,中江公司实际收取了该补偿款。长城公司诉至法院,请求判令:建材公司给付欠款 200 万元;中联公司在取得拆迁补偿款范围内承担连带责任;中江公司承担连带责任。

  江苏省南京市鼓楼区人民法院经审理认为,涉案的南京市下关区孙家洼 79 号仓库的房产、土地使用权等,在由建材公司变更为中联公司时,虽由建材公司向主管部门进行了申请,但能否获得批准不在于建材公司,而在于政府主管部门。建材办具有相应的行政管理职能,其同意由中联公司接受孙家洼仓库的土地使用权及仓库设施使用经营权,安置建材公司 10 名职工,系履行行政管理职能。南京市国土局为中联公司核发国有土地使用权证,系行政行为。因政府主管部门对企业国有资产划转发生的纠纷,当事人提起民事诉讼的,人民法院不予受理。因此,长城公司与中联公司、中江公司之间的纠纷,不应作为民事案件受理。法院判决:建材公司给付长城公司借款 200 万元。另行裁定:驳回长城公司对中联公司、中江公司的起诉。

  长城公司不服一审裁定,提起上诉。江苏省南京市中级人民法院经审理维持了一审裁定。

二、分歧观点

  因政府及其主管部门对企业国有资产划转发生的纠纷是否属于民事诉讼案件,存在两种不同的观点:

第一种观点认为,因政府及其主管部门对企业国有资产划转而发生的纠纷,向人民法院提起民事诉讼的,人民法院不予受理。根据《最高人民法院关于审理与企业改制相关的民事纠纷案件若干问题的规定》和《最高人民法院关于因政府调整划转企业国有资产引起的纠纷是否受理问题的批复》等司法解释的规定,政府主管部门在对企业国有资产进行行政性调整、划转过程中发生的纠纷,当事人向人民法院提起民事诉讼的,人民法院不予受理。

第二种观点认为,该案属于民事纠纷案件。借款合同的签订是双方的真实意思表示,内容也不违反法律的规定,是有效的借款合同,此后的债权转让行为也符合法律的规定。因此,法院应当支持原告的诉讼请求。

第二章　诉和诉权

第一节　诉

案例 2.1→

请求权竞合时如何识别诉讼标的？

一、案情简介

甲市 A 区公民周某在 B 区大型购物超市购买了一套化妆品,该化妆品由 C 区某化妆品生产厂生产。使用该化妆品一段时间后,周某出现严重过敏现象。经检测该化妆品一刺激性物质严重超标。周某先以合同纠纷向 B 区人民法院起诉该购物超市,后又以侵权纠纷向 C 区人民法院起诉该化妆品生产厂。

二、分歧观点

对于本案应当如何处理,存在两种不同的观点:

第一种观点认为,该案件是典型的请求权竞合案件,在基于同一事实发生的,以同一给付为目的的数个请求权并存时,实际上只存在一个请求权。发生请求权的事实关系是单一的,因此,周某必须在合同纠纷诉讼和侵权纠纷诉讼中作出选择,而不是既可以提出侵权诉讼又可以提出合同诉讼。

第二种观点认为,诉讼标的应当以实体法上的请求权作为识别的标准。有多少个实体法上的请求权就有多少个诉讼标的。因此周某既可以提起侵权诉讼也可以提起合同诉讼。

三、提示与参考

本案的争执焦点是:基于同一事实关系产生多个请求权,即请求权竞合的情况下如何识别诉讼标的。诉讼标的,是任何一起民事案件都必须具备的。

诉讼标的是整个诉讼的核心,是此诉区别于彼诉的关键,是判断重复起诉和一事不再理的标准,是判断诉的合并、变更和追加的标准,是裁判既判力的内容和客观范围。具体来说,诉讼标的的核心地位表现在以下几个方面:首先,当事人的攻击和防御都围绕着诉讼标的进行。其次,法院的判决是对诉讼标的的最终处理。最后,诉讼标的还是法院判定当事人是否重复起诉的根据。如果前诉的诉讼标的与后诉的诉讼标的相同,则当事人不得就该诉讼标的向法院再行起诉。诉讼标的作为当事人争议并要求法院进行审判的对象,在具体民事案件中应根据什么标准予以识别,是世界各国民事诉讼法学者争论最激烈的理论之一。对于诉讼标的的识别,主要有三种学说,即旧实体法说、新诉讼法说和新实体法说。

(1)旧实体法说(旧诉讼标的理论)

旧实体法说主张,诉讼标的是原告在诉讼中提出的具体的实体法上的权利主张。凡同一案件事实,在实体法上按其权利构成要件,能产生多个不同请求权时(即请求权竞合),每一个请求权均能独立成为一个诉讼标的。由此,诉讼标的的识别根据是实体法上的请求权。当时诉讼法尚未从实体法中独立出来,遵从的是私法一元诉讼观,即仅从实体法的角度看待诉讼问题。

(2)新诉讼法说(新诉讼标的理论)

20世纪30年代,德国学者 Rosenberg 等提出不以实体请求权为诉讼标的之识别根据,从诉讼法立场考察诉讼标的的问题。新诉讼法说是为了克服旧实体法说的弊端而产生的,是从诉讼法立场考察诉讼标的的问题,强调同一纠纷一次解决和公平保护当事人。新诉讼法说就诉讼标的之认识和识别类似于英美法系关于诉讼标的之看法。此说早期采二分"肢"说,认为诉讼标的由诉的声明和事实理由构成;前后两诉的诉讼标的是否相同,应视前后两诉的诉的声明和事实理由是否全部同一,两者中任一是多数,诉讼标的即相应为多数。一分"肢"说则认为,事实理由并不能构成诉讼标的之要素,诉讼标的仅由诉的声明构成,亦即以诉的声明为诉讼标的识别标准。

(3)新实体法说

由于新诉讼法说所存在的局限,且与实体法脱离了关系,所以一些学者又回到从实体法角度来研究诉讼标的问题。20世纪60年代,德国学者 Nikisch 认为,凡基于同一事实关系发生的,以同一给付为目的的数个请求权存在时,实际上只存在一个请求权,因为发生请求权的事实关系是单一的,是请求权基础的竞合,并非真正的竞合。

新实体法说所面临的问题是,就不法行为同时产生合同法请求权与侵权损害赔偿请求权来说,原告既可依据合同法又可依据侵权法提出请求,那么哪个优先?是由当事人选择其一,还是由法官依职权裁量?在德国和日本等学术界,新实体法说的支持者越来越多,但是在诉讼实务方面,德国主要采用新诉讼法说,而日本主要采用旧实体法说。我国立法上基本上采用旧实体法说。在审判实务中,实际上并未采用旧诉讼标的理论。

案例2.2→

当事人在前诉中提出部分诉讼请求,能否在后诉中再主张其他诉讼请求?

一、案情简介

张某借贷10万元给朋友李某,约定月利率为1分。后李某未按期归还,张某遂对李某提起了本金的归还之诉。半年后,李某因前次诉讼与张某关系恶化,张某又就该借款的约定利息单独进行起诉。

二、分歧观点

对于法院是否应当受理张某就利息提起的诉讼,存在两种不同的观点:

第一种观点认为,张某和李某之间的借贷纠纷法院已经审理并判决,在对本金起诉时张某没有提及利息,应视为其自愿放弃了对利息归还的诉讼请求,若允许张某就其余请求另行起诉,则前后两诉在当事人、在诉讼标的和案件事实方面均是同一的,是同一个诉。按"一事不再理"原则,对利息之诉不应当再受理。

第二种观点认为,该案中张某针对本金和利息提出的权利主张是不同的诉讼请求。在第一次诉讼中,张某没有对利息提出请求,并不必然意味着放弃了对利息归还的诉讼请求。根据《最高人民法院关于民事诉讼证据的若干规定》,当事人增加、变更诉讼请求或者提起反诉的,应当在举证期限届满前提出,张某在涉及本金的诉讼的判决已经生效,是不可以变更和增加诉讼请求的,现对利息进行起诉,应该受理。第二次诉求的利息是应第一次诉求的本金而生的收益,即法律上所言的孳息,它和本金是两个完全不同的物,由此派生出两个独立的诉讼请求,是两个可分之诉,当事人可以把它们放在一起起诉,也可以分开起诉,因而也就不受"一事不再理"原则的拘束。

三、提示与参考

本案的争执焦点在于：第一，本金之诉与利息之诉是否属于同一诉讼标的；本案是否违反了一事不再理原则。第二，当事人在前诉中提出部分诉讼请求，能否在后诉中再主张其他诉讼请求。我国现行民事诉讼并没有对"一事不再理"作出明确规定。从学理层面上讲，"一事不再理"原则包括两个方面的含义：第一，当事人不得就已经向法院起诉的案件重新起诉；第二，一案在判决生效之后，产生既判力，当事人不得就双方争议的法律关系再行起诉。诉讼请求是指当事人向法院提出的以诉讼标的为基础的具体权利主张。在一个诉讼中，诉讼标的是诉讼的核心，是诉讼的"质"，而诉讼请求则是诉讼的"量"。在同一诉讼中诉讼标的只有一个，而诉讼请求可以是多个。

案例 2.3→

在一个诉讼中能否存在多个诉的理由？

一、案情简介

甲以乙有婚外情为由，提起与乙的离婚诉讼。败诉后，甲又以乙有恶习为由，提起与乙的离婚诉讼。

二、分歧观点

对于法院是否应当受理后诉，存在两种不同的观点：

第一种观点认为，前诉和后诉的主体完全相同，两诉的诉讼标的均为甲与乙之间的婚姻关系，按照一事不再理原则，法院不应当受理后诉。

第二种观点认为，人事诉讼有其特殊性，不能简单地依据实体法律关系识别诉讼标的，法院应当受理后诉。离婚之诉具有特殊性，当事人依据实体法的规定只享有一个婚姻解除权，至于实体法所规定的离婚理由并不是构成不同诉讼的请求原因，所以法院应当受理后诉。

三、提示与参考

法院判断原告的起诉是否属于一事二讼或一事多讼，则需正确识别诉，即判断两个诉是否为同一个诉。正确处理这个问题具有重大的意义，因为原告起诉是其行使诉权的法定方式，若法院违法或错误适用一事不再理原则而驳回起诉,则必然侵害原告的诉权。识别诉的一般方法是根据诉的构成要素来识别诉。诉的构成要素,是指一个完整的诉(或案件)所必备的内容或因素。一般认为,一个完整的诉通常由三方面要素构成:诉的主体、诉的客体和诉的原因。诉的主体不同,其中包括任一诉讼主体不同或者在他诉中互换地位(本诉与反诉)等,此诉与彼诉就是不同的诉。在特殊的情形下,虽然诉讼主体发生了变更,但原诉仍是原诉。如:法定当事人变更、必要共同诉讼人的增减等。如果诉的主体相同,则需要根据诉的客体即诉讼标的进行判断。对诉讼标的的识别可以根据民事实体法律关系或者民事实体权利进行识别。如果根据诉的主体和诉讼标的、诉讼请求均无法识别诉时,应结合案件的具体事实进行识别。

涉及婚姻家庭或身份关系诉讼程序的名称,各国立法称谓不尽相同。日本和我国台湾地区称为"人事诉讼法",韩国称为"家事诉讼法",德国在其民事诉讼法中称为"家事事件程序",英国、澳大利亚等国称为婚姻或家事诉讼法。可见,人事诉讼程序,是大陆法系国家(包括我国台湾地区)民事诉讼法中确立的一种程序。英美法系国家没有这种称谓,与之相对应的是"家事诉讼"。我国的现行立法中并没有关于人事诉讼程序的规定,只是在理论上,不同的学者给出了不同的界定。一般认为,人事诉讼主要解决有关婚姻纠纷、收养纠纷、亲权纠纷等人事纠纷。

案例 2.4→

在请求权竞合的情况下,
当事人能否提起两个独立的诉?

一、案情简介

某市市民 A 购买车票乘坐该市某路公共汽车。在行驶过程中司机突然刹车,致使 A 的脸部被碰受伤。于是,A 向法院提起了人身侵权损害赔偿诉讼,要求法院判决被告司机赔偿医疗费 1000 元。A 败诉,后来,A 向法院以该市公交公司为被告,要求被告承担违约责任。

二、分歧观点

关于法院是否应当受理后诉,存在两种不同的观点:
第一种观点认为,法院不应当受理后诉。依据本案的事实,A 可以提出违约之诉和侵权之诉。我国《合同法》第 122 条规定："因当事人一方的违约行为,侵害对方人身、财产权益的,受损害方有权选择依照本法要求其承担违约责任或者依照其他法律要求其承担侵权责任。"本案中 A 已经选择进行侵权诉讼,法院业已作出判决。案件的自然事实是同一的,所以应以一个诉或者一个案件对待,因此,法院不应当受理后诉。

第二种观点认为,法院应当受理后诉。前后两诉,虽然诉的主体是相同的,但是诉的客体即诉讼标的不同。前诉的诉讼标的是当事人之间的侵权法律关系,后诉的诉讼标的是当事人之间的合同法律关系。因此,本案不受一事不再理原则的约束,法院应当受理后诉。

案例 2.5→

针对后发性诉讼请求能否再次提起诉讼?

一、案情简介

2006 年 7 月 1 日,甲因与乙有矛盾,将乙头部打伤。2007 年 4 月 8 日,乙以甲为被告,请求法院判决甲赔偿医疗费 3 万元、误工费 1 万元和护理费 2000 元。2007 年 7 月 11 日,法院判决甲赔偿以上费用。甲、乙均未上诉。2007 年 8 月,乙感觉视力下降。医院诊断出乙视力下降是由于甲打伤乙头部所致,此时,乙再次向法院提起诉讼。

二、分歧观点

关于法院应如何处理此案,存在两种不同的观点:

第一种观点认为,法院应当继续审理案件。乙提出治疗视力的请求属于后发性请求,《最高人民法院关于审理人身损害赔偿案件适用法律若干问题的解释》第 17 条中规定,继续治疗实际发生的必要的后续治疗费,赔偿义务人也应予以赔偿。第 19 条第 2 款规定:"医疗费的赔偿数额,按照一审法庭辩论终结前实际发生的数额确定。器官功能恢复训练所必要的康复费、适当的整容费以及其他后续治疗费,赔偿权利人可以待实际发生后另行起诉。但根据医疗证明或者鉴定结论确定必然发生的费用,可以与已经发生的医疗费一并予以赔偿。"

第二种观点认为,乙在前诉中并没有提出后续治疗所需费用的诉讼请求,可视原告已经放弃了对后续治疗费用的请求。因此法院应当驳回乙的起诉。

案例 2.6→

变更抚养费的诉讼是否为新诉？

一、案情简介

2000年3月,张某和王某结婚,婚后育有一女。2002年5月,两人因为感情不和闹至法院离婚,经法院审理判决,女儿随母亲王某生活,张某每年支付抚养费1.5万元。随着女儿年龄的增加,学习和生活支出逐渐增多,王某觉得难以为继,尤其是2007年以来物价上涨很快,母女俩的生活有了更大的困难。于是王某向张某提出了增加抚养费的要求,遭拒后,母女俩一纸诉状将张某告上了鄱阳县人民法院,要求张某将几年前离婚判决的抚养费由1.5万元增至4万元。

二、分歧观点

关于法院应如何处理此案,存在两种不同的观点:

第一种观点认为,2002年的抚养费之诉与2007年的抚养费之诉是同一诉。前后两诉无论是诉的主体,还是诉讼标的都是相同的。法院应根据一事不再理原则,不予受理此案。

第二种观点认为,2002年的抚养费之诉与2007年的抚养费之诉,虽然在诉的主体、诉讼标的等方面是同一的,但是,2007年的抚养费出现了新的诉讼事由。诉的识别不仅要看诉的主体、诉的客体,还要综合案件的实际情况综合判断。

案例 2.7→

反诉还是诉讼抵销？

一、案情简介

2008年甲与乙合伙经营水果店,2009年4月甲因个人原因申请退伙,经结算,乙应向甲支付款项12万元,双方约定2009年12月10日之前支付完毕。2010年3月,经甲多次催要,乙仍未支付12万元的款项。于是甲诉至法院,请求法院判令乙支付合伙款项12万元。在庭审中,乙诉称,2006年6月,甲曾向乙借款10万元。

二、分歧观点

关于乙的诉请具有何种法律性质,存在三种不同的观点:

第一种观点认为,乙的诉讼请求有反诉的性质。因为反诉是旨在抵销、吞并或是排斥本诉的诉讼请求,如果乙诉称的借贷关系成立,那么可以部分抵销甲的诉讼请求,因此法院应合并审理乙提出的诉讼请求,该案是属于诉的合并。

第二种观点认为,乙的诉讼请求并非是反诉而是诉讼抵销,反诉是依赖于本诉的独立诉讼请求,诉讼抵销则不是。乙所主张的借贷关系,虽然在诉的主体上与本诉是相同的,但诉讼标的是不同的,这是两个不同的诉。因此,法院应当告知乙另行起诉。

第三种观点认为,虽然乙的诉讼主张是诉讼抵销,但是乙对甲的债权已经过了诉讼时效。因此,乙的主张不能获得法院的支持。

三、提示与参考

反诉是指在一个已经开始的民事诉讼(诉讼法上称为本诉)中,本诉的被告以本诉原告为被告,向受诉法院提出的与本诉有牵连的反请求。该权利是本诉被告所享有的一项重要权利,是保障本诉被告人民事权益的一项重要制度。反诉具有如下特征:第一,当事人的特定性。由于反诉是本诉的被告向本诉的原告提出的独立的反请求,因此反诉的原告即是本诉的被告,反诉的被告即是本诉的原告,即反诉的当事人是特定的。第二,诉讼请求的独立性。反诉虽然与本诉具有牵连性,但在本质上是一种独立的,它并不必然地依赖本诉而存在。在本诉撤回的情形下,反诉依然能够独立存在,作为独立的案件由法院继续审理。第三,目的的对抗性。被告在本诉中提出反诉的目的就是使本诉失去意义,吞并或抵销原告的诉讼请求。第四,提出时间的限定性。根据《最高人民法院关于民事诉讼证据问题的若干规定》第34条第3款之规定,当事人提起反诉的应当在举证期限届满前提出。

诉的合并是指两个或两个以上彼此牵连的诉合并到一个诉讼程序中审理和裁判。对于诉的合并的具体含义,学界有不同见解。有些学者认为,诉的合并一般是指诉的主体合并、诉的客体合并、诉的主客体合并;有些学者认为,诉的合并只是指诉的客体合并;有些学者认为,诉的合并指的是诉的主体合并和诉的客体合并。诉的合并的意义在于提高诉讼的效率,防止在相互关联的问题上作出相互矛盾的裁判。诉的主体的合并是指在诉讼标的同一的情况下，将数个当事人合并到同一诉讼程序中进行审理和裁判。引起诉主体合并的原因有：(1)必要共同诉讼或普通共同诉讼；(2)原告或被告于诉讼进行中死亡，数个继承人承受诉讼。诉的客体的合并，是指将同一原告对同一被告提起的两个以上的独立的诉合并。在同一诉讼中，一方当事人向另一当事人提出多个诉讼请求并不属于诉的客体合并。诉的主客体合并是指在同一诉讼中既有诉的主体合并也有诉的客体合并。如本诉与反诉、本诉与第三人参加之诉。

当事人能否在诉讼中主张抵销，目前我国民事诉讼法没有明确的规定。抵销是民事实体法中规定的制度。我国《合同法》第99条规定："当事人互负到期债务，该债务的标的物种类、品质相同的，任何一方可以将自己的债务与对方的债务抵销，但依照法律规定或者按照合同性质不得抵销的除外。当事人主张抵销的，应当通知对方。通知自到达对方时生效。抵销不得附条件或者附期限。"诉讼中的抵销无外乎两种情形：一是被告在原告起诉之前或诉讼外曾作出抵销的意思表示，自此后的诉讼中，被告将抵销作为抗辩提出。另一种情形是被告在诉讼中为抵销之意思表示。诉讼法中的诉讼抵销大多指的是后一种情形。大陆法系国家和地区民事诉讼中关于诉讼中的抵销之理论探讨也主要是围绕这一情形而进行的。针对诉讼抵销的性质在理论上则存在着私法行为说、诉讼行为说、折中说等不同的观点①。私法行为说（Diezivilistisehe Theorie），又称实体法说或双重要件说。该学说认为，诉讼上抵销行为在性质上属于民法上的抵销行为，是一种单方法律行为，因抵销人单方抵销意思表示到达而生效，不因其在诉讼程序中的行使而变为诉讼行为。诉讼上的抵销系由实体法上的法律行为和诉讼法上的诉讼行为两个构成要件共同构成。当事人在诉讼中主张抵销时，一方面要以意思表示行使民法上的抵销权；另一方面要以诉讼上的陈述方法，主张双重所发生的法律效果，即因民法上抵销而发生的债的消灭的效果和因诉讼中的抵销主张而发生的确认抵销发生的实体判决效果。所以，诉讼上的抵销同民法上的抵销之间没有性质上的差异，只不过是被告作为抵销人，在诉讼中通过主张债因抵销而消灭的陈述，行使了民法上的抵销权。诉讼行为说（Dieprozessuale Theorie）认为，诉讼上的抵销是民事诉讼法上固有的一种制度，是被告在诉讼中向法院表示抵销的诉讼行为。因此，这种抵销

---

① 有关诉讼抵销性质的学说介绍请参阅耿林：《诉讼抵销的性质》，载《清华大学学报》2004年第3期。

必须等到法院判决之后才能发生相应债权消灭的后果,而不是像民法上的抵销那样,在抵销的意思表示到达相对人之后立即生效。也就是说,在诉讼行为说看来,诉讼上的抵销没有私法行为存在的余地,关于抵销的要件、方式和效果应完全按照诉讼行为的要求。所以,如果原告撤回诉讼,则被告的抵销行为不发生任何效果。折中说(Diegemisehte Theorie),就像所有理论中的折中说一样,并不是一种完全独立的学说,没有自己与其他学说针锋相对的鲜明观点,而是各种观点的混合。但这种认识,由于其性格上的温和,也有其调和矛盾和面向实际的优越性一面。折中说认为,诉讼上的抵销虽然具有实体法和程序法的双重性格,但仍然是一种单一行为,不可以像私法行为说那样将其不同性质割裂来看并分别加以考察,而应做统一的理解。也就是说,诉讼上抵销行为的效果发生要同时具备实体法和程序法上的要件。仅符合实体法要件而不具备诉讼法要件,比如原告撤回诉讼,抵销效果不发生。两者都具备时,同时发生实体法上和程序法上的效果。以上各说,私法行为说一直是德国和日本的通说。在我国台湾地区,也有很多权威学者持私法行为说。

对于撤销和反诉的关系,有学者认为[①]:"从抵销和反诉的关系来看,两者均是对请求人的反对性权利,这决定了两者具有相似的制度前提,即法院必须在同一诉讼中允许多个诉讼主张且司法权必须统一。但抵销仅是一种抗辩,是用于防御的盾,而非进攻的矛。反诉则兼有防御和进攻两种作用。现代法律制度中,反诉与抵销被分别规定于民事程序法和实体法中,成为两个并行且不可相互替代的法律制度。"对于反诉与抵销的区别,其认为:抵销与反诉的区别即诉讼中抗辩与反诉的区别。因为诉讼中抵销的主张本质上是一种抗辩,而反诉本质上是一个新的诉讼请求。具体而言,两者的区别体现在以下几个方面:第一,适用范围不同。在双方当事人均有清偿能力的情况下,可用于反诉的请求权范围大于可用于抵销的请求权。抵销和反诉均为反对请求权主张的方式之一。抵销适用的条件严格,反诉则除了相互性的要求以外,并无其他实体法上的要求。就请求权的性质而言,部分请求权仅适用于反诉,而不适用于抵销,但抵销权均可以反诉的方式主张,这是权利人对自己权利处分的一种表现。在一方破产情形下两者适用范围有差异。在一方当事人破产之时,抵销是破产债权人的一项重要权利,因此,在破产程序中,债权人可以对破产人主张抵销权。但作为一种程序性权利,如果破产清算人起诉债务人,则债务人

---

① 廖军、解春:《抵销与反诉——历史与价值的探讨》,载《比较法研究》2005年第1期。

不能在本诉中提起反诉。第二,适用前提不同。反诉符合程序法上的要件方能提起,换言之,只要符合程序法上的要件,反诉即成立,但反诉的成立并不代表反诉请求能够得到支持。抵销的成立不仅要求主动债权符合实体法上抵销的要求,而且受动债权也必须是合法成立的。换言之,抵销的适用是以合法成立的请求权对抗合法的受动债权,两者均是合法有效成立的债权。第三,法官享有的自由裁量权不同。作为抗辩的抵销,法院必须对此进行审理并在判决理由中进行评判。反诉是诉的客观合并,法院可以将两诉合并,也可以将两诉分开审理。第四,权利主张范围不同。抵销是一种防御的方法,反诉是一种进攻的手段。抵销抗辩的成功最多导致本诉诉讼被驳回,或在相应范围内减少原告的请求数额,但如果被告用于抵销的请求数额大于本诉请求,则不能使法院直接裁决原告向被告进行支付。反诉是一个新的诉讼,因此其请求金额将不会受到原诉请求金额的限制。第五,诉讼费用上不同。抵销是一种抗辩,被吸收在本诉中,无需额外缴纳诉讼费用,其实质是一种对权利已经消灭的抗辩主张,与其他事实性抗辩主张没有任何区别。因此,其并非一个新的诉讼,不应对抵销的主张收取额外的诉讼费用;反诉是一个新的诉讼,因此需要按照法院规定另行缴费。第六,诉讼标的和裁判结果不同。作为抗辩的抵销,最终结果是使原告的诉讼请求权在其主张范围内被驳回,因此法院裁判的对象仍然是原告的请求权,最后的判决也只针对原告的请求权。反诉仍然被吸收在本诉中,即该诉讼只有一个关于两个债权相互扣减后的余额的判决。反诉是两个诉的合并,法院不仅审理原告的诉讼请求,也需对被告的反对请求进行审查。第七,原告撤诉的效果不同。抵销的抗辩被吸收在本诉中,本诉原告一旦撤诉,则诉讼程序终止,法院也不得继续对抵销的抗辩进行审理。反诉则不同,即使本诉原告撤诉,法院仍须对反诉的请求进行审理。第八,管辖权要求上的不同。抵销是一种实体法上的权利,以抗辩方式提起的抵销不涉及受理法院有无管辖权的问题。反诉是一个独立的诉,如果本诉法院对反诉请求无管辖权,反诉将不能成立。①

案例2.8→

本案当事人提出的请求是否为反诉?

一、案情简介

某服装厂与张某在2008年5月签订了一份肖像权使用合同。该合

---

① 廖军、解春:《抵销与反诉——历史与价值的探讨》,载《比较法研究》2005年第1期。

同约定,某服装厂从2008年至2010年12月31日之间使用张某的肖像用于某服装厂生产服装的平面广告,某服装厂按约定向张某给付酬金。2010年下半年,某服装厂与张某协商续签合同,但双方因酬金支付问题达不成协议,故未续签合同。2011年4月张某在多个商场柜台上发现某服装厂印有张某肖像的平面广告还在使用。张某于2011年6月向某服装厂所在地某县法院起诉,要求某服装厂赔偿原告肖像权损失。在本案庭审的法庭辩论阶段,被告某服装厂诉讼代理人向法院提出反诉。其理由与主张为:张某的肖像照片为某服装厂专门请知名摄影专家拍制,其肖像照片属于创造作品,其所有权为某服装厂所有,现张某擅自将此肖像照片交其他厂家使用,已构成侵权。

二、分歧观点

关于服装厂诉讼主张的性质,存在两种不同的观点:

第一种观点认为,服装厂的诉讼主张在性质上为反诉。服装厂提出其对张某的肖像具有所有权,与张某与服装厂之间的肖像权争议存在事实上的牵连。因此,服装厂的诉讼主张实为反诉。

第二种观点认为,服装厂的诉讼主张在性质上是独立的诉,服装厂与张某之间的著作权之诉与两者之间的肖像权之诉之间并不存在牵连关系,法院可告知服装厂另行起诉。理由是著作权之争与肖像权之争所涉及实体法律关系是两个完全独立的法律关系,二者之间并不存在事实或法律上的牵连。

案例2.9→

两起有事实牵连的纠纷能否提起反诉?

一、案情简介

张某与王某系同村人,两家有一块水田相邻,2008年5月3日两家因挖沟排水的问题发生争吵。张某将王某打伤,经验伤为轻微伤乙级。事后公安局作出给予张某行政拘留三日,并给予治安罚款300元的行政处罚决定。王某的医药费经调解未达成协议,因药费赔偿问题两家经常吵架。7月8日晚8点多钟,王某之妻刘某到张某家门口骂人。之后,刘某与张某之妻陈某两人相互撕扯、滚打。邻居听见吵声,出来见两人在地上滚打,遂将两人拉起并劝开。刘某趁众人不备,捡起石头砸中陈某,致其轻伤。双方就医药费问题，再次发生争议。2008年8月7日王某将张某诉致法院，要求张某承担5月3日吵架所产生的医疗费1000元。被告在诉讼中称，要求王某承担7月8日吵架所产生的医疗费、财物损失费共计2600元。

二、分歧观点

关于被告张某诉讼主张的性质，存在两种不同的观点：

第一种观点认为，张某的诉讼主张是反诉，因为7月8日的纠纷是5月3日纠纷的延续，两起纠纷存在事实上的牵连关系，为了纠纷的彻底解决，法院应合并审理。

第二种观点认为，张某的诉讼主张并不符合反诉条件。7月8日的纠纷和5月3日纠纷是两起独立的纠纷，没有直接牵连，且两起纠纷的当事人都不同。所以不符合反诉条件。

案例2.10→

当事人的请求是反诉还是反驳？

一、案情简介

张甲和张乙系姐弟，由于其母早逝，二人由其父张某养大。张甲出嫁后在外地工作。2004年6月张某因患病生活难以自理，姐弟俩协商，其父到张乙家居住。张某在于张乙家居住时间不长，张乙便开始找茬与其父吵闹，不久张乙即以其父难以相处为由，提出不愿与其父住在一起，于是张甲将其父接到自己家里住。2007年8月，张甲因患急病去世，之后，张甲的丈夫请求张乙把其父接回家赡养，但张乙置之不理。为此，张某一直住在张甲丈夫陈某家里。2011年2月，张某因病去世，留下遗产5万余元。张乙与陈某因分割遗产意见不一致，发生纠纷。张乙向法院提起诉讼，请求判决其父的5万元遗产由自己一人继承。诉讼中，陈某认为原告没有尽赡养义务，请求法院判令原告无继承权，张某的遗产由自己继承。

二、分歧观点

关于被告陈某诉讼主张的性质，存在两种不同的观点：

第一种观点认为,陈某的诉讼主张是反诉。陈某提出的诉讼主张与张乙提出的本诉基于同一实体法律关系,前后两诉的主体也相同,因此,陈某的主张是反诉。

第二种观点认为,陈某的诉讼主张只是反驳。陈某提出张乙无继承权的目的在于否定张乙提起的诉讼的权利基础,与反诉抵销、吞并本诉的诉讼请求的目的存在明显的不同。

三、提示与参考

在司法实践中,反驳与反诉混淆的情况时有发生,导致当事人的合法权益无法得到全面保护。反驳与反诉是诉讼法上的概念,两者都属于被告在诉讼过程中进行进攻防御、维护自己权益的有效手段。一般认为,反驳是被告为维护自己的合法权益,提出各种有利于自己的事实和根据,以否定原告提出的诉讼请求的一项诉讼权利。反驳与反诉的区别主要体现在:第一,二者的法律性质不同。反诉的权利基础是实体法上的请求权;反驳的权利基础则来源于抗辩权。第二,二者的独立性不同。反诉是独立的诉,它与本诉既可以合并审理,也可以不合并审理而另行起诉,且本诉的撤回并不影响反诉部分的审理;而反驳必须依存于本诉,无本诉则无反驳。第三,二者提起的时间不同。反诉举证期限届满之前提起;而反驳的提出则没有时间的限制。

案例 2.11→

当事人应何时提出反诉?

一、案情简介

张三与李四系邻居,2012年8月双方因为门前排水沟问题发生口角,既而相互扭打,在扭打过程中双方均有损伤。双方的纠纷经基层组织调解未果,张三遂向法院提起诉讼,要求李四赔偿其医疗费、误工费等各项损失合计2800余元。该案在法院审理过程中,被告李四在法庭辩论快结束时提出反诉,要求张某赔偿其相关损失2400余元。

二、分歧观点

对本案被告李四所提的反诉能否成立,存有两种观点:

第一种观点认为,《最高人民法院关于民事诉讼证据的若干规定》第34条第 3 款规定:"当事人增加、变更诉讼请求或者提起反诉的,应当在举证期限届满前提出。"故李四的反诉不能成立。

第二种意见认为,根据《最高人民法院关于适用〈中华人民共和国民事诉讼法〉若干问题的意见》第 156 条规定,"在案件受理后,法庭辩论结束前,原告增加诉讼请求,被告提出反诉,第三人提出与本案有关的诉讼请求,可以合并审理的,人民法院应当合并审理",被告李四在本诉法庭辩论终结前所提的反诉符合法律规定,法院应当将反诉与本诉予以合并审理。

第二节　诉权

案例 2.12→

按撤诉处理后,原告能否再次起诉?

一、案情简介

2010 年 5 月 8 日广州市某法院开庭审理一企业诉广州市某公司货款纠纷一案,在庭审中,被告及委托诉讼代理人到庭,而原告无正当理由拒不到庭,法院依据民事诉讼法的规定按撤诉处理。但两个月后,原告在没有新事实、没有新证据的情况下以原起诉的相同理由到法院再次起诉。

二、分歧观点

关于法院应如何处理此案,存在以下两种不同的观点:

第一种观点认为,法院应受理案件,并及时作出判决。诉权是当事人享有的权利,起诉是法律赋予的权利,根据《最高人民法院关于适用〈中华人民共和国民事诉讼法〉若干问题的意见》第 144 条规定,当事人撤诉或人民法院按撤诉处理后,当事人以同一诉讼请求再次起诉的,人民法院应予受理。

第二种观点认为,原告的行为具有恶意诉讼、滥用诉权的倾向,对此法院应不予受理此案。

三、提示与参考

当事人滥用民事诉权在司法实践中呈现出愈演愈烈的趋势,如何对滥用民事诉权行为进行正确界定,并有效制约已成为当前审判实践中需要面对的一个非常重要的问题。诉权是指当事人可以基于民事纠纷的事实,要求法院进行裁判的权利,是公民的一项宪法性权利。① 一般认为,滥用民事诉权是指当事人明知自己的请求缺乏事实依据和法律依据,利用法律赋予的诉讼权利,以合法形式进行非诚实、非善意的诉讼,以期通过诉讼纠缠法院或对方当事人。其特征有三:(1)滥用民事诉权行为是行为人主观上存在故意。(2)滥用民事诉权人已经实施了滥用诉权的行为。(3)滥用民事诉权的行为给相对方造成了损失。

案例2.13→

债权人能否以裁判文书生效后
的和解协议作为依据再行起诉?

一、案情简介

2010年9月15日,伍某与重庆某有限公司签订了开发某项目的合资开发经营合同,当日,伍某依约支付了股金300万元给某有限公司。2010年12月28日,双方又达成了退还股金协议,协议约定:(1)解除双方原订立的开发经营合同;(2)某公司限于2011年5月31日前返还股金300万元给伍某,利率按银行活期存款利率计付(自借款之日起计付至还清之日止)。此后,某公司未按约归还股金及利息给债权人。伍某向法院提起诉讼,要求某公司返回股金300万元,一审法院于2012年2月23日作出了民事判决:由被告某公司限本判决生效后5日内返还股金300万元给原告伍某。双方均未提出上诉。该案判决生效后,某公司仍未按判决确定的履行期限履行义务,伍某也未向法院申请执行,但双方于2012年4月7日又达成了和解协议:(1)某公司应于2012年7月30日前归还股金300万元;(2)若某公司逾期不还,则应支付违约金,违约金按每月1万元支付,逾期利息则按月息2.5‰计付。协议签订后,某公司再次以资金周转困难为由未按约履行上述协议。2012年9月20日,伍某以某公司违约为由,以上述和解协议为依据再行起诉,要求被告某公司支付股金300万元、违约金1.7万元,合计301.7万元。

---

① 刘荣军:《程序保障的理论视角》,法律出版社1999年版,第248页。

二、分歧观点

债权人能否以裁判文书生效后的和解协议作为依据再行起诉,或其起诉是否违背了"一事不再理"的诉讼原则,存在两种不同的观点:

第一种观点认为,裁判文书生效后的和解协议是双方当事人的私权自治的合意,具有民事契约性质,因此,当事人可以持协议起诉,法院应予受理。

第二种观点认为,法院已对当事人之间争议的法律关系作出了判决,当事人依据和解协议起诉明显违背了"一事不再理"的原则。

案例 2.14

诉的利益是不是诉权要件之一?

一、案情简介①

郝某东系郑州市伊兰出租车公司司机。2004 年 11 月 13 日,郝某东驾驶出租车在街上拉活,当其在郑州航海路由东向西行驶至通往郑州交巡警八大队的路口时,发生了一场交通事故,郝某东将郑州市市民任某会撞伤,后任某会被送往医院住院治疗。经交警部门责任认定,郝某东负事故的全部责任。任某会在医院治疗期间共花费医疗费 17297.51 元,任某会将自己看病的医疗票据交给了郝某东后,郝某东全额予以赔偿。赔偿后,郝某东来到当初自己为汽车所投保的某保险郑州分公司,要求保险公司对自己进行理赔,却被保险公司告知,郝某东当初在保险公司投保时,双方所签订的合同上有这么一个条款,投保人在向保险公司理赔时,必须出具司法机关的法律文书,以确认该案件已经结束,否则保险公司不予赔偿。保险公司说,自己这样做的目的,是为了防止投保人和受害人联手欺骗保险公司,进行虚假理赔。郝某东无奈,于 2005 年 10 月 25 日以任某会为被告诉至郑州市中原区人民法院,请求法院确认自己已经向被告任某会支付医疗费 17297.51 元。郑州市中原区人民法院经审查后认为,人民法院的诉讼活动旨在解决当事人之间存在的现实争议,并且所作出的裁判应当是明确的、可供执行的。该交通事故发生后,被告仅要求原告赔

---

① 案例来源于:http://old.chinacourt.org/html/article/200511/29/187255.shtml,访问日期:2013 年 7 月 10 日。

偿医疗费,在原告支付了医疗费后,被告已经将医疗费票据交付原告,原、被告之间围绕该道路交通事故而产生的争议已经解决完毕,双方不再存在需要法院解决的纠纷。法院依法裁定驳回原告的起诉。

二、分歧观点

关于郝某东对本案是否享有诉权,存在两种不同的观点:

第一种观点认为,本案中,原告的起诉没有司法救济的必要性,即没有诉的利益。其确认的目的既不是其与被告之间的纠纷,也不是防止与被告在将来发生纠纷,而是作为保险理赔的证据使用,因此不具有诉的利益。

第二种观点认为,该案是典型的确认之诉,原告请求法院确认其与任某会之间的法律关系,原告对本案具有司法救济的必要性和实效性。

三、提示与参考

我国民事诉讼法目前对于诉的利益并没有相关的法律规定。诉的利益是判断当事人是否享有诉权的要件之一。所谓诉的利益,是指当事人有通过诉讼进行权利救济的必要。当当事人欠缺诉的利益时,起诉则会遭到法院驳回的诉讼要件。诉的利益是具体的,是需要根据具体诉讼的状况,并紧密结合请求的内容来作出判断。诉的利益在理论上包括两个方面的内容,权利保护的资格和权利保护的利益[1]。权利保护的资格实际上是关于法院民事审判权的范围问题,如果该案不属于法院民事审判的范围,当事人所提起的诉就不具有权利保护的资格。我国民事诉讼法也没有对民事审判权行使的范围作出明确的规定,只是大致指出凡涉及民事权利义务的争议,可由人民法院进行审判。权利保护的利益所涉及的问题是,当事人所提起的诉尽管具有权利保护的资格,即属于法院民事审判的范围,但未必有必要对案件进行审判。有学者指出:"在大陆法系国家,诉的利益成为权利保护要件之一,在具体案件当中,如果原告的起诉被认定不具有诉的利益,则案件不会进入实体审理程序。相似的问题在英美法系上也有所反映,但是基于其判例法传统,它并没有像大陆法系国家一样在民事诉讼法学领域确立诉的利益这么一个严谨的学术概念,而是通过救济法这个专门的法律领域来解决所有那些可以适当地提交到法院裁断的争议。从诉的利益这一概念发挥作用的途径来看,显然它体现了裁判者

---

[1] 江伟:《民事诉讼法》,高等教育出版社 2007 年第 3 版,第 53~56 页。

运用自由裁量权在司法裁判供给对象这一问题上所进行的利益衡量,即司法者在考虑是否对某一特定的争议作出司法判断时,必然涉及对各种利益进行衡平,而后在此基础上来决定当事人的申请事由是否属于可裁判事项。并且,这里所设定的利益框架不仅仅局限于制定法所界定的利益保护范围,而是一个以现有法律所设定的利益为中心、以社会需求为基线向外辐射的一个多元利益格局。在这种格局下,一方面法官须在既定的法律规则(主要是民事实体法)框架内寻求当事人所主张的权利依据,另一方面,法官又可以通过能动性司法,在社会需求出现新的现实要求而现有的实体法出现权利空白状况时,在利益衡量的基础之上运用解释运动来扩充诉讼程序的'张口',赋予主体以新类型的诉权,使得社会当中出现的新型的,而且是必须予以保护但暂时未被现行实体法所认可的利益能够顺利进入程序当中被予以积极评价,从而达到司法创设权利这样一种效果。也正是在这个意义上,诉的利益这一诉讼法上的概念起到了连通诉讼法与实体法并生动展现这两大法域之间相互关系的作用。"[1]

对于诉的利益的本质问题,在大陆法系国家存在不同的学说,主要有:国家利益说,当事人利益说,国家和原告、被告利益说三种学说[2]。(1)国家利益说。此说认为民事诉讼设置之目的,是为了解决纠纷,限于国家人力、财力的有限性,设置诉的利益作为民事纠纷的筛选机制,以节省劳费。因此,判断诉之利益有无,应该以国家的立场为出发点。(2)当事人利益说。此说认为民事诉讼设置之目的,乃在权利保护,因此,是否有保护利益,应从当事人的利益状态,透过诉讼法的客观的价值判断后,予以决定。或认为民事诉讼设置之目的,无非在保障当事人抗争之程序得以充分实施。因此,是否有诉的利益,应从当事人有无此抗争利益为核心。而此抗争利益之有无,尤应将当事人于诉讼外或诉讼前之纷争过程,交涉过程予以考量。(3)国家和原告、被告利益说。民事诉讼存在的和设置的原因是多元的,国家作为民事诉讼制度的设立者,因此在界定民事诉权的行使范围时应当考虑国家的利益。同时,当事人作为民事诉讼制度的利用者,民事诉讼制度不得不考虑制度使用者的利益。国家之利益与当事人之利益,或当事人之原告与被告间之利益均难免冲突。因此,在

---

[1] 常怡、黄娟:《司法裁判供给中的利益衡量:一种诉的利益观》,载《中国法学》2003年第4期。

[2] 详见江伟、邵明、陈刚:《民事诉权研究》,法律出版社2002年版,第223~224页。

决定是否有诉的利益时,应同时注意此三种利益之调和。

案例 2.15→

民政局能否代替流浪汉提起民事诉讼?

一、案情简介①

2008年10月24日晚,吴某听驾驶庆元长运汽车有限公司的一辆轿车在开往庆元县城方向撞伤了路边一名男子,该男子经抢救无效死亡。庆元县交警大队经现场勘查认定,吴某听和死者在此次事故中负同等责任。死者年约六七十岁,事故发生后身份一直无法确认,也无亲属前来认领。为保护受害人的权益,庆元县检察院督促作为流浪人员救助机构的民政局代死者亲属提起民事诉讼,向吴某听所驾车辆投保的保险公司及吴某听索赔事故损失。2008年年底,民政局以原告身份起诉到庆元县法院,要求吴某听支付各项损失11.17万余元、保险公司支付10万元,并承担连带责任。2009年4月21日,庆元县法院裁定驳回民政局的起诉。法院的理由是,根据最高人民法院的有关司法解释,民政局与本案被害人之间仅存在行政法律关系,不存在民事法律关系,故民政局不是本案适格的民事诉讼原告。

二、分歧观点

关于民政局在本案中是否享有诉权,存在两种不同的观点:

第一种观点认为,民政局在本案中享有诉权。根据国务院《城市生活无着的流浪乞讨人员救助管理办法》的规定,民政局作为社会救助的政府主管机关,承担对流浪乞讨人员生活无着的保障,也应该在流浪乞讨人员人身权益遭受侵害时提供法律救助的义务,为流浪人员主张民事赔偿的权利。

第二种观点认为,民政局在本案中并不享有诉权。根据《最高人民法院关于审理人身损害赔偿案件适用法律若干问题的解释》的规定,赔偿权利人包括因侵权行为或者其他致害原因直接遭受人身损害的受害人、依法由受害人承担扶养义务的被扶养人以及死亡受害人的近亲属。民政局作为政府负责救助

---

① 案例来源于:http://news.sina.com.cn/o/2009-04-28/082915539628s.shtml,访问日期:2013年7月2日。

社会流浪乞讨人员的专门机构,与本案受害人之间仅存在行政法律关系,不存在民事法律关系,故民政局在本案中并不享有诉权。

案例 2.16→

接吻权受到侵害能否起诉索赔?

一、案情简介

张女穿行马路时遇车祸,致两颗门牙缺失。交警出具的责任认定书认定司机负全责。张女因无法与肇事司机达成赔偿协议,遂提起民事诉讼,认为司机虽赔偿 3000 元安装假牙,但假牙影响接吻,故司机还应就她的"接吻权"受到损害予以赔偿。

二、分歧观点

关于张女在本案中是否享有诉权,存在两种不同的观点:

第一种观点认为,张女在本案中并没有诉权。张女主张自己的亲吻权并没有实体法上的规定,于法无据。

第二种观点认为,张女在本案中享有诉权。虽然法律对亲吻权无明文规定,但它却属于由人的身体权、健康权引发的其他人格权利。亲吻权损害赔偿也是有法律依据的。亲吻是一个人的心理体验,属于精神权利范畴。

三、提示与参考

本案争执的焦点在于:在无实体法依据的情况下,当事人能否提起诉讼。传统民事诉讼理论和司法实务均从制定法出发进行裁判,并以制定法作为裁判的法律依据,以制定法作为诉的利益的确定标准。我们不得不承认的是,我国民事实体法律规定的权利也比较抽象、笼统,这给法院判断诉的利益有无时,带来诸多困难。"诉的利益概念就是掌握着启动权利主张进入诉讼审判过程的关键,也就是通过诉讼审判后而创制实体法规范这一过程的重要开端。"[1]20 世纪后,我国民事纠纷和民事诉讼领域发生了很多变化,尤其是随着大量现代型纠纷的出现,以制定法作为判断诉的利益标准愈加困难。有学者

---

[1] 参见[日]谷口安平:《程序的正义与诉讼》,王亚新、刘荣军译,中国政法大学出版社 2002 年版,第 181 页。

认为:"处在迅速转型时期的实体法律不可能对一些急需解决的东西作出迅速的回应,立法程序的启动和进行缓慢,不能在短时期内就公共政策提供明确的指引,民事审判权应当在这一领域有所作为。"①民事审判权需要借助诉的利益这一制度充实和扩大民事诉讼的保护权益和纠纷解决功能,促成民事诉讼的政策形成功能。

案例 2.17→

能否提起有关祭奠权的诉讼？

一、案情简介②

张女士与张先生是亲姐弟。2007 年 12 月,他们的母亲去世后,安葬于南京市普觉寺公墓,双方共同为母亲竖了墓碑。2009 年 4 月,他们的父亲也去世了,与亡母合葬一处。合葬后,姐姐拆除了原墓碑,竖了新墓碑。新墓碑竖立后,张先生发现,他与妻子及子女的名字并没有刻在墓碑上。在与姐姐商量无果的情况下,张先生将姐姐告上法庭,认为姐姐故意不让他一家的名字列在新墓碑上的行为,严重违反了社会伦理道德及公序良俗,侵犯了他的合法权利。张先生请求法院判决,让姐姐更换墓碑,将他一家的名字按长幼顺序刻于新墓碑上;并要求姐姐向其道歉,赔偿其精神损失 5000 元。区人民法院审理后对张先生要求更换墓碑名字的诉讼请求予以支持。姐姐张女士不服,上诉至南京市中级人民法院。南京市中级人民法院审理后认为,张先生的诉讼请求实际上是一种生者对死者表达追思的行为,并非法律规定中与人身相关的权利,不属于我国《民法通则》调整的范畴,不属于人民法院管辖的范围。南京市中级人民法院判决撤销区人民法院的判决,驳回张先生的起诉。

二、分歧观点

关于张先生在本案中是否享有诉权,存在两种不同的观点：

第一种观点认为,张先生在本案中享有诉权,其实体权利的基础是祭奠

---

① 王福华:《民事诉讼基本结构》,中国检察出版社 2002 年版,第 288 页。
② 案例来源于:http://hb.people.com.cn/n/2013/0206/c194063-18139745.html,访问日期:2013 年 7 月 26 日。

权。《民法通则》中规定,民事活动应当尊重社会公德,祭奠权实质上是基于传统习俗而产生的一种权利,具有较为丰富的内涵,包括亲人死亡情况的知情权、安葬权、墓碑署名权、保持墓碑及坟墓完整权等。

第二种观点认为,张先生在本案中并不享有诉权。关于祭奠权,我国法律并没有规定;即使在作为"权利救济法"的《侵权责任法》中,也没有明确的法律条文可以引用。张先生的诉讼请求明显缺乏实体权利基础,诉权无从谈起。

第三章 基本原则和基本制度

第一节 基本原则

案例 3.1→

二审法院能否就财产分割与子女抚养一并判决?

一、案情简介

王某与钱某系夫妻关系,因感情不和王某提起离婚诉讼,一审法院经审理判决不准予离婚。王某不服提出上诉,二审法院经审理认为应当判决离婚,并对财产分割与子女抚养一并作出判决。

二、分歧观点

关于二审法院就财产分割与子女抚养一并作出判决是否妥当,存在两种不同的观点:

第一种观点认为,法院的做法并无不妥之处。当事人将彼此之间的纠纷诉诸法院就是希望通过法院的权威裁判解决争端。法院为了维护和保障当事人的权益,应全面审查案件事实,彻底解决当事人之间的争端。

第二种观点认为,法院的做法违反了当事人处分原则。当事人在诉讼中并未提出有关财产分割和子女抚养的诉讼请求,法院主动判决侵犯了当事人的程序主体地位。

三、提示与参考

民事诉讼中的处分原则,是指当事人有权在法律许可的范围内自由支配自己的民事实体权利和民事诉讼权利。处分原则贯彻于民事诉讼的全过程,主要体现在:第一,当事人的处分行为直接关系着民事诉讼程序能否开始;第二,当事人的处分行为对于诉讼程序的发展和终结有着重要影响;第三,审判保护的范围和方法,一般要尊重当事人的意愿。处分权的享有者只限于民事诉讼当事人,其他诉讼参与人不享有处分权;当事人行使处分权的对象包括处分自己依法享有的民事权利和诉讼权利。

案例 3.2

当事人能否自主选择纠纷解决方式?

一、案情简介

甲于某日在商场与乙发生纠纷,将乙打伤,同时损坏了商场的商品。其后,商场向所在地某基层法院起诉,要求甲赔偿商品。某基层法院听说甲还打伤了乙,遂将乙追加为共同原告。乙提出只愿由人民调解委员会解决,但法院不允许。

二、分歧观点

针对法院的做法是否正确,存在两种不同的观点:

第一种观点认为,法院的做法并不正确。根据处分原则,纠纷的当事人有权选择纠纷解决的方式,是否通过民事诉讼解决争端,应由当事人自由选择,法院无权强制当事人进行诉讼。

第二种观点认为,法院的做法并无不妥之处。甲与商场之间的纠纷源于甲与乙之间的纠纷,法院将甲、乙的纠纷引入到诉讼中,有利于纠纷的一次性解决,节省了司法资源。

案例 3.3

法院能否要求当事人变更诉讼请求?

一、案情简介

王某以借款纠纷为由起诉吴某。经审理,法院认为该借款关系不存在,王某交付吴某的款项为应支付的货款,王某与吴某之间存在买卖关系而非借用关系。法院向王某作出说明,但王某坚持己见,不予变更诉讼请求和理由。法院遂作出判决,驳回王某的诉讼请求。

二、分歧观点

关于法院的做法是否违反了民事诉讼的基本原则,存在两种不同的观点:

第一种观点认为,根据民事诉讼中的处分原则,当事人有权决定审判的对象和审判的范围,法院在案件审理过程中主动要求当事人变更诉讼请求的做法侵犯了当事人的处分权。

第二种观点认为,法院的做法并不违反民事诉讼的基本原则,没有侵害当事人的合法权益。相反,法院的做法是为了更好地维护当事人的权益,根据案件的客观事实,引导当事人变更诉讼请求,真正解决当事人之间存在的争议。

案例 3.4→

当事人未主张的事实,法院能否释明?

一、案情简介

甲向乙购买了一批机械,但因乙交付的机械有瑕疵,而导致甲受有损害。甲于诉讼中仅主张合同有效的事实,并未主张损害发生与乙行为之间的因果关系。此时,审理案件的法官刘某告知甲,其应提出损害发生与乙行为之间存在因果关系的主张。

二、分歧观点

法官刘某的行为是否符合民事诉讼法的规定,存在三种不同的观点:

第一种观点认为,法官刘某的行为违反了法官中立原则。民事诉讼奉行的是当事人主义的诉讼模式,强调当事人之间的对抗性。法官作为纠纷的裁决者应时刻保持中立,只需依当事人主张的事实作出判决即可,法官刘某的行为明显违反了法官中立的原则。

第二种观点认为,法官刘某的行为违反了民事诉讼中的辩论原则。根据辩论原则,当事人没有提出的事实和主张,就不能作为判决的依据,法官不能主动告知当事人变更或增加诉讼主张。

第三种观点认为,法官刘某的行为符合民事诉讼法的规定,是法官主动实行释明权的行为。根据《最高人民法院关于民事诉讼证据的若干规定》第35条第1款的规定:"诉讼过程中,当事人主张的法律关系的性质或者民事行为的效力与人民法院根据案件事实作出的认定不一致的,不受本规定第三十四条规定的限制,人民法院应当告知当事人可以变更诉讼请求。"

三、提示与参考

法官中立是法治社会的一个重要标志。作为现代司法基本理念之一已获得广泛的共识。《中华人民共和国法官职业道德基本准则》第一次以规范性文件的形式把"法官审理案件应当保持中立"规定为法官基本的道德行为准则。法官的中立性是正当程序的基础,无法官的中立性则无正当程序。法官中立是指法官在审判过程中应客观、公正、不偏不倚,持中立的立场与态度。一般认为,法官中立主要有以下两层含义:第一,法官与案件之间不存在利害关系,审判结果中不包含法官个人利益,法官对任何一方当事人不存有支持或反对的偏见。第二,在案件审理过程中,法官应当不偏不倚,平等地保障双方当事人的诉讼权利。第三,法官对任何一方当事人无任何个人价值的偏向。英美法系国家和大陆法系国家都确立了法官中立原则,英美法系国家通过一系列的判例加以确认;大陆法系国家则在宪法中加以明确规定,如法国和德国的法定法官。

民事诉讼模式一般依据当事人和法院在诉讼中的权限范围来界定。一般分为当事人主义和职权主义。当事人主义诉讼模式,是指在民事诉讼过程中,在对诉讼资料及证据资料的提出与确定方面,当事人享有主导权,并由此限定法院审判对象及范围的主体诉讼地位关系。

辩论主义是大陆法系民事诉讼学理上的概念,日本学者谷口安平指出,以什么样的事实作为请求的根据,又以什么样的证据证明所主张的事实存在与否,都属于当事人意思自治的领域,法院应当充分尊重当事人在这一领域的自由,这就是辩论主义最根本的含义。辩论主义包括以下内容:其一,直接决定法律效果发生的主要事实必须在当事人的辩论中出现,法院不能以当事人没有主张的事实作为判决的基础。其二,对于双方当事人都没有争议的事实,法院应当作为判决的基础,法院应当受当事人自认的约束。其三,法院对证据的调查,原则上仅限于当事人提出的证据,而不允许法院依职权主动调查证据。

释明亦称阐明,最初为1877年的《德国民事诉讼法》所规定。司法实践中经常会出现,当事人的主张或者陈述的意思不明确,不充分,或有不当的诉讼主张或者陈述,或者他所举的证据材料不够而误认为够了的情形,法官对当事人进行发问、提醒,引导当事人把不明确的予以澄清,把不充足的予以补充,把不当的予以排除或修正。此即是释明。围绕法官释明的法律性质,学界存在以下三种观点:第一,"权利说",即认为释明是法律赋予法官的一项诉讼权利,法官可以自由决定是否行使或放弃。第二,"义务说",即认为释明是法律明确规定法官应当行使的一项诉讼义务,如果法官在应当行使释明的范围内不予行使,就应当承担相应的法律后果。第三,"权利义务说",释明既被视为法官的一项诉讼权利,又被视为法官的一项诉讼义务。目前,权利义务说为我国学界的通说。对于释明的含义,有以下几种不同的观点。有学者认为,释明在含义上不仅包括使不明确的事项应该加以明确,还包括:(1)当事人的声明和陈述不充分时,使当事人的声明和陈述变得充分;(2)当事人的声明和陈述不适当时,法院促使当事人做适当的声明和陈述;(3)促使当事人提出证据。① 也有的学者认为释明可以分为五种情形:(1)为了澄清不明确的释明;(2)消除不妥当陈述的释明;(3)补充诉讼材料的释明;(4)新提出诉讼材料的释明;(5)举证方面的释明。② 也有的学者进一步扩展为诉讼请求变更的释明。一般认为,释明是当事人主导的民事诉讼体制下实现民事诉讼制度目的的"修正器"。从18世纪至19世纪,资本主义处于自由资本主义时期,受此影响,诉讼体制的建构也要求以当事人主义为基调,实行辩论原则和处分原则。在当事人主义诉讼模式下,应当是法院完全处于消极、被动的地位,法院只要根据当事人的主张作出判决即可,这样也可以使法院处于中立的地位,做到独善其身。如果当事人在诉讼中未能正确、充分陈述主张,便有可能导致败诉,此时,就有可能影响诉讼的公正性,尤其是实质公正。为此,大陆法系国家普遍建立了法院释明制度,以弥补当事人主义诉讼模式、辩论原则的不足。可以说,释明在性质上是强调法院干预的制度,通过法院的积极干预弥补当事人之间诉讼资源的不平衡,追求诉讼正义的有效实现。

案例3.5→

审委会应否谈论疑难复杂案件?

一、案情简介

某建材公司与某市工商银行因借贷纠纷一案诉至某市中级人民法院,一审判决作出后,某建材公司不服,向某省高级人民法院提出上诉。

---

① 赵信会:《民事诉讼中的心证公开》,载《现代法学》2005年第5期。
② 张卫平:《民事诉讼"释明"概念的展开》,载《中外法学》2006年第2期。

由于该案涉案金额较大，且民事法律关系较为复杂，案件合议庭将案件提交某省高级人民法院审判委员会，经审判委员会讨论后，合议庭根据审判委员会的意见作出判决。

二、分歧观点

关于合议庭将案件提交审判委员会的做法是否违反了民事诉讼的基本原则，存在三种不同的观点：

第一种观点认为，合议庭将案件提交审判委员会讨论的做法并不违反民事诉讼的基本原则。我国《人民法院组织法》第 10 条规定："各级人民法院设立审判委员会，实行民主集中制。审判委员会的任务是总结审判经验，讨论重大或疑难案件和其他有关审判工作的问题。"因此，合议庭做法完全符合法律的规定。

第二种观点认为，合议庭将案件提交审判委员会讨论的做法违反了民事诉讼直接言词的基本原则。《最高人民法院审判委员会工作规则》第 8 条第 2 款规定："审判委员会讨论案件，承办人要在会前写出审理报告。审理报告应当文字简练，表达准确，书写清楚。"很明显，审判委员会并没有直接参与案件的审理，也未充分听取双方当事人的辩论意见，仅依据合议庭提交的书面材料，对案件的处理结果提出意见。审判委员会的做法俨然已对审判公正构成威胁。

第三种观点认为，合议庭将案件提交审判委员会讨论的做法违反了民事诉讼审判独立的原则。审判独立不仅是法院独立，也是法官的独立。司法的过程其实就是审判者以"亲历性"的审判活动作出判断的过程。审判者的"亲历性"符合审判规律的内在要求。

三、提示与参考

审判委员会是我国特有的审判组织形式，在讨论、决定重大、疑难案件，总结审判经验和其他有关审判工作方面发挥了一定的积极作用。审判委员会的会议由法院院长主持，成员由院长 1 人，副院长、庭长、资深审判员若干人组成。组成人数是单数。自 20 世纪 90 年代以来，随着审判方式改革的推进和不断深入，强化合议庭和独任审判员的职责，逐渐成为理论界和实务界的共识。在这种背景下，审判委员会讨论决定案件制度日渐成为法学界关注和评论的焦点。总体而言，学者对于审判委员会制度的态度大致可以分为取消论、保留论、改革论三种观点。

民事诉讼中的直接原则是指法院审理、裁决民事案件，必须由受诉法院审判人员亲自听取当事人和其他诉讼参与人的言词陈述及辩论，亲自审查证据以及其他有关的诉讼资料，最后依法作出判决的原则[①]。直接原则是民事诉讼中非常重要的原则之一，该原则在我国民事诉讼法中并没有明确的规定。直接原则具体包括两方面的内容：第一，根据直接原则，法官亲自听取双方当事人的陈述和辩论，获得第一手的诉讼资料，避免间接审理带来的审判者对诉讼资料的片面认识；第二，案件的判决结果必须是审理案件的法官自行作出。

民事诉讼中的言词原则是指当事人及法院在实施诉讼行为时，特别是在进行辩论、证据调查以及作出裁判时，均要求以言词的形式进行[②]。言词原则作为民事诉讼的原则不仅规范当事人的诉讼行为，也是对法院审判案件的基本要求。与言词原则相对应的是书面审理，书面审理是指法院以当事人所提交的书面材料为基础，不经当事人的言词辩论而作出裁判。言词原则和书面审理各有优缺点，世界各国一般以言词原则为基础，以书面原则为例外。

法院审判独立是司法公正的基础和精髓。《宪法》第126条规定："人民法院依照法律规定独立行使审判权，不受行政机关、社会团体和个人的干涉。"这是从宪法的高度规定了人民法院的地位和法院独立审判的原则，明确了独立审判是法官的权利，也是他们的义务。关于审判独立的内容学界尚未形成统一认识，有学者认为，审判独立，在我国是法院依法对民事案件独立行使审判权，而不是法院中的合议庭或是审判员独立审判；另一些学者认为，审判独立是指法官应根据自己对案件事实的判断和对法律的理解，独立地作出裁判，不受任何干涉。

案例 3.6→

离婚诉讼中转移财产是否构成诉讼欺诈？

一、案情简介

2006年3月，经过多年恋爱的张女士与邵先生走进了婚姻的殿堂，婚后生活稳定，育有一女，两人分别于2008年、2009年和2011年在广

[①] 常怡主编：《比较民事诉讼法》，中国政法大学出版社2002年版，第314页。
[②] 常怡主编：《比较民事诉讼法》，中国政法大学出版社2002年版，第315页。

州、清远和从化购买了三套房子。2012年5月中旬,张女士因出差提前回家,邵先生被捉奸在床。张女士向天河区法院提起离婚诉讼。在天河区法院审理离婚案件期间,以邵先生为被告的房产买卖、拖欠货款、欠款纠纷先后在多地法院分别被提起,在上述诉讼期间,由于邵先生的确认,法院先后作出六个判决书或调解书,确认邵先生拖欠他人购房款、货款、欠他人借款合计八百余万元。案件进行执行程序后,张女士、邵先生名下的房产和存款等尽数被法院查封、拍卖。对于上述诉讼,张女士事先均不知情,到房产等财产被法院查封、拍卖之时,才知道原来邵先生存在那么多诉讼。经调查,起诉邵先生的六个案件原告分别为邵先生的亲属、同学等,这些所谓诉讼均是邵先生伙同他人杜撰出来的,其目的就是转移夫妻共同财产。

二、分歧观点

关于邵先生通过诉讼转移财产的行为应如何定性,存在两种不同的观点:

第一种观点认为,邵先生的行为违反了民事诉讼中的诚实信用原则,通过故意伪造、编造证据,或者明显没有证据而捏造和虚构案件事实,试图通过诉讼损害对方当事人利益,自己获取不正当利益,侵害了张女士的合法权益。对此,张女士可根据《民事诉讼法》第56条的规定,提起第三人撤销之诉。

第二种观点认为,邵先生的行为是典型的诉讼欺诈行为,应当按照诈骗罪论处。诉讼欺诈行为完全符合诈骗罪的构成要件,行为人在民事诉讼中向法院提供虚假证据,就是用虚构事实的方法欺骗法院(主审法官),主审法官因为行为人的欺骗而作出错误判决,该判决就是处分被害人的财产;被害人受到财产上的损失,而行为人或第三人获得非法利益。

三、提示与参考

大陆法系国家一般将恶意诉讼称为诉讼欺诈,这是诉讼参加人恶意串通或虚构民事法律关系、法律事实,伪造证据,以提起民事诉讼为手段,使法院作出有利于自己的裁判,从而获得财物或财产上利益的行为。诉讼欺诈行为作为新型的行为方式,各地法院或作无罪处理,或认定为诈骗罪、合同诈骗罪等。对诉讼诈骗行为的定性存在较大争议。围绕诉讼欺诈的性质问题,学界存在以下三种观点:第一,无罪说。该说认为,诉讼欺诈不符合诈骗罪的基本特征,且刑法分则中也没有其他相对应的处罚条款,按照罪刑法定原则目前只能将诉讼诈骗作无罪处理。第二,诈骗罪说。该说认为,诉讼欺诈符合诈骗罪的构成要件,诉讼欺诈中,行为人欺骗的是法官,法官作为受骗者的同时又是财产的处分者,诉讼欺诈中受骗者与受害人并非同一人,但受骗者与财产处分者显然同属一人。第三,诉讼诈骗说。该说认为,诉讼欺诈不同于诈骗罪,定性为诈骗违反了罪刑法定的原则。但如果放任诉讼欺诈横行,势必会影响法律的严肃性以及法院、法官在人民心中的尊严与威信。因此,应在刑法中新增诉讼诈骗的罪名。

第二节 基本制度

案例 3.7→

公开合议庭不同意见、对列为密级的"审委会讨论"也进行公开,符合民事诉讼法的规定吗?

一、案情简介

1999年7月,广州某法院落实最高人民法院提出的深化审判方式改革和贯彻审判公开原则的要求,大胆改革,率全国法院之先尝试性地将合议庭中少数法官的不同意见载入判决书。此举被媒体喻为"阳光审判",引起社会广泛关注和讨论,普通民众、学界、法官态度褒贬不一。最高人民法院的领导肯定了这一做法,认为该法院的改革符合公共权力行使逐步公开化的历史趋势。针对社会上普遍存在的对"阳光审判"做法的三种担心——担心违法、担心上诉率因此提高、担心影响法官人身安全,该院院长指出,在符合社会主义和谐的大方向下推行"阳光审判"改革,有利于提高法官的责任心,有利于体现法院的公平公正,合议庭法官在裁判文书中公开自己的不同意见,对当事人是一种宣传教育,能起到增强法制宣传的效果。2011年5月23日,该法院邀请5名人大代表旁听审委会讨论一宗货运代理合同案件。据介绍,人大代表见证了民主讨论决策的全过程,这是司法公开的一项新举措,在全省、全国法院系统均属首次。"当然,在具体操作上要严格。人大代表事先要签署保密协议,讨论结束后,虽然法院会听取代表们的意见,但不以其意见影响讨论结果。整个过程的意义,就在于知情和程序监督。"该法院副院长如是说。

二、分歧观点

围绕广州某法院公开裁判文书、公开合议庭不同意见、对列为密级的"审委会讨论"也进行公开的做法是否符合民事诉讼的基本制度,存在两种不同的观点:

第一种观点认为,广州某法院公开裁判文书、公开合议庭不同意见、对列为密级的"审委会讨论"也进行公开的做法,树立了法院和法官的形象,提高了司法权威。近年来无论是学界还是实务界一直在强调裁判文书的说理性等问题,但仍然没有脱离传统的模式,在判决书最重要的说理部分,是以"本院认为……"的方式进行表述,在对一个争议下结论时,用的是法院集合体的名称,而不是直接表述办案法官或合议庭的意见。公开裁判文书、公开合议庭不同意见,其目的是明确的告知双方当事人,法院作出判决的理由是什么,法律依据是什么。而且法官要在公开的裁判文书上陈述意见,这就迫使合议庭的每个成员必须进行独立思考,独立判断,真正参与案件的审理。2011年5月广东省高级人民法院下发的《关于在全省法院进一步推进司法公开的意见》规定:"审判委员会讨论案件可以根据实际情况邀请原合议庭或者原审法院派人列席旁听。审判委员会讨论社会关注、有重大影响的案件,法院可以邀请人大代表、政协委员或有关单位派人列席旁听,人大代表、政协委员也可以向法院申请列席旁听,列席旁听人员应当遵守有关保密的规定。"作为最高人民法院指定的百家"司法公开"示范法院中唯一的专门法院,广州某法院的创新举措走在了广东省法院的前列。

第二种观点认为,广州某法院公开裁判文书、公开合议庭不同意见、对列为密级的"审委会讨论"也进行公开的做法,有违民事诉讼中的基本原则和基本制度。该做法在我国现阶段尚存以下争议。第一,缺乏法律依据,不符合现行刑事、民事、行政诉讼法和法院组织法有关人民法院审判案件实行"少数服从多数"的原则和合议庭讨论案件时对少数人的意见只能记入笔录作为不公开的副卷存档的规定。第二,社会公众的接受度较低。从我国目前的司法实践来看,社会公众难以接受审判机关居然对案件的定性处理还有不同意见的现实,公开的少数派意见可能成为当事人滥诉、缠诉的依据。第三,与我国实行的是人民法院独立行使审判权而不是法官独立行使审判权的司法体制相悖。

三、提示与参考

公正与效率是现代司法理念的两大主题,审判公开则是两大主题之一公正之中的一项基本原则。我国《宪法》第125条中规定:"人民法院审理案件,除法律规定的特别情况外,一律公开进行。"这表明审判公开制度在我国不仅是司法制度,更是宪法制度。审判公开制度作为我国重要的司法制度,适用于民事诉讼、行政诉讼和刑事诉讼。它是指人民法院审理案件和宣告判决应公开,并向社会公众公开。具体而言其包括三个方面的内容:一是审理过程公开。法院审理案件的活动,包括证据的提出、调查与认定等除法律规定的特殊情况以外,一律在公开的法庭上进行,允许旁听,允许新闻传媒报道。二是公开宣判。判决书及其据以下判的事实和理由应以公开的形式宣布,允许社会公众查询。三是审判公开的对象既包括向当事人公开,也包括向社会公开。四是审判公开的范围,除合议庭评议案件不予公开外,法院其他的诉讼活动一律公开。

案例 3.8→

当事人能否申请法定不公开审理的案件公开审理?

一、案情简介

2012年6月公众人物张某因为某周刊报道其有私生子的传闻,将该周刊诉至北京市海淀区法院。法院受理案件后,有关张某有私生子的传闻愈演愈烈,为了消解社会公众的疑惑,张某在法院开庭审理之前,在律师的陪同下向法院提交书面申请,要求公开审理该案,在公众面前还原事实真相,让案件所有证据、事实和办案经过透明公开,切实接受法律、公众检视,还自己清白。

二、分歧观点

对于法院应当如何处理张某公开审理案件的申请,存在两种不同的观点:

第一种观点认为,根据我国民事诉讼法的规定,涉及个人隐私的案件属于法定不公开审理的案件。因此,法院应驳回张某公开审理案件的申请。

第二种观点认为,在民事诉讼中当事人可以自由处分自己的诉讼权利和实体权利,案件涉及的是当事人张某的个人隐私,张某自愿选择公开,法院应当允许。

三、提示与参考

个人隐私是指公民个人生活中不愿为他人公开或知悉的秘密。隐私权是自然人享有的对其个人的、与公共利益无关的个人信息、私人活动和私有领域进行支配的一种人格权。我国著名的法学学者张新宝教授把侵犯隐私权的行为总结为以下十类:(1)未经公民许可,公开其姓名、肖像、住址和电话号码。(2)非法侵入、搜查他人住宅,或以其他方式破坏他人居住安宁。(3)非法跟踪他人,监视他人住所,安装窃听设备,私拍他人私生活镜头,窥探他人室内情况。(4)非法刺探他人财产状况或未经本人允许公布其财产状况。(5)私拆他人信件,偷看他人日记,刺探他人私人文件内容,以及将它们公开。(6)调查、刺探他人社会关系并非法公之于众。(7)干扰他人夫妻性生活或对其进行调查、公布。(8)将他人婚外性生活向社会公布。(9)泄露公民的个人材料或公之于众或扩大公开范围。(10)收集公民不愿向社会公开的纯属个人的情况。

案例 3.9→

"听审团"是否符合民事诉讼法的规定?

一、案情简介

2012年3月16日,一宗普通的金融借款合同纠纷案正在东莞中级人民法院第七审判庭审理。与往常庭审不一样的是,一块写有"听审团席"的牌子立在旁听席的右边。牌子指示的位置坐有7个人,他们不时认真地做着笔记。他们是东莞各界代表组成的"听审团",也是东莞中级人民法院首创的司法公开新举措。据了解,这个7人"听审团"由人大代表、法学专家、企业家、律师、媒体从业者共同组成。听审团成员不仅可以旁听案件,还能就法官在庭审中的表现进行点评和提出意见。庭后,听审团成员进入会议室商议。商议过程中,除一名法院工作人员负责记录发言外,非听审团成员不得进入会议室,以保证听审团意见的独立性。这一过程中,听审团成员主要的工作就是填好《个人评价表》和《个人评议表》。前者要求以不记名的形式对合议庭的表现进行评价,后者要求以记名的形式对案件实体发表意见,包括案件的处理意见等。评议结果将传递给合议庭作为参考,虽然评议结果不作为判决根本性依据,但能够让法官更详细地了解社情民意,同时改进自己的庭审技巧。案件作出裁判后,司法公开办公室会向庭审听审团成员发送一份裁判文书。对合议庭没有采纳听审团意见的,合议庭会向听审团进行解释答疑。据东莞中级人民法院称,庭审听审制度在广东尚属首创,"'听审团'既不是西方的'陪审团',也不是'人民陪审员',意在提升法院司法能力、司法公开"。目前,该院专门成立司法公开办公室负责此项工作,接下来将逐步建立一个听审团成员库,不定期从库内随机抽出人员组成不少于5人一团的"听审团",旁听案件开庭。

二、分歧观点

关于东莞中级人民法院首创的庭审听审制度,存在两种不同的观点:

第一种观点认为,东莞中级人民法院的庭审听审制度缺乏法律依据,有干扰审判独立之嫌。我国民事诉讼法规定的社会公众参与审判的法律途径是人民陪审员制度。听审制度并不是吸引公众直接参与审判,而是由听审团对案件的审理、法官的审判行为进行监督,对案件的裁判提出建议。这依然构成了对审判独立的不当干扰。此外,听审团成员门槛定得很低,凡是拥护宪法和法律,具备完全民事行为能力,年满23周岁的公民,可由本人提出申请,或由其所在单位、行业协会、户籍所在地的基层组织以书面形式推荐,即可成为听审团成员。案件的审理与裁判需要法院运用专业知识理清事实,适用法律。听审团成员素质参差不齐,难以对案件的审理作出专业和全面的评判。

第二种观点认为,东莞中级人民法院的庭审听审制度不是西方司法制度中的陪审团制度,而是实现人民法院独立行使审判权和外部有效监督之间良性互动、了解社情民意的新举措,系全国首创。"听审团"的亮相,是以一种看得见的方式实现正义。通过旁听审判,"听审团"增加了司法的透明度。法官在判决书的说理过程中,通过对"听审团"不同意见的说明,促进了司法和社会的对话。另外,"听审团"如同司法研习所,可以让庭审成为民众最好的普法课堂。庭审听审团旁听案件开庭,庭后从庭审程序、职业技能、司法素养、调解技巧等方面,依据自己对案件的理解独立评议、独立发表意见。为了保证审判独立,庭审听审团成员不参与案件合议庭的评议,所发表的意见,都会作为合议庭裁判案件的重要参考,这种参考有利于合议庭在案件裁判时更加贴近社情民意。

三、提示与参考

吸纳社会公众参与司法的方式大致分为两种形式:陪审制和参审制。参审制侧重于非职业法官参与审判,该制度是大陆法系国家的司法制度,陪审员不但参与案件的事实审,而且也参与案件的法律审。陪审制是英美法系的司法制度,在英美法系国家,陪审员(团)只参与案件的事实审而不参与法律审。我国的陪审员制度是在借鉴了苏联和大陆法系国家陪审员制度的基础上形成的。新中国成立以后,陪审员制度被作为一项重要的司法制度确定下来。我国目前的陪审员制度,实际上只是一项诉讼制度,而不是一项宪法制度。其内涵是,国家司法机关通过法定程序吸收非职业司法人员作为陪审员参与审判的一项重要的司法制度。人民陪审员依法参加人民法院的审判活动并与法官享有同等的权利。人民陪审员是"不穿制服的法官",参与审判活动全过程。

案例 3.10→

与当事人有利害关系的人能否回避?

一、案情简介

2010年6月,刘先生和卢女士夫妇买房时向卢女士的姐姐卢某君借款8万元。2011年3月,刘先生归还借款4万元,余款4万元,刘先生书写欠据一张。同年12月18日,卢某君将刘先生诉至本院,要求依法判令刘先生偿还所欠借款4万元。本案在审理中,在举证期限内,原告卢某君提交了被告刘先生书写的欠据一张。庭审中,原告卢某君委托其妹卢女士作为诉讼代理人参加本案诉讼活动,核对双方当事人及代理人身份时,被告对原告方代理人卢女士提出了回避申请,理由是:(1)卢女士与被告刘先生现正处于离婚诉讼阶段,有利害关系;(2)卢女士与本案的处理结果有利害关系。

二、分歧观点

关于法院应如何处理被告提出的回避申请,存在两种不同的观点:

第一种观点认为,卢女士可以作为原告方的委托代理人参与本案的诉讼活动。理由是,我国《民事诉讼法》第44条规定,审判人员有下列情形之一的,应当自行回避,当事人有权用口头或者书面方式申请他们回避:(1)是本案当事人或者当事人、诉讼代理人近亲属的;(2)与本案有利害关系的;(3)与本案当事人、诉讼代理人有其他关系,可能影响对案件公正审理的。前款规定,适用于书记员、翻译人员、鉴定人、勘验人。由此可见，民事诉讼法对民事诉讼中应予回避的人员范围规定是明确的，当事人向法院申请回避的对象必须是审判人员、书记员、翻译人员、鉴定人、勘验人，或者与审判人员及法院其他工作人员有亲属关系的诉讼代理人、辩护人。卢女士作为本案原告卢某君的诉讼代理人，不是法律规定的回避对象，其代理权应当受到尊重。

第二种观点认为，卢女士不能作为原告卢某君的委托代理人参与本案的诉讼活动。理由是，卢女士同案件的处理结果有法律上的利害关系。虽然卢女士与刘先生处于离婚诉讼阶段，但是他们的婚姻关系尚未解除，此案所涉及的债务属于夫妻共同债务。卢女士在案件中有相互冲突的利益，因此，卢女士不能作为原告卢某君的委托代理人。

案例 3.11→

原审法官能否审理同一离婚案件？

一、案情简介

2012 年 8 月 3 日原告刘某起诉与被告卢某离婚，一审法官陈某审理后以夫妻感情尚未破裂，判决原、被告不准离婚。半年后，原告再次起诉离婚，该案仍由同一法官陈某主审，原告认为，案件主审法院陈某已对案件先入为主，可能会影响案件的公平审判，提出要求陈某回避。

二、分歧观点

关于陈某是否应当回避，存在两种不同的观点：

第一种观点认为，由原审法官审理同一离婚案件，并不存在法定的回避情形，法院应驳回原告提出的回避申请，由法官陈某继续审理案件。

第二种观点认为，法院应支持原告提出的回避申请，中止陈某对案件的审理。因为，原承办法官已对原被告双方的离婚争议进行过审判，存在先入为主的可能，为了保证审判的公正性，增强当事人对法院的信任感，法院应支持原告提出的回避申请。

案例 3.12

因回避而重新指定审判员后，已经进行的审判程序是否需重新进行？

一、案情简介

王某与刘某打架斗殴导致王某受伤，王某起诉到人民法院要求赔偿经济损失。人民法院开庭审理此案，在法庭辩论阶段，王某向人民法院提交书面申请，要求审判员朱某回避。理由是朱某是刘某的学生，学生当然会作出有利于老师的判决。经了解，刘某曾是某中学的教师，朱某是该中学的毕业生，朱某与刘某早已认识。于是该法院院长作出决定，支持王某的申请，由审判员赵某接替朱某成为本案的审判人员。此时，王某提出，朱某参与的审判程序应当重新进行。

二、分歧观点

因回避而重新指定审判员后，已进行的审判程序是否重新进行存在三种不同的观点：

第一种观点认为，因回避而重新指定审判员后，已经进行的审判程序无须重新进行。如果允许已进行的程序重新进行势必加长诉讼周期，影响诉讼效率，不利于法院及时解决当事人的纠纷。

第二种观点认为，因回避而重新指定审判员后，已进行的审判程序应重新进行。民事诉讼法作为程序法，程序正义是其首要的价值追求。裁判者必须在那些利益处于对立状态的当事人之间保持不偏不倚的地位，也就是具有中立、超然和公允的态度，而不得存有个人的偏见和私心。回避制度正是人们为了追求司法公正而做出的制度设计，因此，因回避而重新指定审判员后，已进行的审判程序应重新进行，这样，才能为维护和保障程序正义的实现。

第三种观点认为，法官在回避后，已经完成的诉讼程序是否有效，对此我国民事诉讼没有明确规定，可以借鉴仲裁实践中的做法，由当事人来决定已进行的诉讼程序的效力问题。在民事诉讼中当事人才是程序的主体，为了充分尊重当事人的诉权及实体权利的处分权，对已经完成的诉讼程序的效力处理，应当由当事人决定。因回避而重新指定审判员后，当事人可以请求已进行的诉讼程序重新进行，是否准许，由合议庭决定；合议庭也可以自行决定已进行的仲裁程序是否重新进行。

案例 3.13→

当事人是否有权提出审判委员会成员回避？

一、案情简介

张某与赵某因合同纠纷一案诉至某市中级人民法院，因案情复杂，合议庭将案件提交审判委员会讨论，原告赵某在案件提交审判委会后才了解到张某的姑父刘某是该中级人民法院的院长，同时也是该中级人民法院审判委员会的成员。于是，赵某提出要求刘某回避案件讨论的申请。

二、分歧观点

关于本案原告赵某是否有权提出审判委员会成员回避的问题，存在两种不同的观点：

第一种观点认为，原告赵某无权提出有关审判委员会成员的回避申请。审判委员会成员并不在我国民事诉讼规定的回避人员范围内。而且根据《人民法院组织法》第 10 条规定，审判委员会的任务是总结审判经验，讨论重大的或者疑难的案件和其他有关审判工作的问题。根据该条款表述，审判委员会的任务是"讨论"重大疑难案件和审判问题，法律没有赋予其审判权。

第二种观点认为，原告赵某有权提出审判委员会成员回避的申请。审判委员会是法院内部最高的审判组织，其讨论案件必然会触及案件的事实判断和法律适用问题，而判断事实、适用法律正是审判权的权能。审判委员会制度固然是一个相对有效的制约办案法官滥用职权，并保证实体正义获得的程序性制度。但在追求程序正义方面还需进一步的加强。回避是程序正义的应有之义。完善审判委员会回避制度将更好地保障当事人的诉讼权利，促进司法公正的实现。

三、提示与参考

2011 年 3 月 22 日，上海市第二中级人民法院举行《关于深化落实司法公开制度实施意见》新闻发布会，宣布将在全国率先推行当事人申请审委会委员回避制度，于当年 4 月 1 日后开始实行。2012 年 5 月，广东省高级人民法院发布《关于完善审判委员会工作机制的实施办法》。该《办法》规定：审判委员会全体委员的姓名以及履行职务有关的信息，应当通过广东法院网或其他方式对外公开,案件提交审判委员会讨论之前,合议庭应当书面向当事人公开审判委员会名单,并告知当事人有权申请回避。并在全省范围内推行审委会委员回避制度。

案例 3.14

法院能否整体回避?

一、案情简介

李某与盛某因房产纠纷一案诉至某区基层人民法院,在庭审过程中,被告盛某提出,李某系该基层人民法院院长李某林之子,要求该法院整体回避。

二、分歧观点

针对被告盛某提出的回避申请应如何处理,存在两种不同的观点:
第一种观点认为,法院应当依法驳回盛某提出的申请。因为,申请法官回避制度中的法官指的是案件的审理法官,在本案中,李某的父亲李某林并不是审判人员。
第二种观点认为,法院应当支持盛某提出的申请,该基层法院应整体回避。因为本案的当事人之一李某系该院院长李某林之子,负责本案的审判人员有可能受到不当的影响,为了保障案件能够得到公正的审判,法院应当整体回避。

案例 3.15

合作出书是不是回避的理由?

一、案情简介

2012年7月王某和陈某因借贷纠纷诉至广州市某区人民法院,在案件开庭审理之前,原告王某提出有关负责该案的法官刘某回避的申请。理由是该法官和被告陈某曾合作出版过一本法学专著。

二、分歧观点

针对原告王某提出的回避申请应如何处理,存在两种不同的观点:

第一种观点认为,法院应当驳回原告提出的回避申请。根据民事诉讼法的规定,审判人员有下列情形之一的,应当自行回避,当事人有权用口头或者书面方式申请他们回避:(1)是本案当事人或者当事人、诉讼代理人近亲属的;(2)与本案有利害关系的;(3)与本案当事人、诉讼代理人有其他关系,可能影响对案件公正审理的。审判人员接受当事人、诉讼代理人请客送礼,或者违反规定会见当事人、诉讼代理人的,当事人有权要求他们回避。陈某与刘某之间合作出书只能表明两人之间学术思想的交流,并不必然推导出会影响案件的公正审理。

第二种观点认为,法院应当支持原告提出的回避申请,被告与法官之间的关系属于民事诉讼法中规定的"其他关系"。两人合作出书,就意味着两者之间可能存在出版费、稿费等关系,为了保证审判程序的公正性,法官刘某应回避本案,不再参与案件的审理工作。

案例 3.16→

人民陪审员是否适用回避制度?

一、案情简介

在法院审理原告 A 公司诉被告 B 公司合同纠纷一案中,原告提出申请,要求该案合议庭成员之一的陪审员李甲回避。理由是:李甲是被告 B 公司董事长赵乙的妻妹。经法院院长批准,法院准予原告的回避申请。被告不服,提出复议申请。

二、分歧观点

针对本案中李甲是否应当回避,存在两种不同的观点:

第一种观点认为,在本案中陪审员李甲应当回避。根据民事诉讼法和相关司法解释的规定,人民陪审员与法官共同组成案件的合议庭,人民陪审员与法官享有同等的权利义务,参加合议庭评议案件时,有权对事实认定、法律适用独立发表意见,并独立行使表决权。可见人民陪审员和法官都是案件的审判人员。李甲是被告 B 公司董事长赵乙的妻妹,两者之间的关系属于三代以内的姻亲关系,符合民事诉讼法规定的回避理由。综上,陪审员李甲应当回避本案的审理。

第二种观点认为,在本案中陪审员李甲不应回避。理由是:第一,李甲是陪审员而不是法院的审判员,不适用民事诉讼法关于审判人员回避的有关条款规定;第二,本案当事人是B公司而不是B公司的董事长,陪审员李甲虽与赵乙有亲戚关系,但并不属于民事诉讼法规定回避的情形。因此,法院关于李甲回避的决定是不正确的。

案例 3.17

人民陪审员能否接受单位委托成为委托代理人?

一、案情简介

某县医疗机构的工作人员甲为县人民法院人民陪审员,参与法院的审判工作。在一起医疗事故纠纷案件中,甲以该医疗机构委托代理人的身份参加了诉讼。原告方对此提出异议,要求医疗机构变更诉讼代理人,甲不得参与案件的审理。

二、分歧观点

针对甲能否以委托诉讼代理人的身份参与本案,存在两种不同的观点:

第一种观点认为,甲作为医疗机构的工作人员,接受本单位的委托参与本院的医疗事故纠纷案件的诉讼,并没有违反法律、法规的禁止性规定,属于合法行为。

第二种观点认为,甲作为该县人民法院的人民陪审员,参与了民事案件的审判工作,其与该县人民法院的法官有一定的工作关系,会对案件的公正审理产生影响,因此,甲不应作为委托诉讼代理人参加该案的诉讼。

第四章 管 辖

第一节 级别管辖

案例 4.1

当事人在诉讼中增加诉讼请求
从而加大诉讼标的额,能否变更级别管辖?

一、案情简介

　　王某和刘某因合同纠纷一案,诉至某区法院,在案件审理过程中,原告王某增加诉讼请求至 800 万元,超过该基层法院的级别管辖范围。

二、分歧观点

针对法院应如何处理此案,存在两种不同的观点:
第一种观点认为,根据管辖恒定原则,某区法院应当继续审理此案。
第二种观点认为,原告已经变更了诉讼标的额,且超出了某区法院的级别管辖范围,应将该案移送中级人民法院审理。

三、提示与参考

　　管辖恒定是指确定案件管辖权,以起诉时为标准,起诉时对案件享有管辖权的法院,不因确定管辖的事实在诉讼过程中发生变化而影响其管辖权。管辖恒定包括级别管辖恒定和地域管辖恒定。级别管辖恒定主要指级别管辖按起诉时的诉讼标的额确定后,不因为诉讼过程中标的额增加或减少而变动。最高人民法院 1996 年 5 月在《关于执行级别管辖规定几个问题的批复》中规定:"当事人在诉讼中增加诉讼请求从而加大诉讼标的额,致使诉讼标的额超过受诉人民法院级别管辖权限的,一般不再予以变动。但当事人故意规避有关级别管辖等规定的除外。"地域管辖恒定是指地域管辖按起诉时的标准确定后,不因为诉讼过程中确定管辖的因素的变动而改变。当事人住所地、经常居住地的变更以及案件起诉后行政区域(法院辖区)的变更均不能引起管辖权的变化。《最高人民法院关于审理民事级别管辖异议案件若干问题的规定》中明确规定,原告增加诉讼请求金额致使案件标的额超过受诉人民法院级别管辖标准,被告提出管辖权异议,认为受诉人民法院违反级别管辖规定,案件应当由上级人民法院管辖的,受诉人民法院应当审查,并在受理异议之日起15日内作出裁定,异议不成立的,裁定驳回;异议成立的,裁定移送有管辖权的人民法院。

案例 4.2→

侵权行为提起的诉讼应由哪个法院管辖?

一、案情简介

A省的个体户姜某由A省的某市甲县运化工原料到丙县,途经A省的某市甲、乙、丙三县交界时,化学原料外溢,污染了甲县村民王某、乙县李某和丙县张某的稻田,造成禾苗枯死。甲县的王某首先向甲县人民法院提起诉讼。甲县人民法院受理后,认为该案应由被告所在地人民法院管辖,于是将案件移送到姜某所在地的基层人民法院。与此同时,村民李某、张某也分别向自己所在地的基层人民法院提起诉讼,要求赔偿损失。乙县和丙县人民法院都认为对该案有管辖权。

二、分歧观点

关于该案应由哪个法院管辖,存在两种不同的观点:

第一种观点认为,根据我国《民事诉讼法》第28条的规定,因侵权行为提起的诉讼,由侵权行为地或者被告住所地人民法院管辖。在本案中甲、乙、丙三县法院对案件都有管辖权。甲县是最先立案的法院,该案应由甲县法院管辖。

第二种观点认为,该案应由某市中级人民法院管辖。根据《民事诉讼法》第18条的规定,中级人民法院管辖在本辖区有重大影响的案件。在本案中,案件的影响已经超过了一个或几个基层法院的辖区范围,其影响范围已扩展至某市中级人民法院所辖区域的大部分。

第二节 地域管辖和专属管辖

案例 4.3→

当事人住所地是否以户籍地为准？

一、案情简介

家住 A 市城南区王某与家住 A 市城西区李某于 2004 年 10 月结婚，婚后双方在 A 市城西区居住（王某的户口未迁移）。2006 年 5 月，王某被单位派往 A 市 B 县办事处工作，大约每两个月回城西区一次。由于两地分居，双方感情上出现了一些问题。2008 年 11 月李某向城南区法院提起诉讼，要求与王某离婚。城南区立案后发现，被告王某自结婚以后便搬到城西区居住，案件应当由城西区法院管辖，遂裁定将案件移送至城西区法院。城西区法院收到移送的案件后，发现被告已多年不在本区居住，而且原告起诉时被告已在 B 县连续居住近两年时间，因此认为 B 县是被告的经常居住地，遂将案件又裁定移送至 B 县法院。B 县法院则认为，被告的户口不在本县，案件应当由其户籍所在地法院管辖，遂将案件又移送给城南区法院。

二、分歧观点

关于如何确定本案被告王某的住所地，存在两种不同的观点：

第一种观点认为，确定被告的住所地应当以户籍为准。在本案中，被告王某的户籍一直未发生变动，因此，该案应由城南区法院管辖。

第二种观点认为，被告的户籍地与经常居住地不一致的，以经常居住地为被告的住所地。在本案中，被告王某的户籍虽然不在 B 县，但其在 B 县已连续居住两年的时间，在原告起诉离婚时，B 县是王某的经常居住地。因此，该案应由 B 县法院管辖。

三、提示与参考

《最高人民法院关于适用〈中华人民共和国民事诉讼法〉若干问题的意见》规定：公民的住所地是指公民的户籍所在地，法人的住所地是指法人的主要营业地或者主要办事机构所在地。公民的经常居住地是指公民离开住所地至起诉时已连续居住一年以上的地方。但公民住院就医的地方除外。公民由其户籍所在地迁出后至迁入另一地之前,无经常居住地的,仍以其原户籍所在地为住所。

案例 4.4

离婚案件应由哪个法院管辖?

一、案情简介

曹某和王某均为北京市朝阳区人,双方在海淀区登记结婚,后曹某因贩卖假烟在东城区被判处有期徒刑5年,关押在东城区监狱,曹某服刑1年后王某将户口迁至西城区,欲起诉与尚在服刑的曹某离婚。

二、分歧观点

针对本案哪个法院有管辖权,存在两种不同的观点:

第一种观点认为,根据民事诉讼中原告就被告的原则,该案应由被告住所地法院北京市朝阳区法院管辖。

第二种观点认为,在本案中被告处于监禁状态,由原告住所地法院,即西城区法院管辖更为妥当。根据最高人民法院的司法解释,夫妻一方离开住所地超过一年,另一方起诉离婚的案件,由原告住所地人民法院管辖。

案例 4.5

被告下落不明时,离婚案件应由哪个法院管辖?

一、案情简介

原告江某(湖南某县人)与被告刘某(广东某县人)于2012年5月经人介绍在广东认识并谈婚论嫁。2012年8月两人回到原告住所地登记结婚,但被告户籍仍在广东,并未迁至湖南。2012年10月,被告以回广东老家探亲为由,离开湖南,自此原、被告遂失去联系。2013年8月,原告在其住所地基层村民自治组织开具被告下落不明证明,向原告住所地法院起诉,要求与被告离婚。

二、分歧观点

就该案原告住所地法院是否有管辖权,存在两种不同的观点:

第一种观点认为,根据我国《民事诉讼法》第22条的规定,被告对下落不明或者宣告失踪的人提起的有关身份关系的诉讼,由原告住所地法院管辖。该案中被告已下落不明,因此,原告住所地法院具有管辖权。

第二种观点认为,原告住所地法院对该案没有管辖权。被告住所地及经常居住地均不在原告住所地,而且,被告下落不明证明由原告所在的基层自治组织开具,不具有证明被告下落不明的证明力。

案例 4.6→

请求权竞合时应如何确定管辖权?

一、案情简介

居住在甲市A区的乔甲伟从事汽车修理业,其所开的汽车修理铺位于甲市C区。该汽车修理铺的个体工商户营业执照所登记的业主是其兄乔乙伟(居住在甲市B区),乔乙伟实际上并不经营汽车修理。乔甲伟为了承揽更多的业务,与乡办集体企业某汽车修理厂(位于甲市F县)签订了一份协议,约定乔甲伟的汽车修理铺可以以某汽车修理厂的名义从事汽车修理业务,乔甲伟每年向某汽车修理厂交管理费2万元。2002年1月,乔甲伟雇佣的修理工钱某旺(常年居住在甲市D区),为客户李某良(居住在甲市E区)修理一辆捷达车。修好后,钱某旺按照工作程序要求在汽车修理铺前试车时,不慎将车撞到了一棵大树上,造成汽车报废,钱某旺自己没有受伤。相关各方就如何赔偿该汽车损失发生纠纷,未能达成协议。

二、分歧观点

针对本案应由哪个法院管辖,存在两种不同的观点:

第一种观点认为,本案属于侵权纠纷,依据《民事诉讼法》第28条的规定,因侵权行为提起的诉讼,由侵权行为地或者被告住所地人民法院管辖。即由甲市D区法院或甲市C区法院管辖。

第二种观点认为,本案属于合同纠纷,依据《民事诉讼法》第23条的规定因合同纠纷提起的诉讼,由被告住所或者合同履行地人民法院管辖。即由甲市C区法院管辖。

案例 4.7

商品房买卖纠纷是否适用专属管辖?

一、案情简介

赵某是广州人,于2011年5月16日与某地产公司签订《商品房买卖合同》,约定赵某购买某地产公司在海珠区开发的一套商业用房,后因某地产公司原因,导致房屋未按期交房,且房屋不具备交付条件,即结构不合格。赵某向某地产公司总部所在的越秀区人民法院提起诉讼。

二、分歧观点

针对本案的管辖权问题,存在两种不同的观点:

第一种观点认为,本案应当适用不动产专属管辖,也即由海珠区法院管辖。双方就房屋买卖事宜签订了《商品房买卖合同》。基于上述事实,本案系不动产产生的纠纷,根据《民事诉讼法》第33条"因不动产纠纷提起的诉讼,由不动产所在地人民法院管辖"的规定,该案应由海珠区法院管辖。

第二种观点认为,原被告双方签订的《商品房买卖合同》是商品房预售合同纠纷,不属于《民事诉讼法》第33条条规定的不动产纠纷,故不应适用该条关于专属管辖的规定,而适用《民事诉讼法》中关于一般地域管辖的规定。依据一般地域管辖的规定,因合同纠纷提起的诉讼,由被告住所地或者合同履行地人民法院管辖。因此,该案可由越秀区法院或海珠区法院管辖。

案例 4.8

建设工程施工合同纠纷是否适用专属管辖?

一、案情简介

位于甲区的建筑工程公司与位于乙区的龙发集团签订一份在丙区建筑一栋3层共计6000平方米超市用房的《建筑工程施工合同》。工程完工并验收后,龙发集团仅支付了部分工程款,拖欠70万元一直未支付。建筑工程公司向乙区人民法院起诉，乙区人民法院受理案件后以本案应由房屋所在丙区人民法院审理更合适为由裁定移送至丙区人民法院。

二、分歧观点

关于建设工程施工合同纠纷是否适用专属管辖，存在两种不同的观点：

第一种观点认为，建设工程施工合同纠纷应适用专属管辖。建设施工合同的标的物为不动产，适用专属管辖符合法律规定，该案应由丙区法院管辖。

第二种观点认为，建设工程施工合同纠纷应适用特殊地域管辖。《合同法》第269条将建设工程合同定义为："建设工程合同是承包人进行工程建设，发包人支付价款的合同。"建设工程合同包括工程勘察、设计、施工合同，因此建设工程施工合同属于建设工程合同的一种。最高人民法院《关于审理建设工程合同纠纷案件适用法律问题的解释》将建设工程施工纠纷界定为合同纠纷，在确定诉讼管辖时，应当适用特殊地域管辖，即《民事诉讼法》第23条规定的"因合同纠纷提起的诉讼，由被告所在地或者合同履行地人民法院管辖"。根据最高人民法院的相关司法解释，建设工程施工合同纠纷以施工行为地为合同履行地。综上，乙区人民法院、丙区人民法院对本案均具有管辖权。

案例4.9→

房屋质量纠纷是否适用专属管辖？

一、案情简介

家住A县的张某，2001年3月与住所在B市C区的兴华房地产公司签订了一份房屋买卖合同，所购房屋位于B市D区。合同履行过程中，双方因房屋的质量问题发生争议，张某拟起诉至法院予以解决。

二、分歧观点

关于本案的管辖权问题，存在两种不同的观点：

第一种观点认为，该案件涉及的是不动产纠纷，应当适用专属管辖，由不动产所在地法院，即B市D区人民法院管辖。

第二种观点认为，该案件是合同纠纷案件，应当适用特殊地域管辖，由被告住所地或合同履行地人民法院管辖,即 B 市 C 区人民法院和 B 市 D 区人民法院均享有管辖权。

案例 4.10→

物业纠纷是否适用专属管辖?

一、案情简介

2012 年 12 月,因小区停车位紧张,广州市某小区(该小区位于海珠区)康弘物业管理公司未经小区业主的同意,擅自将小区公共绿地改为停车位。经小区业主推选,业主张某代表小区业主与康弘物业管理公司协商,经多次协商无果后,诉至被告康弘物业管理公司的住所地越秀区法院。在提交答辩状期间,被告康弘物业管理公司提出管辖权异议,认为本案属于不动产纠纷,应由海珠区法院专属管辖。

二、分歧观点

关于本案是否属于专属管辖,存在两种不同的观点:

第一种观点认为,按照建筑物区分所有权的理论,区分所有的建筑物分为各区分所有权人的专有部分和全体所有权人所有的共有部分,物业管理用房、建筑物屋顶、小区绿地、会馆及会所等都属于共有部分。物业管理公司擅自变更公共绿地的用途,侵犯了业主的共有权。根据民事诉讼法有关专属管辖的规定,该案应由不动产所在地法院即海珠区法院管辖。

第二种观点认为,物业管理公司擅自变更公共绿地的用途,违反的是物业服务合同,小区业主与康弘物业管理公司之间的争议是合同纠纷,根据民事诉讼法的规定,因合同纠纷提起的诉讼,由被告住所地或者合同履行地人民法院管辖。在本案中,小区业主与康弘物业管理公司之间的纠纷,越秀区法院、海珠区法院均享有管辖权。

三、提示与参考

物业管理行业是新兴行业,根据最高人民法院《民事案件案由规定》,物业纠纷分为建筑物区分所有权纠纷和物业服务合同纠纷,前者还包括业主专有权纠纷、业主共有权纠纷和车位、车库纠纷。业主的建筑物区分所有权,是指业主对建筑物内的住宅、经营性用房等专有部分享有所有权,对专有部分以外的共有部分享有共有和共同管理的权利。物业服务合同是业主与物业服务企业约定，由物业服务企业管理建筑物及其附属设施的服务合同。物业管理和服务的内容主要围绕物业展开，业主与物业服务公司权利义务的确定离不开物业。而物业又是指房屋及其附属的设备、设施和相关场地等。因此有学者提出物业纠纷应适用专属管辖。

案例 4.11→

管辖权异议应何时提出？

一、案情简介

2013年6月，原告甲县某家电有限责任公司与被告王某（住在乙县）发生家电买卖关系，但尚未签订书面买卖合同。后双方因货款结算问题发生纠纷，原告遂于7月向公司所在地甲县人民法院提起诉讼，法院受理后于8月1日送达民事诉状副本等法律文书给被告王某，王某于8月18日提出管辖异议。

二、分歧观点

对王某的管辖权异议如何处理，有两种不同的观点：

第一种观点认为，甲县人民法院具有管辖权，被告王某提出管辖异议的时间超过了法律规定的管辖异议应当在答辩期间内提出的时间。根据《民事诉讼法》第127条的规定，人民法院受理案件后，当事人对管辖权有异议的，应当在提交答辩状期间提出。人民法院对当事人提出的异议，应当审查。异议成立的，裁定将案件移送有管辖权的人民法院；异议不成立的，裁定驳回。当事人未提出管辖异议，并应诉答辩的，视为受诉人民法院有管辖权，但违反级别管辖和专属管辖规定的除外。故法院应裁定驳回被告对本案管辖权提出的异议。

第二种观点认为，法院对案件是否具有管辖权属于程序性事项，属于人民法院主动审查范畴，本案的当事人在没有签订书面买卖合同的情况下，应当按照法律规定由被告住所地人民法院管辖，所以甲县人民法院应当将本案移送乙县人民法院。

案例 4.12→

涉外案件是否均由中级人民法院管辖？

一、案情简介

吴某系广州某外贸公司的股东之一，其因项目开发需要大笔资金周转。2012年3月2日，在吴某许诺给予邓某高额回报的前提下，邓某将自己的存款300万元借给吴某，并对利息和借款期限进行了约定。借款到期后，吴某归还了部分借款，尚欠原告245万元，经多次催讨未果，邓某遂诉至法院。广州市越秀区法院受理后，被告吴某以本案当事人邓某为香港户籍为由，提出级别管辖的管辖权异议。

二、分歧观点

针对被告的管辖权异议是否成立，存在两种不同的观点：

第一种观点认为，被告的管辖权异议成立，越秀区法院应将该案移送其上级法院即广州市中级人民法院审理。根据《民事诉讼法》第18条的规定，重大涉外案件由中级人民法院管辖。

第二种观点认为，被告的管辖权异议不成立，越秀区法院对本案具有管辖权。本案中虽然原告邓某具有香港户籍，但本案系普通的民间借贷纠纷，法律关系简单，明显不属"重大涉外"。而且本案当事人无权针对级别管辖提出异议。因此，被告的管辖权异议不成立。

三、提示与参考

管辖权异议，学术界主要有三种定义：第一，是指在民事诉讼中，本诉被告对受诉法院对本案的管辖权提出的质疑；第二，是指当事人认为受诉法院或受诉法院移送后的法院对案件无管辖权时，向受诉法院提出的不服管辖的意见和主张；第三，是指当事人提出的，认为受理案件的第一审法院对该案没有管辖权的意见或主张。这些定义争议的焦点在于对其主体、客体范围的界定。所谓管辖权异议的客体，是指在哪些情况下当事人可以提出管辖权异议。管辖规则分为法定管辖和裁定管辖。法定管辖包括级别管辖和地域管辖，裁定管辖包括移送管辖、指定管辖和管辖权转移。在司法实践中，当事人提出管辖异议的多数是针对地域管辖，对此，法律和相关的司法解释有明确的规定；根据 1995 年《最高人民法院关于当事人就级别管辖提出异议应如何处理问题的函》，其态度表明级别管辖亦为管辖权异议的客体。而对于裁定管辖能否成为管辖权异议的客体，理论上则尚未达成一致意见。对于指定管辖，大多数学者认为其是法律赋予上级法院的权力，从维护上级法院权威的角度来看，不应赋予当事人管辖异议权。这可避免不同主体行使监督管辖权行为的交叉，防止当事人滥用诉权，实现诉讼经济。

在民事诉讼中涉外案件的含义是比较明确的，所谓涉外案件指的是具有涉外因素的民事诉讼案件。但对于什么是重大涉外案件，则在学理上并无明确的定义。一般认为，重大的涉外案件指的是案件的争议标的额较大、案情复杂或者居住在国外的当事人众多的涉外案件。

案例 4.13→

原告是否有权提出管辖权异议？

一、案情简介

北京市海淀区法院于 2004 年 11 月 2 日收到江苏省南京市中级人民法院（以下简称"南京中院"），依职权移送的原告薛某诉被告北京新浪互联信息服务有限公司（以下简称"新浪公司"）侵犯著作权纠纷一案并予以立案。原告薛某于 2004 年 12 月 4 日向本院提出管辖权异议申请，称南京中院、北京市第二中级人民法院和本院对本案均有管辖权，但应由最早受理案件的南京中院继续审理此案。海淀区法院经审查后认为，有关原告是否有权提出管辖权异议的问题，民事诉讼法并没有明确的规定。

二、分歧观点

关于原告是否有权提出管辖权异议，存在两种不同的观点：

第一种观点认为，原告无权提出管辖权异议。我国《民事诉讼法》并没有明确赋予原告此项权利，海淀区法院无权对原告薛某提出的管辖权异议申请作出裁定。

第二种观点认为，我国《民事诉讼法》规定的是"当事人"有权提出管辖权异议，原告当然有权提出管辖权异议。

三、提示与参考

关于原告是否有权提出管辖权异议,理论界和实务界持有不同的观点。实务界持保守立场,认为法律对此问题没有明确规定,原告提出管辖权于法无据。学术界则持比较激进的立场,认为原告在某些特定情况下可以提出管辖权异议。原告在三种特定情形下可提出管辖权异议:第一种情形是原告误向无管辖权的法院起诉,受理后发现管辖错误,因此提出异议;第二种情形是诉讼开始后,被追加的共同原告对受诉法院的管辖权提出异议;第三种情形是受诉法院认为被告提出的管辖权异议成立,或者依职权提出自己无管辖权,而将案件移送其他法院,原告对法院的移送裁定提出异议。原告能提出管辖权异议主要有三点理由:一是《民事诉讼法》规定的是"当事人"有权提出管辖权异议,原告显然也是当事人,故原告有权提出管辖权异议;二是赋予原告以管辖异议权有助于法院纠错;三是法律规定原告可以对管辖权异议成立的裁定进行上诉,从实质上看,这就意味着原告对变更后的法院的管辖权有权异议。

案例 4.14

管辖协议可否约定两个或两个以上的管辖法院?

一、案情简介

2012年5月,A高校与B公司签订一份供货合同,约定B公司向A高校提供一套价值300万元的教学实验设备,交货地为A高校,交货时间为2012年8月底,A高校在收到机器设备后10日内付清货款。如双方在合同履行中发生纠纷,可向各自所在地法院起诉。合同签订后,B公司向A高校提供机器设备比合同约定时间晚了1个月,影响了A高校教学工作的正常进行。于是,A高校以B公司违约为由拒付货款,向A高校所在地法院(以下简称"A法院")提起诉讼,要求B公司支付货款及违约金。B公司在对A法院提出管辖权异议的同时,向B公司所在地法院(以下简称"B法院")提起诉讼,A高校以B法院立案在后为由,向B法院提出管辖权异议,要求B法院将案件移送到A法院。

二、分歧观点

对A高校提出的管辖权异议是否成立,有两种不同观点:

第一种观点认为,A高校所提管辖权异议成立,B法院应将案件移送到A法院。理由是:A高校、B公司在合同中明确约定,如双方在合同履行中发生纠纷,可向各自所在地法院起诉。该约定系合同双方当事人的真实意思表示,且不违反有关级别管辖和专属管辖的规定,为有效的管辖约定。《最高人民法院关于适用〈中华人民共和国民事诉讼法〉若干问题的意见》(以下简称《意见》)第33条"两个以上人民法院都有管辖权的诉讼,先立案的人民法院不得将案件移送给另一个有管辖权的人民法院。人民法院在立案前发现其他有管辖权的人民法院已先立案的,不得重复立案,立案后发现其他有管辖权的人民法院已先立案的,裁定将案件移送给先立案的人民法院"以及《最高人民法院关于在经济审判工作中严格执行〈中华人民共和国民事诉讼法〉的若干规定》第2条"当事人基于同一法律关系或者同一事实而发生的纠纷,以不同诉讼请求分别向有管辖权的不同法院起诉的,后立案的法院在得知有关法院先立案的情况后,应当在七日内裁定将案件移送先立案的法院合并审理"之规定,A高校与B公司因供货发生纠纷,系基于同一法律关系或者同一事实而发生的纠纷,且A高校向A法院起诉在先,B公司向B法院起诉在后,B法院应将案件移送到A法院合并审理。

第二种观点认为,A高校所提管辖权异议不成立,应予驳回。理由是A高校与B公司约定发生纠纷可向各自所在地法院起诉,选择了两个以上人民法院管辖的,该选择管辖的协议无效,应依照《民事诉讼法》第23条的规定确定管辖。根据《民事诉讼法》第23条"因合同纠纷提起的诉讼,由被告住所地或者合同履行地人民法院管辖"之规定,A高校是合同履行地,B公司是本诉讼的被告,其住所地B法院也有管辖权。

三、提示与参考

协议管辖又称合意管辖、约定管辖,是指双方当事人在合同纠纷发生之前或发生之后,以协议的方式选择解决他们之间纠纷的管辖法院。在债权纠纷中,只有合同之债可以协议管辖,2012年民事诉讼法修改了关于协议管辖的适用范围,在原有的"合同"纠纷的基础上,增加了"其他财产权益纠纷"。例如,因物权、知识产权中的财产权而产生的民事纠纷。协议管辖必须符合以下几个条件:(1)当事人协议管辖的案件,包括合同或者其他财产权益纠纷。(2)当事人协议选择管辖法院的范围,包括可以选择被告住所地、合同履行地、合同签订地、原告住所地、标的物所在地等与争议有实际联系的地点的人民法院管辖。(3)必须以书面协议选择管辖,口头协议无效。(4)当事人必须进行确定的、单一的选择。当事人必须在上述五个法院中选择其一。根据《最高人民法院关于适用〈中华人民共和国民事诉讼法〉若干问题的意见》第24条的规定,合同的双方当事人选择管辖的协议不明确或者选择《民事诉讼法》第34条规定的人民法院中的两个以上人民法院管辖的,选择管辖的协议无效。(5)协议管辖不得违反民事诉讼法关于级别管辖和专属管辖的规定。

案例 4.15→

管辖协议能否通过电子邮件达成?

一、案情简介

2009年4月,河北省某机电公司向广东某贸易公司购买一批彩电。合同在北京某区签订。合同规定贸易公司为机电公司代运,货到付款。机电公司收到货后,发现电视机不符合质量要求,要求退货。贸易公司不同意,因此发生争议。纠纷双方当事人通过电子邮件达成管辖协议,约定由北京市某区法院管辖此案。为此,贸易公司向北京市某区人民法院起诉,要求机电公司交付货款。

二、分歧观点

对于本案中河北省某机电公司与广东某贸易公司之间达成的管辖协议是否有效,存在两种不同的观点:

第一种观点认为,河北省某机电公司与广东某贸易公司之间达成的管辖协议无效。我国《民事诉讼法》第34条明确规定,当事人应采用书面的形式订立管辖协议。

第二种观点认为,河北省某机电公司与广东某贸易公司之间达成的管辖协议是有效的。随着科学技术的发展,网络的普及,当事人订立合同的形式已经发生了变化。我国《合同法》第11条明确规定,书面形式是指合同书、信件和数据电文(包括电报、电传、传真、电子数据交换和电子邮件)等可以有形地表现所载内容的形式。管辖协议就是当事人之间订立的有关案件管辖的合同,当然可以通过电子邮件形式订立。

对管辖协议的性质,学界存在多种不同的见解。(1)诉讼合同说。该说认为管辖协议是当事人之间的诉讼法上的合同,其直接的主要的效力发生在诉讼法领域,目的是为本身没有管辖权的法院设定管辖权,诉讼法据此规定协议管辖的合法性和效力。(2)私法契约说。该说认为管辖协议是私法上的契约,属于私法行为,可直接适用民法规定来判断管辖协议的效力依据。(3)双重属性说。该说认为管辖协议具有实体与诉讼的双重属性,其中意思表示的相对人是交易行为的相对人,而非法院,但管辖协议的效果更多地体现在诉讼领域。

案例 4.16→

法院之间互相推诿时应如何确定案件管辖法院?

一、案情简介

某省 A 市西区俞某与 B 市东区崔某于 2005 年 5 月 1 日在 B 市结婚,双方户口仍在各自工作所在地没有变动。婚后因双方性格不合,经常吵闹。崔某于 2006 年 1 月向 B 市东区人民法院起诉,要求与俞某离婚。东区人民法院受理该案后,发现被告俞某户籍所在地为 A 市,便将案件移送给 A 市西区人民法院。A 市西区人民法院以"双方结婚地和经常居住地在 B 市"为由,又将案件退回 B 市东区人民法院。B 市东区人民法院向 B 市中级人民法院报告了这一情况,请示解决办法。

二、分歧观点

关于应如何确定本案的管辖权,存在两种不同的观点:

第一种观点认为,该案应由 A 市西区人民法院管辖,该院将案件退回 B 市东区人民法院的做法是错误的。民事诉讼案件管辖的一般原则为"原告就被告",在本案中被告为俞某,其户籍所在地为 A 市西区。因此,该案应由 A 市西区法院管辖。

第二种观点认为,该案应由某省高级人民法院指定管辖。在本案中 A 市西区与 B 市东区就案件管辖权互相推诿,根据民事诉讼法的规定,应报请双方共同的上级某省高级人民法院指定管辖。

三、提示与参考

所谓"原告就被告"原则是确定民事案件一般地域管辖的传统原则,具体是指原告起诉必须到被告所在地人民法院,由被告所在地人民法院受理,这样做有利于法院送达法律文书,节约诉讼成本、缩短诉讼周期,也有利于裁判的执行。对公民提起的民事诉讼,由被告住所地人民法院管辖;被告住所地与经常居住地不一致的,由经常居住地人民法院管辖。对法人或者其他组织提起的民事诉讼,由被告住所地人民法院管辖。同一诉讼的几个被告住所地、经常居住地在两个以上人民法院辖区的,各人民法院都有管辖权。

第五章 当事人

第一节 原告和被告

案例 5.1→

胎儿是否具有当事人能力?

一、案情简介

2003年9月,中央电视台的《今日说法》栏目播出了这样一个案例:在江苏无锡,2001年的7月27日傍晚,当时已经怀有6个多月身孕的裴某霞,散步时被后面驶来的钱某伟的摩托车撞到了肚子。裴某霞被迫提前两个月早产了女儿吴某颖。在出生医学证明书上,孩子的健康状况被评为差,体重只有2公斤。刚出生33天的吴某颖便和她的父母一纸诉状将钱某伟告上了法庭,要求法院依法判决被告赔偿孩子的生命健康权伤害费、孩子父母亲的医药费、护理费及精神损失费,共计63000多元人民币。法院认定了碰撞与早产存在因果关系。但法院认为,在碰撞发生时吴某颖尚未出生,不具有法律上的"人"的身份。而孩子的父亲吴某兵,不是侵权的直接对象,因此法院判决被告钱某伟赔偿裴某霞医药费等经济损失共计人民币5455元,驳回了婴儿吴某颖及其父吴某兵的诉讼请求。

二、分歧观点

关于胎儿是否具有民事诉讼权利能力,存在两种不同的观点:

第一种观点认为,胎儿并不具有民事诉讼权利能力,因为法律明确规定自然人的民事主体资格从出生时开始,这意味着在我国胎儿不具有健康权、人格权等民事权利。因此,请求胎儿在母体内受到损害赔偿没有法律依据。但胎儿在未出生时是母体的一部分,胎儿的受损在法律上就是对母体健康权的侵犯,母亲才是本案的当事人。

第二种观点认为,胎儿具有民事诉讼权利能力。胎儿虽然尚未出生,但胎儿享有民事权利或民事利益这一点是被各国法律所共同认可的,特别是在继承关系方面,几乎所有国家的相关法律都规定胎儿享有继承权。民事权利能力与当事人能力是两个不同的概念,即一个是实体法上的概念,另一个是诉讼法上的概念。为了更好地维护胎儿的合法权益,应该突破实体法的规定,在民事诉讼法中赋予胎儿民事诉讼权利能力。

三、提示与参考

在民事诉讼中,当事人能力是指成为民事诉讼当事人所必须具备的法律上的资格。我国《民事诉讼法》明确规定:"公民、法人和其他组织可以作为民事诉讼的当事人。"也就是说,在民事诉讼中,公民、法人和其他组织具有当事人能力。至于胎儿是否具有当事人能力的问题,我国民事诉讼法没有明确规定。对于胎儿是否具有当事人能力的问题,多数国家和地区大都采取了"总括保护主义",以胎儿将来作为活体为条件,有关其个人利益的保护视为已经出生,具有诉讼法上的当事人能力。我国台湾地区的"民事诉讼法"则明确规定:"胎儿,关于其可享受之利益,有当事人能力。"在理论上,台湾学者的通说也认为应当赋予胎儿当事人能力。

案例 5.2

胎儿是否具有原告资格?

一、案情简介

2010年10月12日晚,叶某骑摩托车撞上了刘某,刘某不幸死亡。刘某除妻子吴某外无其他亲属,吴某此时已怀孕6个月。根据交警的事故鉴定结论,叶某在本次事故中负全部责任。发生事故后,刘某之妻吴某要求叶某赔偿死亡赔偿金、抚养费、交通费、丧葬费、精神损失费共计50000元。叶某对于其他赔偿没有异议,但对刘某之妻肚里的胎儿要求赔偿抚养费提出异议。刘某之妻与叶某对赔偿数额争执不下,遂将叶某和保险公司诉至法院。

二、分歧观点

关于本案中胎儿是否具有民事诉讼权利能力,存在三种不同的观点:

第一种观点认为,胎儿在本案中并不具有民事诉讼权利能力。我国《民事诉讼法》并没有明确规定胎儿是否具有当事人能力,由此可以看出,我国是否认胎儿具有当事人能力的。但是我国《继承法》第 28 条也规定:"遗产分割时,应当保留胎儿的继承份额。胎儿出生时是死体的,保留的份额按照法定继承办理。"最高人民法院在《关于贯彻执行〈中华人民共和国继承法〉若干问题的意见》中又进一步规定:"应当为胎儿保留的遗产份额没有保留的应从继承人所继承的遗产中扣回。为胎儿保留的遗产份额,如胎儿出生后死亡的,由其继承人继承;如胎儿出生时就是死体的,由被继承人的继承人继承。"综上,在我国,胎儿只有在涉及继承的案件中才具有民事诉讼权利能力。本案并不是继承纠纷,因此在本案中胎儿并不具有民事诉讼权利能力。

第二种观点认为,胎儿在本案中具有民事诉讼权利能力。在实际生活中,对于胎儿利益的侵犯是时有发生的,若要确切地保护好胎儿的利益,就应赋予胎儿在诉讼法上相应的当事人能力,以保证通过诉讼手段来维护其利益。一般认为,"有民事权利能力者,也相应的有当事人能力"在各国民事立法上得到普遍认可。在我国《民法通则》里虽然未明确规定胎儿具有当事人能力,但是在继承法和最高人民法院的《关于贯彻执行〈中华人民共和国继承法〉若干问题的意见》中通过一些特别的条款,对胎儿的部分民事利益给予了确切的保护,特别是在继承权上的规定。可见,胎儿是具有有限的民事权利能力的。既然胎儿的利益可以受到法律上的保护,得到司法上的救济,那么胎儿就应视为有有限的民事权利能力,那么胎儿也应当具有相应的当事人能力,可以成为案件的当事人。

第三种观点认为,胎儿在本案中虽然不具有民事诉讼权利能力,但是其可以在出生之后就其出生前的损害主张赔偿。该意见主要是借鉴德国法上的规定,德国法规定了胎儿在有关继承以及抚养人被害的诉讼中,视为已经出生的自然人,拥有继承权、损害赔偿请求权。在涉及这些利益时,胎儿可以在出生之后就其出生前的损害主张赔偿。

案例 5.3→

分公司是否具有当事人诉讼权利能力?

一、案情简介

广州市天某公司在深圳市设立了新某分公司,新某分公司已领取营业执照,后新某分公司以自己的名义与福某公司签订了一份买卖合同。由于新某分公司未能按时履约,福某公司遂向人民法院起诉。

二、分歧观点

在本案中,新某分公司是否具有当事人诉讼权利能力,能否作为独立的被告承担责任,存在两种不同的观点:

第一种观点认为,新某分公司并不具有当事人能力,不能成为本案的被告。新某分公司只是广州天某公司的一个分支机构,并不具有法人资格,根据公司法规定,分公司的民事责任应由总公司承担。因此,分公司不具有诉讼主体资格,更不能独立地承担民事责任。

第二种观点认为,新某分公司领取了营业执照,也有自己经营和管理的财产。作为合同的一方,违反合同约定,理应承担偿还责任。

三、提示与参考

根据《民事诉讼法》的规定,公民、法人和其他组织可以作为民事诉讼的当事人。依据最高人民法院的司法解释,所谓的其他组织是指合法成立、有一定的组织机构和财产,但又不具备法人资格的组织,包括:(1)依法登记领取营业执照的私营独资企业、合伙组织;(2)依法登记领取营业执照的合伙型联营企业;(3)依法登记领取我国营业执照的中外合作经营企业、外资企业;(4)经民政部门核准登记领取社会团体登记证的社会团体;(5)法人依法设立并领取营业执照的分支机构;(6)中国人民银行、各专业银行设在各地的分支机构;(7)中国人民保险公司设在各地的分支机构;(8)经核准登记领取营业执照的乡镇、街道、村办企业;(9)符合本条规定条件的其他组织。

根据《公司法》的规定,公司可以设立分公司。设立分公司,应当向公司登记机关申请登记,领取营业执照。分公司不具有法人资格,其民事责任由公司承担。可见,分公司是指在业务、资金、人事等方面受本公司管辖而不具有法人资格的分支机构。分公司属于分支机构,在法律上、经济上没有独立性。分公司没有自己的名称、章程,没有自己的财产,并以总公司的资产对分公司的债务承担法律责任。

案例 5.4→

死者家属是否具有当事人能力?

一、案情简介①

原告彭某惠因与被告中国故事杂志社(以下简称"杂志社")发生名誉侵权纠纷,向四川省成都市中级人民法院提起诉讼。原告诉称:1998年第4期《中国故事》杂志刊载了周某撰写的故事《祸祟》,篡改了其兄彭某珍烈士的历史,在国内外造成了极其恶劣的影响。被告虽表示愿意妥善处理,但在刊登致歉声明中却极力推卸责任,不足以恢复彭某珍烈士名誉,也不足以弥补其作为烈士亲属造成的精神和物质损失。要求杂志社作出深刻、郑重的赔礼道歉,并在海内外消除恶劣影响,赔偿侵害彭某珍烈士名誉的精神损失费465000元,物质损失38590元。被告辩称:原告彭某惠起诉的时间已超过了诉讼时效;杂志社对通俗小说中的人物、事件没有核实的义务,也不可能对辛亥革命历史时期的人物情况进行核实。杂志社在得知小说《祸祟》确实侵害了彭某珍烈士的名誉后,立即做了公开致歉,采取了更正措施,不对彭某惠构成侵权。成都市中级人民法院经审理查明,《中国故事》杂志系以小说为主要文体的双月刊杂志。1998年第4期登载了周某创作的小说《祸祟》,讲述了1928年发生在上海的一起特大诈骗案,其中用了很大篇幅讲述了清朝军咨使良弼的女儿白良玉为父复仇的情节。小说将辛亥革命历史人物彭某珍为推翻清王朝,炸死军咨使良弼时以身殉国的真实事件,虚构了彭某珍因刺杀良弼被当场抓获,乘乱逃脱后又效劳于英国情报机关,最后被白良玉找到并杀死。小说将彭某珍作为反面人物,描述为"恶魔"。小说中的人物对话讲道:"革命党人派彭某珍行刺令尊大人,毕竟不是私仇,国人不认为他有错。但现在这个彭某珍又受雇于黑寡妇,助纣为虐,当然该杀了"、"彭某珍,你那脸上四两肉打不成胖子,你如果是正直的革命党人,就不会成为黑寡妇豢养的一条癞皮狗……"。小说中的彭某珍自称:"老子行不改名坐不改姓,从前是响当当的革命党人,如今是大英帝国的私人保镖。"小说对彭某珍的死做

---

① 案例来源于:http://shlx.chinalawinfo.com/NewLaw2002/SLC/SLC.asp?Db=fnl&Gid=117507522,访问日期:2013年6月2日。

了如下描写:彭某珍"顾不得血淋淋手断后的剧痛,双膝着地求饶说:姑娘,你废了我右手,就高抬贵手饶我一命吧","彭某珍连连叩头说:姑娘,我与你无冤无仇,我不认识你啊,饶命吧"等等。此外,小说还有虚构彭某珍不正当男女关系的内容。杂志社对小说《祸祟》的审稿情况在《稿件处理单》上有明确记载。初审意见是:一起巨额首饰诈骗案的背后隐藏着十分错综复杂的政治斗争,既有国际的,也有国内的。因此故事也就相当曲折、离奇,令人意外。作品真实地反映了国统时期的社会真实,文字简洁,文风朴实。题目可改、可留。复审意见是:同意以上的评介和意见,可以录用,但文字需要润饰,有多处生造词头。此外,题目应另拟,此题目不够大众化、不够通俗。终审意见是:诈骗手法似曾相识,但有可读性,同意以上意见。2000年10月31日,杂志社收到彭某珍大将军专祠委员会(以下简称"彭某珍专祠")和彭某祥等4位彭某珍烈士亲属对小说《祸祟》侵害彭某珍烈士名誉的交涉传真。杂志社得知情况后,立即责成小说的责任编辑与作者联系,并回复彭某珍专祠及彭某祥等人,告之正在处理所反映的问题。11月3日,杂志社派人分别赴天津、成都两地,向作者和彭某珍烈士亲属核对有关情况,得知作者周某已经去世,小说《祸祟》存在着严重失实。对于错误刊登小说《祸祟》一事,杂志社作出如下决定:(1)责令有关人员停职检查。(2)在国内有关媒体上公开声明致歉。(3)在《中国故事》上尽快刊登有关彭某珍烈士壮烈殉国的专稿,以正视听。同年11月14日,杂志社拟定了《郑重致歉》,全文为:"《中国故事》1998年第4期刊登的作品《祸祟》一文中,作者周某对1912年1月26日晚炸死良弼,壮烈殉国,为孙中山、毛泽东所称颂的辛亥革命烈士彭某珍大将军之死,作了严重的歪曲史实的描写,对彭某珍烈士的名誉造成了重大伤害,也伤害了彭某珍烈士亲属的感情。作为登载该文的《中国故事》,我们对在审稿中造成的失误深感痛心并向彭某珍烈士及其亲属表示深深的歉意!"杂志社将该《郑重致歉》于2000年11月16日、11月19日、11月22日相继刊登于《武汉晚报》、《中国文化报》、《中国文物报》、《四川日报》和《成都晚报》。《中国故事》2001年第1期还登载了《义烈千秋——彭某珍大将军殉国纪实》专稿,并加了编者按。编者按全文为:"彭某珍,字席儒。1888年4月9日出生于四川金堂县姚渡乡(现为青白江区)。1906年在日本考察军事期间参加'同盟会',回国后在成都、昆明、沈阳、天津、北京、上海等地从事反清革命活动。1912年1月26日,只身深入虎穴,掷炸弹诛锄清政府军咨府军咨使、宗社党首领良弼,本人也当场为国壮烈捐躯。我们摘登以下资料文字,以彰先烈英誉。"专稿包括4篇介绍彭某珍烈士的文章,同时还登载了1953年毛泽东主席签发的"革命牺牲军人家属光荣纪念证"及彭某珍烈士的照片。专稿之后再次用黑体字登载了《郑重致歉》全文,并声明:"凡持有《中国故事》1998年第4期的读者,请退我社销毁,其邮费、刊费由杂志社负担。"2001年2月3日,杂志社给彭某珍专祠及彭某祥等彭某珍烈士亲属发函,将有关处理情况做了通报,并表示希望达成谅解,妥善处理此事。2001年7月下旬,彭某惠向人民法院提起诉讼。因为彭某惠此前一直没有与杂志社交涉,杂志社也不知道彭某惠的存在。当知道彭某珍烈士之妹彭某惠尚在后,杂志社即派专人到正在住院的彭某惠处探望并致歉。成都市中级人民法院认为:《中华人民共和国民法通则》第120条第1款规定:"公民的姓名权、肖像权、名誉权、荣誉权受到侵害的,有权要求停止侵害,恢复名誉,消除影响,赔礼道歉,并可以要求赔偿损失。"最高人民法院《关于贯彻执行〈中华人民共和国民法通则〉若干问题的意见(试行)》第140条规定:"以书面、口头等形式宣扬他人的隐私,或者捏造事实公然丑化他人人格,以及用侮辱、诽谤等方式损害他人名誉,造成一定影响的,应当认定为侵害公民名誉权的行为。"最高人民法院《关于确定民事侵权精神损害赔偿责任若干问题的解释》第7条规定:"自然人因侵权行为致死,或者自然人死亡后其人格或者遗体遭受侵害,死者的配偶、父母和子女向人民法院起诉请求赔偿精神损害的,列其配偶、父母和子女为原告;没有配偶、父母和子女的,可以由其他近亲属提起诉讼,列其他近亲属为原告。"1998年第4期《中国故事》刊登的小说《祸祟》,虚构情节,用较大篇幅将在辛亥革命中英勇牺牲的彭某珍烈士,描写为令人厌恶的反面人物,严重丑化了彭某珍烈士的人格,侵害了彭某珍烈士的名誉,事实清楚,证据充分,各当事人对此均无异议。由于彭某珍烈士的父母已故,其本人没有配偶和子女,原告彭某惠是彭某珍烈士的妹妹,有权向侵害彭某珍烈士名誉权的单位或个人提起民事诉讼。最高人民法院《关于贯彻执行〈中华人民共和国民法通则〉若干问题的意见(试行)》第150条规定:"公民的姓名权、肖像权、名誉权、荣誉权和法人的名称权、名誉权、荣誉权受到损害,公民或者法人要求赔偿损失的,人民法院可以根据侵权人的过错程度、侵权行为的具体情节、后果和影响确定其赔偿责任。"被告中国故事杂志社对小说《祸祟》侵害彭某珍烈士名誉权负有不履行审查义务的责任。出版单位对其出版的作品负有审稿的义务,应该对作品的内容进行全面的审查。在出版文学作品时,对涉及真实事件和人物的,应注意审查有关描写是否真实,是否侵害了他人的合法权利。小说《祸祟》的内容是以真实历史事件和人物为背景的,这不同于内容完全虚构的文学作品,小说中"彭某珍"这个人物是真实的,杂志社有义务核实有关描写的真实性,有义务审查小说中涉及彭某珍的描写内容不侵害其合法权利。彭某珍烈士作为辛亥革命历史上的知名人物,其经历不是难以核实的,但杂志社却没有对有关描写的真实性进行审查,致使本来可以在审查中发现的问题没有在审查中发现,应对严重侵害彭某珍烈士名誉作品的出版,承担相应的责任。《中华人民共和国民法通则》第135条规定:"向人民法院请求保护民事权利的诉讼时效期间为二年,法律另有规定的除外。"第137条规定:"诉讼时效期间从知道或者应当知道权利被侵害时起计算。但是,从权利被侵害之日起超过二十年的,人民法院不予保护。有特殊情况的,人民法院可以延长诉讼时效期间。"1998年第4期《中国故事》虽然于当年7月1日起在四川省成都市正式发行,但刊物的影响和发行范围是有限的,不能认为刊物出版后,社会公众都应该知道所刊载的内容,从而把刊物的出版发行时间作为计算诉讼时效的起算点。由于被告杂志社无法证明彭某惠在1999年7月以前已经知道小说《祸祟》的内容,原告举证是在2000年4月其他亲属接到一封读者来信后才知道小说《祸祟》的内容,鉴于彭某惠当时已年过九旬,又没有文化,她的主张更符合情理,应予认定。原告彭某惠在其亲属与被告杂志社协商未果的情况下,于2001年7月向法院提起诉讼,符合法律规定的诉讼时效期限。最高人民法院《关于确定民事侵权精神损害赔偿责任若干问题的解释》第8条规定:"因侵权致人精神损害,但未造成严重后果,受害人请求赔偿精神损害的,一般不予支持,人民法院可以根据情形判定侵权人停止侵害、恢复名誉、消除影响、赔礼道歉。因侵权致人精神损害,造成严重后果的,人民法院除判令侵权人承担停止侵害、恢复名誉、消除影响、赔礼道歉等民事责任外,可以根据受害人一方的请求判令其赔偿相应的精神损害抚慰金。"被告杂志社在得知小说《祸祟》造成了对彭某珍名誉的侵害后,及时向彭某珍亲属说明情况,登报致歉并在最近的一期《中国故事》杂志登载了缅怀彭某珍烈士的专稿,还采取了有关销毁有侵权内容的杂志等措施,有效停止了侵害彭某珍烈士名誉权的行为,实际上已经履行了赔礼道歉、恢复名誉和消除影响的义务。原告彭某惠要求赔偿其精神损失的请求具有事实和法律依据，应予考虑，但原告要求赔偿住院治疗等其他损失因无法证实是杂志社的侵权行为造成的，不予支持。据此，判决如下：

一、被告中国故事杂志社赔偿原告彭某惠精神损失人民币5万元，于本判决发生法律效力后10日内履行完毕；

二、驳回原告彭某惠的其余诉讼请求。

本案案件受理费人民币1550元，由被告中国故事杂志社负担。

一审宣判后，原、被告双方均不服，同时向四川省高级人民法院提出上诉。杂志社的上诉理由是：(1)彭家慧的诉讼时效应该从1998年7月1日第4期《中国故事》发行到成都市时起计算，彭某惠两年后提起诉讼已经超过法定诉讼时效；(2)《祸祟》属于小说类作品，不是新闻报道和纪实性作品，出版单位没有法定的审核事实真相的义务；(3)杂志社得知小说《祸祟》侵权后，及时采取了更正措施，先后在有关媒体上发表了《郑重致歉》启事，并在以后的《中国故事》中刊登了缅怀彭某珍烈士的系列专稿，已经履行了赔礼道歉、恢复名誉、消除影响的义务，依法不应承担侵权责任；请求驳回彭某惠诉讼请求。彭某惠上诉理由是：(1)杂志社把造成损害彭某珍烈士名誉的原因和责任全部推给已死亡的作者，否认自身的侵权行为，态度不真诚；(2)杂志社补救措施不及时，恶劣影响没有消除；(3)杂志社的赔偿数额太低。

案件二审期间，上诉人彭某惠于2002年4月9日死亡，四川省高级人民法院根据《中华人民共和国民事诉讼法》(2007)第136条的规定，裁定中止诉讼。在彭某惠的子女林琦、林玮、林琮、高学冰、林玉章5人明确表示要继续参加案件诉讼后，恢复了案件的审理。

四川省高级人民法院认为，公民的名誉权受到法律保护，任何诋毁他人名誉的行为都是法律禁止的，文学作品也不应例外。对涉及真实事件和人物的文学作品，出版单位应该审查有关内容是否真实，是否侵害他人的合法权利。辛亥革命在我国现代史上具有十分重要的意义，对辛亥革命中历史事件和人物的评价，应该是严肃而认真的。即使是文学作品中的内容，也应该注意与历史上的事件和人物的基本情况相符，不得违背历史事实，编造或虚构情节，肆意侵害他人的名誉。小说《祸祟》中涉及辛亥革命的事件及人物的篇幅较大，被告杂志社在审查稿件时，如果能够根据有关历史资料进行核实,很容易发现作品中存在着的编造和虚构的内容,并判断是否损害彭某珍烈士的名誉。但是杂志社在文稿编辑的初审、二审以及终审中,均未就历史事件和人物的真实性进行审查,存在着明显的主观过错,对侵权结果的发生应负相应的责任。关于本案的诉讼时效,因为杂志社没有证据证明彭某惠在1998年第4期《中国故事》杂志出版后至1999年7月以前已经知道侵权行为发生,应认定彭某惠提起的诉讼没有超过法律规定的诉讼时效。杂志社在得知小说《祸祟》侵权后,及时采取了一系列补救措施,履行了停止侵害、恢复名誉、消除影响、赔礼道歉的义务,态度是真诚的,行为是有效的,可不再履行上述义务,但需因侵权行为对死者的亲属进行相应的精神赔偿。彭某惠作为彭某珍烈士的近亲属对杂志社提起诉讼,是维护彭某珍烈士的名誉,而非自身的名誉权受到侵害。一审法院将侵权人实施侵害死者名誉权的行为,认定同时对死者的近亲属也构成了侵权,没有法律依据。彭某惠要求赔偿其住院治疗所受损失的诉讼请求,因无充分证据证明是由杂志社的侵权行为造成的,不予支持;但提出因本案诉讼支出的必要的差旅费、复印资料费等应予支持。彭某惠死亡后,其应获得的经济赔偿由法定继承人林琦、林玮、林琮、高学冰、林玉章共同继承。据此,判决如下:

一、维持四川省成都市中级人民法院一审民事判决第二项;

二、变更四川省成都市中级人民法院一审民事判决第一项为:中国故事杂志社赔偿彭某惠精神抚慰金人民币5万元;

三、中国故事杂志社赔偿彭某惠因本案诉讼支出的复印费、差旅费等共计人民币500元;

四、中国故事杂志社将赔偿彭某惠的上述款项,支付给林琦、林玮、林琮、高学冰、林玉章,限于本判决生效之日起10日内履行完毕。

一、二审案件受理费由中国故事杂志社负担。

二、分歧观点

关于本案中的原告彭某惠是否具有当事人能力,存在两种不同的观点:

第一种观点认为,原告彭某惠并不具有当事人能力。彭某惠并不是本案中所涉及的名誉权的主体,不是实体权利的享有者,因此其无当事人能力。

第二种观点认为,原告彭某惠具有当事人能力。一般认为,死者并没有民事权利能力,也不具有诉讼权利能力。法律上存在某些保护死者生前权利的现象,其原因并不是死者仍然享有这些权利,而是这些权利已经为死者的继承人继承。

三、提示与参考

关于死者名誉权的问题,理论界说法不一,但基本上有三种说法。(1)名誉权说。死者和生者一样享有名誉权并应当受到法律保护。(2)准名誉权说。死者的名誉应受到保护,但死者不能像生者那样享有完整的名誉权,不能通过赋予死者名誉权的方式来保护死者的名誉,但是为了保护死者生前的利益,使生者的名誉不受损害,法律明文规定,在名誉方面视同生者享有准名誉权。(3)死者近亲属名誉权说。死者因为与近亲属有直接的人身关系,所以他的名誉好坏,直接影响到其遗属的名誉,保护死者名誉的实质和作用在于保护死者近亲属的利益,与其说死者的名誉受到民法的保护不如说死者近亲属的名誉权受到法律保护。

案例 5.5→

使用假名进行诉讼的当事人是否具有当事人能力?

一、案情简介

王某海以王某河的身份求职,后因与用人单位发生劳动争议诉至法院。在诉讼中,王某海均以王某河的身份起诉应诉,用人单位对劳动者的真实姓名不清楚,但对与其发生争议的主体表示认可。

二、分歧观点

在本案中王某河是否具有当事人能力,存在两种不同的观点:

第一种观点认为,在本案中王某河并不具有当事人能力。王某河是王某海捏造的名字,此人根本不存在。因此,法院应当以原告与本案没有利害关系为由不予受理或者驳回起诉。如果作出的判决已经生效,法院应依职权发动再审撤销原判决。

第二种观点认为,在本案中王某河具有当事人能力。王某河与王某海系同一人,且被告对于王某河的身份并没有异议。

三、提示与参考

身份是此人区别于彼人的标识,具体包括姓名、性别、出生日期、籍贯、民族、文化程度、职业、户籍所在地、住址、工作单位等基本情况。对民事诉讼而言,原、被告或第三人的身份则关系到有无诉权,法律是否应予以保护等重大问题。冒用他人名字进行诉讼时,如何认定当事人能力是各国民事诉讼普遍面临的难题。

案例 5.6→

使用艺名进行诉讼的当事人是否具有当事人能力?

一、案情简介

原告张某系服装设计师,在工作中一直使用笔名豆蔻对外签订合同,在其作品上也一律署笔名。2012年原告张某与被告某服装厂签订服装设计合同,根据合同,原告张某应与2012年年底提交2013年春季服装设计图纸,被告于收到设计图1个月后支付设计费10万元。原告如期交付设计图后,被告并未按照合同约定支付设计费。原告诉至法院。法院不予立案,给出的理由和解释是,原告必须出具户籍所在地户籍管理部门的证明,证明原告确系合同和作品上署名的人。原告提出由原告工作的单位、和原告有业务往来的其他客户出具证明,来证明原告一直用笔名进行社会交往,开展工作,并参与行业协会组织的比赛。但法院坚持要求原告出具户籍管理部门的证明。

二、分歧观点

针对当事人能否以艺名提起诉讼,存在两种不同的观点:

第一种观点认为,当事人不能以艺名提起诉讼,而应以其户籍上真实的名字进行诉讼。艺名实质上是化名,并非当事人户籍上登记的名字。

第二种观点认为,当事人能够以艺名起诉,其前提条件是,该艺名已经足够特定化,能够通过艺名识别当事人的真实身份。

案例 5.7→

哑人是否具有当事人能力？

一、案情简介

原告田某（女）与被告谢某（男）均系哑人。2000年10月经人介绍相识，2001年10月1日结婚。婚后生一女孩。因夫妻双方性格不合，经常发生争执。2004年田某向当地人民法院提起诉讼，要求与谢某离婚，并要求抚养女儿。人民法院受理案件后，认为原、被告均系哑人，于是分别通知原告之母席某与被告之父谢某某，分别作为原、被告法定代理人参加诉讼。

二、分歧观点

关于法院是否应当通知原、被告父母作为法定代理人参加诉讼，存在两种不同的观点：

第一种观点认为，法院应当通知原、被告父母作为法定代理人参加诉讼。原、被告均为哑人，不能充分表达自己的意思。法院通知原、被告父母作为法定代理人参加诉讼，有利于更好地维护当事人的利益。

第二种观点认为，法院无权通知原、被告的父母作为法定代理人参加诉讼。在我国民事诉讼法上，年满18周岁、精神正常的公民都具有诉讼行为能力。公民死亡或者宣告为无民事行为能力时，其诉讼行为能力终止。未成年人和精神病人没有诉讼行为能力，他们作为当事人参加诉讼时，应当由其法定代理人代为进行诉讼活动。在本案中虽然原、被告双方为哑人，但并非未成年人或者精神病人。因此，法院不应通知原、被告父母作为法定代理人参加诉讼。

案例 5.8→

村民小组是否具有当事人能力？

一、案情简介

2009年6月，为方便村民出村进城方便，某县向阳村村民小组与吴某明、杨某红签订施工合同,为该村修建两条公路。根据合同约定,合同签订后向阳村村民小组先支付30%的修建款项,剩余部分在公路修建完成后再支付。吴某明、杨某红应在2012年10月底之前完成公路的修建。2012年10月,吴某明、杨某红按照合同约定完成了两条公路的修建,剩余款项向阳村村民小组迟迟未付,故诉至法院。

二、分歧观点

在本案中,存在争议的是村民小组在民事诉讼中有无主体资格,它能否成为本案适格被告。对于此问题的争议,存在三种不同的观点:

第一种观点认为,村民小组不具有诉讼主体资格,应当以村委会为被告。理由为村民小组没有健全的组织和人员,没有资金核算账目,没有固定的场所,没有公章,不具备民事权利能力和行为能力。不符合我国《民事诉讼法》规定的对其他组织的要求。所以村民小组也不具有诉讼权利能力和诉讼行为能力。《中华人民共和国村民委员会组织法》第2条规定由村民委员会办理本村的公共事务和公益事业。故村民小组无权对外签订公共事务、公益事业性的合同。由于村民小组不具有民事权利能力和行为能力,不具有诉讼权利能力和诉讼行为能力,不具有签订公共事务、公益事业性合同的权利,所以它不能成为本案的诉讼主体,适格的被告应当是村委会。

第二种观点认为,村民小组不具有诉讼主体资格,起诉时应当以村民小组的全体村民为共同被告。理由为"国家土地局1992年6月13日对山东类似问题答复:村民小组不具备集体经济的组织条件,不拥有土地所有权。土地所有权由村委会经营管理"。故村民小组不能称为诉讼的主体。而村民小组共同修建公路的结果是,村民小组全体成员共同收益。故应将这种共同行为认定为个人合伙。依据《最高人民法院关于适用〈中华人民共和国民事诉讼法〉若干问题的意见》第47条规定个人合伙的全体合伙人在诉讼中为共同诉讼人。故本案件的适格被告应当是全体村民小组的村民。

第三种观点认为,村民小组具有诉讼主体资格,可以成为本案件的适格被告。早在2005年最高人民法院对河北省高级人民法院《关于村民小组诉讼权利如何行使的几个问题的请示报告》的答复中就明确赋予了村民小组诉讼主体资格。答复内容如下:遵化市小厂乡头道城村第三村民小组可以作为民事诉讼当事人。以第三村民小组为当事人的诉讼应以小组长作为主要负责人提起。小组长以村民小组的名义行使诉讼权利,应当参照《中华人民共和国村民委员会组织法》第 28 条,履行民主议定程序。《中华人民共和国最高人民法院〔2006〕民立他字第 23 号》、《中华人民共和国民事诉讼法》(2007)第 49 条第 1 款规定"公民、法人和其他组织可以作为民事诉讼的当事人。法人由其法定代表人进行诉讼,其他组织由主要负责人进行诉讼"。结合上述法律规定,最高人民法院认定村民小组可以作为民事诉讼当事人,显然将村民小组归为《民事诉讼法》(2007)第 49 条所规定的"其他组织"的范围。

案例 5.9→

业主委员会是否具有当事人能力?

一、案情简介

2012 年重庆市沙坪坝区某小区物业管理公司未经业主委员会同意擅自变更小区的公共绿地用途。经业主委员会多次与物业管理公司协商,仍未能解决纠纷,遂诉至法院。

二、分歧观点

在本案中争议的焦点是业主委员会是否具有当事人能力,对此问题存在两种不同的观点:

第一种观点认为,在本案中,业主委员会并无当事人能力,不具备诉讼主体资格。首先,我国民事诉讼法和相关的司法解释并没有明确赋予业主委员会当事人能力;其次,我国《物权法》仅规定了业主委员会对业主的诉讼主体资格,对于物业损害业主共同权益的纠纷,仍要由业主作为原告提起诉讼;再次,我国现行《民事诉讼法》规定的民事诉讼主体除了法人、公民之外,还有其他组织。《最高人民法院关于贯彻执行〈中华人民共和国民事诉讼法〉若干问题的意见》第 40 条规定,其他组织是指合法成立、有一定的组织机构和财产,但又不具备法人资格的组织。根据上述法律规定,能够成为民事诉讼主体的企业法人和其他组织必须是经过工商管理部门登记,领有营业执照,具有民事权利能力和一定的民事行为能力的主体,业主大会、业主委员会显然不具备上述条件;最后,根据《物业管理条例》的相关规定,业主委员会作为业主大会的执行机构,有权代表业主维护业主在物业管理活动中的合法权益,但不得做出与物业管理无关的决定和从事与物业管理无关的活动。而本案则是广告欺诈和合同违约诉讼,是基于商品房预售合同形成的纠纷,而并非物业管理纠纷。业委会不具备诉讼主体资格。

第二种观点认为,本案业主委员会有当事人能力,具备诉讼主体资格。《物业管理条例》赋予了业主委员会对外签订聘用合同的权利,应视为业主委员会在物业管理中具备了一定的民事权利能力和行为能力。依法成立的业主委员会在其职责范围内,经业主代表大会授权,有权就与物业管理有关的事宜,以物业公司为被告向人民法院提起民事诉讼。在司法实践中,一般将业主委员会的诉讼范围限制在:(1)与物业管理相关的;(2)涉及全体业主利益的;(3)以物业公司为被告的——这三个条件之内。此外,在2005年《最高人民法院关于春雨花园业主委员会是否具有民事诉讼主体资格的复函》中,最高人民法院认为,根据《物业管理条例》的规定,业主委员会是业主大会的执行机构,根据业主大会的授权对外代表业主进行民事活动,所产生的法律后果由全体业主承担。业主委员会与他人发生民事争议的,可以作为被告参加诉讼。

三、提示与参考

业主委员会是否具有诉讼主体资格,一直是个争议话题。所谓业主委员会,是指由业主选举产生,代表业主利益的组织,是业主行使共同管理权的一种特殊形式。业主委员会由业主或者业主大会会议选举产生,一般由5～11人单数组成。业主委员会的权利基础是其对物业的所有权,它代表该物业的全体业主,对该物业有关的一切重大事项拥有决定权。业主委员会执行业主大会的决定事项,履行下列职责:(1)召集业主大会会议,报告物业管理的实施情况;(2)代表业主与业主大会选聘的物业服务企业签订物业服务合同;(3)及时了解业主、物业使用人的意见和建议,监督和协助物业服务企业履行物业服务合同;(4)监督管理规约的实施;(5)业主大会赋予的其他职责。2003年起实施的《物业管理条例》规定,业主委员会是业主大会的执行机构。不过,该条例对业主委员会的性质及法律地位,并没作出明确规定。法律规定,只有公民、法人和其他组织具有诉讼主体资格。可由于业主委员会的法律地位不明,导致各地法院对涉及业主委员会的官司态度不一。如广东省高级人民法院在一份批复中表示,对于涉及业主公共利益的物业管理纠纷,依法成立的业主委员会可以以自己的名义提起诉讼。不过,业主委员会只能做原告,不能做被告。而重庆市高级人民法院则表示,依法成立的业主委员会可以以自己名义,为维护业主的公共利益行使诉讼权,可当原告也可当被告。一旦在诉讼中败诉,由全体业主共同承担。各国通行的观点是业主委员会并无实体法上的权利能力,而仅仅有诉讼法上的当事人能力。我国在制定物权法的过程中,曾考虑通过诉讼担当制度来解决业主委员会的诉讼实施权问题,最终这样的条款未能写入《物权法》。从域外的经验来看,多将业主自治权赋予区分所有权人全体(业主团体),并赋予其一定的权限。主要有三种业主团体模式[①]:一是法人模式。这种模式承认全体业主组成的业主团体为法人。以法国、新加坡为典型,我国香港也属此模式。尽管美国物业产权制度不强制要求业主团体为法人,但在实践上通常采取法人形式。承认业主团体的法人地位为物业制度的发展趋势,学说上称为管理团体法人化现象。二是非法人模式。这种模式不承认全体业主组成的业主团体具有法人人格,仅为无权利能力的团体。典型代表为德国。三是折中模式。该种模式承认区分所有权人超过一定数量的,可以决议并经登记而成立法人。区分所有权人在一定数量以下的,为无权利能力的社团。典型代表为日本。三种模式尽管存在一定的差异,但均承认业主团体是一个民事主体,具有相应的民事权利能力,并在业主团体之下设立管理组织实施具体的管理行为。

案例 5.10→

一方当事人在鉴定为精神病人之前所为的诉讼行为是否有效?

一、案情简介

2012 年 8 月 7 日,广州市某区法院开庭审理原告张某与被告王某的离婚诉讼。在庭审过程中,审判员刘某发现,张某精神恍惚,答非所问,对一些基本事实不能做出回答,如他本人的年龄、家庭住址、与被告王某何时结婚等问题。后经有关部门鉴定,原告张某为精神病人。

二、分歧观点

本案争议的焦点之一就是本案的原告张某在鉴定为精神病人之前所为的诉讼行为是否有效。针对这一问题,存在两种不同的观点:

第一种观点认为,原告张某为无民事诉讼行为能力人,其所为的诉讼行为

---

① 参阅 http://hi.baidu.com/kmlxj/item/3e469126fc2dec102b0f1c13,访问日期:2013 年 6 月 2 日。

均应无效。一般来讲,诉讼行为能力是诉讼行为的有效要件,没有诉讼行为能力人所实施的诉讼行为,或者是针对无诉讼行为能力人所实施的诉讼行为,是无效的诉讼行为。

第二种观点认为,在本案中张某为无民事诉讼行为能力人,其所为的诉讼行为是否有效不能一概而论。诉讼行为是公法上的行为,行为效果不仅牵涉双方当事人,甚至还会影响诉讼外的第三人,应避免因撤销诉讼行为导致的对诉讼程序稳定性的影响。当事人在欠缺诉讼行为能力时所为的诉讼行为可视为瑕疵的诉讼行为,可由法定代理人追认或补正。

三、提示与参考

一般而言,不具备法定当事人能力的人在诉讼中所实施的一切行为均不产生效力,法院对此有依职权进行调查的权力。出于诉讼效率的考虑,当出现当事人不具备法定诉讼能力却进入到诉讼当中的情况时,为了尽可能减少造成的诉讼损失,出于程序安定性的考虑,大陆法系各国民事诉讼法规定了相应的补救措施对这些因诉讼能力的欠缺而存在瑕疵的诉讼行为进行救济,从而使其获得法律效力。比如在一定条件下承认该诉讼能力有瑕疵之人所作出的诉讼行为经当事人本人追认后产生效力,或者法院为某一行为重新制定期间,以便当事人在该期间内实施补救。德国民事诉讼法、法国民事诉讼法、我国澳门和台湾地区的民事诉讼均有相应规定。当进行诉讼的当事人其诉讼能力存在缺陷,可准许当事人或其法定代理人保留对能力欠缺的补正而进行诉讼。关于当事人诉讼能力欠缺的追认或补正的问题,我国民事诉讼法没有作出相应的规定,这一立法状况对于当事人而言是非常不利的,这意味着当事人在其诉讼能力存在瑕疵时无法得到及时、有效的救济,那么当事人在先前程序中所实施的诉讼行为因为诉讼能力的缺陷而全部归于无效。这样一来,当事人实际上因此丧失了获得司法救济的机会。

案例 5.11→

校友会是否具有当事人能力?

一、案情简介

2010年6月云南某大学广州校友会正式成立,为方便校友联系,云南某大学广州校友会与广州市某商厦签订房屋租赁合同,租借该商厦五楼501～503室作为办公地点。根据双方签订的房屋租赁合同,云南某大学广州校友会每年1月份交纳该年度的租赁费。2013年,经某商厦多次催交,该校友会仍未交纳2013年的房屋租赁费,某商厦诉至法院。

二、分歧观点

本案争议的焦点之一是校友会是否具有当事人能力,针对这一问题,存在两种不同的观点:

第一种观点认为,校友会并不具有当事人能力,不能成为诉讼主体。在本案中,该校友会为云南某大学的分支机构,若进行诉讼,应以云南某大学为被告。

第二种观点认为,校友会具有当事人能力,具有诉讼主体资格。该校友会虽然未进行备案登记,但其合法成立、有一定的组织机构和财产,属于民事诉讼法和相关司法解释中所称的其他组织。

案例5.12→

冒名诉讼当事人是否具有当事人能力?

一、案情简介

司机甲交通肇事后逃逸,受害人以甲为被告提起赔偿诉讼,法院送达诉状及开庭通知书时均由甲之弟以甲名义签收,开庭时,由甲之弟出庭应诉,在核对当事人时,甲之弟称自己即为甲。

二、分歧观点

关于甲之弟是否具有当事人能力,存在两种不同的观点:

第一种观点认为,甲之弟并不具有当事人能力,因为他和本案并不具有法律上的利害关系,甲和甲之弟的行为已经违反了当事人真实义务。

第二种观点认为,甲之弟具有当事人能力。在本案中甲之弟已经签领了开庭通知书并出庭,其是形式意义上的当事人。

三、提示与参考

真实义务渊源于古罗马法,真实义务是要求当事人在诉讼上,不能主张已知的不真实事实或自己认为不真实的事实,而且不能在明知对方提出的主张与事实相符,或认为与事实相符时,仍然进行争执。民事诉讼是保护当事人民事权利的制度,禁止当事人在诉讼中以隐瞒身份、冒名顶替的方式来欺骗法院,损害法律的威严。因此,当事人以真实的身份参加诉讼理应是真实义务的最基本内容。

案例 5.13

被吊销营业执照的法人是否具有当事人能力?

一、案情简介

甲公司以乙公司侵害其商标专用权为由向法院提起诉讼,案件审理中,甲公司被吊销营业执照,法院以原告已丧失诉讼主体资格为由裁定驳回起诉。

二、分歧观点

关于被吊销营业执照的法人是否具有当事人能力,存在两种不同的观点:

第一种观点认为,被吊销营业执照的法人不具备当事人能力。法人的主体资格,通过在国家工商行政管理部门登记注册后,由行政权授予,企业法人的主体资格也应当通过行政权授予的消灭。吊销企业法人营业执照的行为,意味着剥夺了法人从事经营活动的民事权利能力和民事行为能力。既无民事权利能力又无民事行为能力的法人失去了存在的基础,自然就丧失了民事主体资格,诉讼主体资格更是无从谈起。

第二种观点认为,被吊销营业执照的法人具备当事人能力。最高人民法院〔2000〕24号批复规定:企业法人被吊销营业执照后,应当依法进行清算,清算程序结束并办理工商注销登记后,该企业法人才归于消灭。因此,企业法人被吊销营业执照后至被注销登记前,该企业法人仍应视为存续,可以以自己的名义进行诉讼活动。

案例 5.14

家长委员会、企业集团是否具有当事人能力?

一、案情简介

2013年6月广州市某教育集团旗下的阳光幼儿园变更该园大班所用幼儿教材引起家长不满。于是该幼儿园的家长委员会代表广大家长与阳光幼儿园进行协商,经多次协商,双方未能达成一致意见,遂诉至法院。

二、分歧观点

本案事实比较简单,争议的焦点之一是,本案原告家长委员会和被告某教育集团是否具有当事人能力。针对这一问题,存在两种不同的观点:

第一种观点认为,在本案中原告和被告都不具有当事人能力。家长委员会是由家长代表成立的组织,作为与幼儿园沟通的桥梁,家长委员会并不是依法成立的社团组织,也没有独立的财产和办事机构,只是幼儿家长成立的松散的民间组织,并不符合民事诉讼法中对当事人能力的规定。企业集团是指以资本为主要联结纽带的母子公司为主体,以集团章程为共同行为规范的母公司、子公司、参股公司及其他成员企业或机构共同组成的具有一定规模的企业法人联合体。根据《企业集团登记管理暂行规定》的规定,企业集团不具有企业法人资格。

第二种观点认为,在本案中,原告家长委员会并不具有当事人能力,而被告某教育集团具有当事人能力。根据《企业集团登记管理暂行规定》并不具有企业法人资格,但企业集团是合法成立、有一定的组织机构、有一定的财产。根据我国相关行政规章的规定,企业集团必须依法登记,未经登记不得以企业集团名义从事活动。可见,企业集团是民事诉讼法和相关司法解释中规定的其他组织,当然具有当事人能力。

案例 5.15→

有限责任公司筹备组是否具有当事人能力?

一、案情简介

2012年3月,甲、乙、丙三人协商成立某有限责任公司,设立了筹备组。同年6月,以筹备组的名义与某大厦签订了房屋租赁合同。2012年9月,甲因私人理由退出,导致出资不足,某有限责任公司未能申报成立。2012年10月某大厦追讨房屋租赁费用,诉至法院。

二、分歧观点

关于某有限责任公司筹备组是否具有当事人能力,存在两种不同的观点:第一种观点认为,有限责任公司筹备组并不具有当事人能力。有限责任公司设立中的筹备组没有独立的财产,不能独立地承担民事责任,因此不具备诉讼主体资格。因公司筹备组行为发生的民事诉讼,公司依法成立的,以公司为当事人;公司未成立的,以负责成立、组织筹备组的创办人或发起人为当事人。

第二种观点认为,有限责任公司筹备组具有当事人能力。根据民法和相关司法解释的规定,有限责任公司筹备组可以自己的名义与相对方签订合同,这就意味着,筹备组具有一定的民事权利能力,因合同履行发生争议进行诉讼时,筹备组当然具有诉讼资格。

案例 5.16

民政局是否为正当当事人?

一、案情简介①

2008年11月29日傍晚,庆元县农民胡某酒后驾驶三轮摩托车由菊水向县城方向行驶,途中撞伤一无名流浪汉,经送医院抢救无效死亡。公安机关通过骨龄鉴定,推断该无名男子年龄在75~80岁之间。同年12月19日,庆元县公安局交通警察大队认定胡某承担此次事故全部责任。此后不久,庆元县检察院以交通肇事罪对胡某提起公诉,法院判处其有期徒刑二年,缓刑三年。在案件提起公诉的同时,庆元县检察院认为,根据国务院《城市生活无着落的流浪乞讨人员救助管理办法》的有关规定,民政部门作为社会救助的政府主管机关,承担着对流浪乞讨人员的保障义务,有责任为流浪乞讨人员提供法律救助、主张民事赔偿。于是,该院向县民政局发出民事督促起诉书,督促民政部门代死者亲属向县法院提起人身损害赔偿刑事附带民事诉讼。县民政局收到督促起诉书后,及时以原告身份向县法院递交诉状,为无名流浪汉代行民事诉权,要求法院判令胡某赔偿死者丧葬费、死亡赔偿金等相关费用。2月9日,在庆元县法院的主持调解下,县民政局和胡某就赔偿达成调解协议:被告胡某赔偿无名流浪汉丧葬费、死亡赔偿金等合计11.7万元,交由庆元县民政局提存管理。一旦确认被害人身份,赔偿款将交给其亲属。按司法部《提存公证规则》,该款项如超过20年无人领取,将被视为无主财产,大部分上缴国库。

---

① 案例来源于:http://newspaper.jcrb.com/html/2009-02/17/content_11477.htm,访问日期:2013年6月2日。

二、分歧观点

关于民政局是否为民事诉讼的适格当事人,存在两种不同的观点:

第一种观点认为,在本案中民政局并不是适格的当事人。一般认为,当事人适格的判断标准有二:一是实体权利义务主体为适格的当事人;二是诉讼担当人为适格的当事人。而在本案中,民政局既不是实体权利义务人,同时也没有任何法律明确规定民政局是死亡流浪汉的法定诉讼担当人。根据《最高人民法院关于审理人身损害赔偿案件适用法律若干问题的解释》的规定,赔偿权利人包括因侵权行为或者其他致害原因直接遭受人身损害的受害人、依法由受害人承担扶养义务的被扶养人以及死亡受害人的近亲属。民政局作为政府负责救助社会流浪乞讨人员的专门机构,与本案受害人之间仅存在行政法律关系,不存在民事法律关系,因此,民政局不是本案适格的民事诉讼原告。

第二种观点认为,在本案中民政局是适格的当事人。虽然民政局既不是实体权利义务人也不是法定的诉讼担当人,但存在保护流浪汉利益的必要,即有通过诉讼维护当事人利益的必要。民政部发布的《城市生活无着的流浪乞讨人员救助管理办法实施细则》规定,地方各级民政部门承担对无名流浪乞讨人员的救助职责,这为民政局的起诉提供了法律依据。

三、提示与参考

当事人适格,又称为正当当事人,是指对于具体的诉讼,有作为本案当事人起诉或应诉的资格。一般认为,以正当当事人的身份实施诉讼的权能,称为诉讼实施权,即进行诉讼并要求法院对本案作出判决的权利。当事人适格与诉讼权利能力不同。诉讼权利能力是作为抽象的诉讼当事人的资格,它与具体的诉讼无关,通常取决于有无民事权利能力。当事人适格是作为具体的诉讼当事人的资格,是针对具体的诉讼而言的,当事人适格与否,只能将当事人与具体的诉讼联系起来,看当事人与特定的诉讼标的有无直接联系。当事人适格与程序当事人也不同。程序当事人仅以原告主观上主张为准,作为原告就是向法院起诉要求请求权利保护的主体,作为被告即为被诉的主体。而当事人适格则是指对本案的诉讼标的,谁应当有权要求法院作出判决和谁应当作为被请求的相对人。提起诉讼的当事人未必是适格的当事人,法院只有针对适格当事人作出的判决才有法律意义,也只有正当当事人才受法院判决的拘束。对于不适格的当事人,应裁定驳回起诉或者更换。法院裁判的目的是为了解决民事法律关系主体之间的争议,化解他们之间的纠纷。民事法律关系主体也正因为发生了民事权利义务争议,才有必要以民事诉讼的方式解决争议。因此,一般来讲,应当以当事人是不是所争议的民事法律关系(即本案诉讼标的)的主体,作为判断当事人适格与否的标准。根据这一标准,只要是民事法律关系或民事权利的主体,以该民事法律关系或民事权利为诉讼标的进行诉讼,一般就是适格的当事人。

案例 5.17→

社会团体能否提起环境公益诉讼?

一、案情简介

2010 年 10 月 18 日,中华环保联合会接到贵阳市乌当区群众投诉,随即派专人赴现场实地调查,查证某造纸厂排放未经处理的污水属实。污染产生的大量泡沫与上游流入的南明河水汇合,形成一个长长的污染带,南明河污浊不堪。11 月 19 日,出于保护公共环境的目的,中华环保联合会与贵阳公众环境教育中心向贵州省清镇市人民法院提起环境公益诉讼,主要请求法院判令某造纸厂立即停止向河道排放污水,消除偷排生产废水对其下游南明河及乌江产生的危害。经审查,清镇市人民法院于当日决定立案受理。贵阳清镇市人民法院环保法庭判决被告立即停止向南明河排放工业污水,消除对南明河的危害,并支付原告为搜集证据而支付的合理费用及承担案件中的分析检测费、诉讼费。①

2013 年以来,中华环保联合会不断收到举报称,海南某种猪育种有限公司以及海南某生物工程公司常年向厂区外排放废水,现场污水颜色、性状、气味异常,如遇降雨,两企业所排放的污水便四处漫溢,严重影响周边居民的生产、生活、身体健康和环境公共利益。海口市中级人民法院在接受中华环保联合会两诉状后,于 2013 年 6 月 21 日,正式出具立案通知书,明确告知中华环保联合会"经审查,起诉符合法定条件,本院决定立案受理"。中华环保联合会根据海口市中级人民法院的通知,预缴了 13 万多元的诉讼费。8 月 2 日,该会突然收到海口市中级人民法院裁定书,海

---

① 案例来源于: http://www.cenews.com.cn/xwzx/fz/qt/201101/t20110122_692025.html,访问日期:2013 年 7 月 2 日。

口市中级人民法院以"主体资格不适格"为由,驳回了该会提起的两起环境公益诉讼。①

二、分歧观点

关于社会团体是否有权提起环境公益诉讼,存在两种不同的观点:

第一种观点认为,社会团体提起民事公益诉讼,于法无据。根据我国民事诉讼法的规定,民事诉讼的当事人必须与本案有利害关系,中华环保联合会与本案不存在任何法律上的利害关系。虽然2012年民事诉讼修案中明确规定,对污染环境、侵害众多消费者合法权益等损害社会公共利益的行为,法律规定的机关和有关组织可以向人民法院提起诉讼。但哪些组织可以提起诉讼法律并未作出明确的规定。

第二种观点认为,在本案中社会团体可以提起环境公益诉讼。民事诉讼的原告必须是与本案有直接利害关系的公民、法人和其他组织,这严格地限制了公益诉讼原告资格,不利于环境公益诉讼制度的发展。我国《环境保护法》第6条规定:"一切单位和个人都有保护环境的义务,并有权对污染和破坏环境的单位和个人进行检举和控告。"据此可以认为,中华环保联合会有权提起环境公益诉讼。环保团体在专业知识方面占有明显的优势,它能为诉讼提供专业的人员、技术支援,在科技和法律适用方面都享有一定的优势。从域外经验来看,大多都确认了环保团体作为诉讼主体的地位。例如,美国有名的"塞尔拉俱乐部诉莫顿"一案率先打开了一个属于环境公益诉讼"团体诉讼"的新时期。在我国也有一些比较有名的环境保护团体诸如太平洋环境组织、北京地球村、中华环保联合会等,可以肩负起提起公益诉讼的职责。

三、提示与参考

尽管公益诉讼已被纳入修改后的《民事诉讼法》,也确定了诉讼主体——有关组织,但"有关组织"的说法过于含糊。权威统计显示,目前在民政部门登记的社会组织有46万多家。不可能所有的在民政部门登记的社会组织都具有发起公益诉讼的资格。若这46万多家社会组织都可以提起公益诉讼,可能队伍庞大了一些。因此有必要设置门槛,对可提起公益诉讼的社会团体做出

---

① 案例来源于:http://news.ifeng.com/gundong/detail_2013_08/08/28385965_0.shtml,2013年8月10日访问。

一定的限制。例如,德国在环境公益领域方面尤其是团体诉讼上对于原告资格做出限制,如必须注册三年才可提起诉讼,又如必须要经过注册审核或经认可才可以作为起诉的主体,又如只能在特定的活动范围内且不能以营利为目的才可以进行起诉等等。

  我国的环境污染越来越严重,生态环境不断恶化,公民对生存环境提出了更高的要求,这都迫切的要求建立健全我国的环境公益诉讼制度。环境公益诉讼制度在保护环境方面是一项重要的司法救济制度,而我国现行法律缺少相关明确的程序性立法。2005 年 11 月 23 日,国务院发布《关于落实科学发展观加强环境保护的决定》,明确提出发挥社会团体的作用,鼓励检举和揭发各种环境违法行为,推动环境公益诉讼。有学者认为,所谓的环境公益诉讼是指以一定的组织和个人为原告,对违反法律、侵犯环境公益的行为,向法院提起诉讼,由法院追究违法者法律责任的诉讼制度,该类诉讼以保护环境公共利益为目的。相对于传统诉讼,环境公益诉讼具有非常显著的特征:第一,诉讼目的的公益性。这是环境公益诉讼最显著的本质特征,也是环境民事公益诉讼理论和制度建设的核心。第二,起诉主体的广泛性。传统诉讼以救济受损的个人权利为目的,因此,在传统诉讼中适格的原告为与本案有直接利害关系的人。环境公益诉讼以维护环境公益为诉讼目的,且环境公益与社会中的每一个人都有关系。因此,应当允许没有受到直接利益损害的人提起环境公益诉讼。判断环境公益诉讼的原告是否适格,应当以社会公益为标准,只要有导致公益性环境权和生态平衡发生危险或损害的行为,任何人都可以提起诉讼,这其中包括国家、公民、法人以及其他社会团体。第三,责任主体的广泛性。在环境民事公益诉讼中,只要有导致公益性环境权和生态平衡发生危险或损害的行为,都应提起诉讼。第四,社会效果上的预防性。相对于私益诉讼,环境民事公益诉讼不以造成实际损害为成立条件,只要存在侵害社会公益的可能,就可以提起诉讼。第五,诉讼裁判效力范围的扩张性。环境民事公益诉讼的裁判不仅直接拘束本案的当事人,而且对未参加诉讼的一般公众也产生拘束力和引导力。①

---

  ① 参阅刘超:《问题与逻辑:环境侵权救济机制的实证研究》,法律出版社 2012 年版,第 164～167 页。

案例 5.18→

行政机关能否提起环境公益诉讼?

一、案情简介

2011年6月,渤海湾蓬莱19-3油气田发生漏油事件。已使周围海域840平方公里的1类水质海水目前下降到了劣4类,截至8月14日漏油仍未被有效控制。沿海养殖业受到重创,至今无责任人承诺赔偿损失。据报道,受漏油事件影响的有:河北乐亭县扇贝养殖会160多家养殖户700万笼的扇贝有一半已经死去,损失3亿多元;昌黎县的扇贝死亡率高达60%以上,养殖户们大都损失百万元左右。漏油污染还可能影响辽宁、天津、山东等沿海地区。国家海洋局北海分局将代表国家,向渤海蓬莱漏油事故责任方提起海洋生态损害索赔诉讼。

二、分歧观点

关于国家海洋局北海分局是否有权提起公益诉讼,存在两种不同的观点:

第一种观点认为,在本案中国家海洋局北海分局无权提起公益诉讼。因为现行的《民事诉讼法》规定,必须是直接利益关系方才能提起诉讼。

第二种观点认为,在本案中国家海洋局北海分局有权提起公益诉讼。依据《中华人民共和国海洋环境保护法》第90条第2款的规定,对破坏海洋生态、海洋水产资源、海洋保护区,给国家造成重大损失的,由依照本法规定行使海洋环境监督管理权的部门代表国家对责任者提出损害赔偿要求。

案例 5.19→

公民个人能否提起环境公益诉讼?

一、案情简介[①]

2011年5月清镇市屋面防水胶厂负责人龙某光将8吨有毒化工废

[①] 案例来源于:http://www.pil.org.cn/q_news/q_news_page_3730.html,访问日期:2013年3月2日。

液倾入污水沟中,导致相连的东门河、猫跳河等河流苯超标147682倍、苯酚超标3180倍、苯并芘超标2771.4倍。2012年6月,清镇市环保法庭以污染环境罪和非法经营罪判处龙某光有期徒刑两年半,并处罚金10万元。根据有关部门作出的水污染治理方案,治理此项水污染,需投资117.3万元。蔡某海以自己的名义提起民事诉讼,要求龙某光赔偿水环境污染损失107.3万元(减除罚金10万元),赔偿款付至清镇市环保局生态恢复公益金专门账户,用于治理被损害的水环境。蔡某海是贵阳公众环境教育中心的环保志愿者,他与该中心签订了《河流认领责任书》,认领了清镇市辖区内的东门河,约定每月定期进行巡查,对污染河流的行为有检举、控告的权利。清镇市人民检察院支持起诉。2012年9月,法院开庭审理了本案,未宣判。

二、分歧观点

关于公民是否有权提起环境公益诉讼,存在两种不同的观点:

第一种观点认为,公民个人有权提起环境公益诉讼。当环境污染环境破坏等侵害发生的时候,往往最广大的人民群众就成了最直接的受害者。既然公民承担了环境侵害的损害,那么于情于理都应当赋予公民起诉的资格。作为损害承担者同时又是社会中最为广泛的主体,公民凭着其优势捍卫属于大家的公共利益毫无疑问地成为环境侵害等不法行为的监督者。第一,我国《宪法》第2条第3款:"人民依照法律规定,通过各种途径和方式,管理国家事务,管理经济和文化事业,管理社会事务。"这是宪法对公益诉讼中个人的原告主体资格的确认,因为环境问题属于社会事务,所以公民个人可以通过各种途径和方式管理环境。有学者认为,公民作为环境公益诉讼的起诉主体有明确的宪法依据,符合人民主权的原则。第二,《环境保护法》第6条:"一切单位和个人都有保护环境的义务,并有权对污染和破坏单位和个人进行检举和控告。"此条规定明确规定一切单位和个人有权检举与控告,而且范围并未加以限制,并未局限于与环境侵害有直接利害关系的单位和个人,由此可以推出环境公益诉讼也应包含在内,环境基本法中的这条原则性规定为接下来的环境立法指明了方向。

第二种观点认为,公民个人无权提起民事公益诉讼,于法无据。第一,根据我国民事诉讼法的规定,民事诉讼的当事人必须与本案有利害关系,在本案中蔡某海并非本地居民,与环境污染之间的利害关系无从谈起。第二,2012

年民事诉讼修正案正式在立法上确立环境公益诉讼制度,对环境公益诉讼的主体做出了概括性的规定,其中并没有公民个人。

三、提示与参考

我国在立法上已建立环境公益诉讼制度,具体到环境公益诉讼的适格主体问题,立法并未给出明确的规定。部分学者认为应该赋予个人原告主体资格,公民个人是环境侵害行为的直接受害者,最易发现侵害行为,并采取行动去制止违法行为,在时间方面更具有及时性。但另外一方面,个人作为公益诉讼主体也有其缺陷,公民个人作为原告主体实力较弱,在技术、资源、证据等方面都有欠缺,而环境领域专业性强,这种不平衡可能导致公民个人的败诉率高,不能有效地维护环境公益。另外公民个人在环境公益诉讼中维护的是个人利益还是公共利益有待确认,如果公民个人作为独立的个体在诉讼中有其自身的诉求,很有可能滥诉。

案例 5.20→

公民个人能否提起空气污染诉讼?

一、案情简介

王某与杜某系邻居关系,仅一墙之隔。杜某经常在其院落内开烧烤聚会。因烧烤形成大量刺鼻气体经常飘落到左邻右舍。特别是王某家,只要杜某家中开烧烤聚会,王某家中只得门窗紧闭,影响了王某及其家人的正常生活,为此双方经常发生纠纷。后双方协商未果,王某向法院提起诉讼,要求停止侵害、排除妨碍。

二、分歧观点

关于该案应如何处理,存在两种不同的观点:

第一种观点认为,因烧烤聚会形成大量刺鼻气体飘落到王某家中是事实,对王某的生活也确实带来了一定的影响,因此对王某要求停止侵害、排除妨碍的诉讼请求依法应予支持。

第二种观点认为,对王某要求停止侵害、排除妨碍的诉讼请求依法不予支持。理由是:我国《大气污染防治法》规定有关空气污染应由环境保护行政机关处理,此案不属于人民法院的受案范围,应驳回王某的起诉。

案例 5.21→

检察机关是否能够提起环境公益诉讼?

一、案情简介[①]

广州市海珠区石榴岗河曾经是一条清澈的小河,从华洲街土华村穿村而过,2007年9月以后,小河突然变得黑臭逼人,附近居民苦不堪言。接到群众投诉后,海珠区环保局立即对河流周围的企业展开了排查,一家名为新中兴的洗水厂引起了工作人员的注意。这家洗水厂2007年9月在土华村成立,既未办理工商营业执照,也没有向环保部门申请排污许可证,擅自从事漂洗等业务。经过一系列调查和取证,海珠区环保局发现新中兴洗水厂存在严重的违法排污行为。这家工厂在漂洗作业中使用的洗衣粉、酵素粉、草酸等洗涤剂混同服装中的染料,未经污水处理直接排入石榴岗河。在开工后的8个多月中,洗水厂平均每天排放40吨污染物,合计排放污水9600吨,使污水排放口附近的河流被严重污染。掌握了洗水厂污水采样的监测数据,以及其违法排污行为的环境影响、产生的经济损失及治理费用等分析评估后,2008年7月,海珠区检察院正式向广州海事法院起诉新中兴洗水厂厂主陈某明违法排污,造成水域污染,要求赔偿环境污染损失和费用。2008年11月13日,广州海事法院依法组成合议庭对此案进行了公开审理。同年12月9日,广州海事法院判决陈某明对其违法排污行为造成的环境损害承担民事责任,并赔偿环境污染损失合计费用117289.2元。从立案到案件最后得到宣判,历时仅4个多月,广东省首例环境公益诉讼案以检察机关胜诉而圆满解决。

二、分歧观点

关于检察机关是否有权提起环境公益诉讼,存在两种不同的观点:

第一种观点认为,检察机关有权提起环境公益诉讼,是适格的当事人。有学者认为,第一,检察机关具有较强的诉讼能力和超脱地位。同公民和环保组织相比,检察机关不仅拥有一支长期从事司法工作的专业化队伍,而且享有调

[①] 案例来源于:http://www.cenews.com.cn/dfxw/cx/200904/t20090418_615818.html,访问日期:2013年2月3日。

查取证等诸多职权,能有力抗衡强势的被告,有更大的把握胜诉。由于环境污染或破坏行为往往同环保机关的监管缺位有关,甚至还有地方保护主义和部门保护主义作祟,环保机关提起公益诉讼的动力往往不足。相对而言,检察机关具有超脱于地方政府的法律地位,较能超越地方保护主义的桎梏,独立地从事环境民事公益诉讼活动。第二,检察机关具有权威的司法震慑力,能产生"外溢"的诉讼效果。作为法定的监督机关,检察机关不仅能在环境民事公益诉讼过程中发现有关环保部门渎职、滥用职权等违法犯罪行为,通过发出检察建议和启动刑事诉讼程序,敦促其依法履行环境保护的监管职责,防止和减少其渎职犯罪的发生,而且能通过提起环境民事公益诉讼,有力地震慑被告以及其他污染和破坏环境者,促使他们自觉履行保护环境的义务。第三,检察机关成为环境民事公益诉讼的原告符合世界通例。从国外情况来看,英国、美国、法国、德国、日本等国均有检察机关提起民事公益诉讼的规定,尤其是美国的《国家环境政策法》(1969 年)和《清洁空气法》(1970 年)等法律,还设有授权检察官提起环境公益诉讼的条款。第四,我国曾经赋予检察机关民事公益诉讼原告的资格。新中国成立初期的《中央人民政府最高人民检察署暂行组织条例》(1951 年)和《人民检察院组织法》(1954 年)等法律,均确立了检察机关代表国家利益和社会公共利益提起民事诉讼的制度。检察机关在保护国家和社会公共利益方面,发挥了积极的作用。第五,近年的实践表明,检察机关提起环境民事公益诉讼取得了丰硕战果。

第二种观点认为,检察机关无权提起环境公益诉讼,并非适格的当事人。2012 年修正后的新民事诉讼法规定,法律规定的机关或社会组织可以提起环境公益诉讼。从现有的法律规范来看,检察机关并未明确被赋予提起环境公益诉讼的权利。第一,根据我国宪法的规定,检察机关是国家的法律监督机关。第二,根据《中华人民共和国人民检察院组织执法》第 5 条的规定,各级人民检察院行使下列职权:(1)对于叛国案、分裂国家案以及严重破坏国家的政策、法律、法令、政令统一实施的重大犯罪案件,行使检察权。(2)对于直接受理的刑事案件,进行侦查。(3)对于公安机关侦查的案件,进行审查,决定是否逮捕、起诉或者免予起诉;对于公安机关的侦查活动是否合法,实行监督。(4)对于刑事案件提起公诉,支持公诉;对于人民法院的审判活动是否合法,实行监督。(5)对于刑事案件判决、裁定的执行和监狱、看守所、劳动改造机关的活动是否合法,实行监督。其中并未有关于检察机关提起环境公益诉讼的权利。第三,我国现行《民事诉讼法》规定,人民检察院有权对民事诉讼实行法律监督,有权提起抗诉,提出检察建议,并未提及检察机关提起环境公益诉讼。综上,从我国现行有效的法律规范来看,检察机关无权提起民事公益诉讼。

三、提示与参考

我国现行民事诉讼法并没有赋予检察机关提起民事诉讼的权利,检察机关提起民事诉讼的范围自然也就无从谈起。但是这并没有妨碍理论界和实务界对这一问题的探讨。事实上,检察机关提起民事诉讼制度在新中国成立初期就已经建立。1949年12月经中央人民政府主席批准,颁发《中央人民政府最高人民检察署试行组织条例》,第3条明定:"最高人民检察署受中央人民政府委员会之直辖,直接行使并领导下级检察署行使下列职权:……2. 对各级司法机关之违法判决提起抗议。……5. 对于全国社会与劳动人民利益有关之民事案件及一切行政诉讼,均得代表国家公益参与之。"该条例在规定最高人民检察署各处"职掌"的第10条中,规定第三处的职掌是:"1. 关于全国社会与劳动人民利益有关之民事案件参与事项;2. 关于全国社会与劳动人民利益有关之一切行政诉讼参与事项。"在最初的人民检察机关的组织条例中,对新中国检察机关的民事行政检察职责,做了最早的规定,这就是代表国家和公益,参与民事和行政诉讼。1951年《中央人民政府最高人民检察署暂行组织条例》第3条规定:"最高人民检察署受中央人民政府之直辖,直接行使并领导下级检察署行使下列职权:……(三)对各级审判机关之违法或不当裁判,提起抗诉;……(六)代表国家公益参与有关全国社会和劳动人民利益之重要民事案件及行政诉讼。"《各级地方人民检察署组织通则》也授予地方各级人民检察署以同样的职权。1954年《中华人民共和国人民检察院组织法》第4条关于人民检察院职权的规定包括:对于人民法院的审判活动是否合法,实行监督;对于有关国家的人民利益的重要民事案件有权提起诉讼或者参加诉讼。"文革"以后,1978年重建了人民检察机关,各项检察职能都在不同程度上得以恢复。1979年2月2日《人民法院审判民事案件程序制度的规定(试行)》对于人民检察院提起诉讼和参与诉讼的民事案件的审理程序,都做了规定,其中"案件管辖"一节明确规定:"人民检察院提起诉讼的民事案件,由同级人民法院受理。""开庭审理"一节明确规定:"人民检察院提起诉讼的案件,应通知人民检察院派员出庭。"《人民法院审判民事案件程序制度的规定(试行)》还对人民检察院提起诉讼和参与诉讼的民事案件的审理程序做了具体的规定。这是在"文革"以后,第一次以司法解释的形式,对检察机关参与民事诉讼作出的规定,对于人民检察院的历史发展尤其是对于民事行政检察事业的发展,具有重要的意义。但是,1979年《中华人民共和国人民检察院组织法》彻底废止了民事行政检察制度。该法虽然在第一条开宗明义,规定了中华人民共和国人民检察院是国家的法律监督机关,但在具体的职权中,规定的都是刑事检察职权。1979年制定试行民事诉讼法时,是恢复检察机关提起民事诉讼的大好时机。如何在吸收借鉴国外检察制度经验的基础上,完善我国的民事检察制度在当时备受立法起草者的关注。起草小组在1979年12月14日形成的《民事诉讼法草案》(初稿)的"基本原则"中写了一条两款,即"人民检察院有权对人民法院的民事审判活动实行法律监督,有权提起或者参与民事诉讼。人民法院认为必要的时候,可以要求人民检察院参与民事诉讼"。在对初稿广泛征求意见后,起草小组在修订的《民事诉讼法草案》(第二稿)中,明确写上"人民检察院有权提起或者参与涉及国家、集体和人民重大利益的民事诉讼,有权对人民法院的民事审判活动实行法律监督"。最高人民检察院在对《民事诉讼法草案》(第三稿)所提的修改意见中,"建议将人民检察院的职权及其在民事诉讼中的地位和作用在总则中写一章,列为第五章,题为民事诉讼中的人民检察院",并具体拟了以下条文:"人民检察院有权提起或者参与涉及国家和人民重大利益的民事诉讼。人民检察院对人民法院的民事审判活动是否合法实行监督。人民检察院提起或者参与的民事案件,由检察长或者由人民检察院指定的检察员以公益代表人的身份参加民事诉讼。"令人遗憾的是,由于种种原因,无论是1982年的试行民事诉讼法还是1991年的民事诉讼法都没有关于检察机关提起民事诉讼的规定。虽然我国现行《民事诉讼法》没有规定检察机关提起民事诉讼的制度,但并不说明我们不需要检察机关提起民事诉讼的程序机制。相反,在当前社会经济形势下,构建我国机关提起民事诉讼的制度,不仅是必要的,而且是十分紧迫的。赋予检察机关提起民事诉讼的权利,是我国民事诉讼法的发展趋势。

案例5.22→

消费者协会是否有权代表
广大消费者提起消费者公益诉讼?

一、案情简介

2012年11月,深圳市消费者协会向深圳市罗湖区人民法院提交了一份民事诉讼状,起诉沃尔玛深国投百货有限公司出售的"盐焗带壳杏仁"和"盐焗杏仁"并非杏仁,而是扁桃仁,沃尔玛涉嫌欺诈消费者,侵犯了广大消费者的权益。

二、分歧观点

关于消费者协会是否有权代表广大消费者提起消费者公益诉讼,存在两种不同的观点:

第一种观点认为,按照民事诉讼法和消费者权益保护法的规定,消费者协会不具备作为公益诉讼的主体资格。

第二种观点认为,消费者协会作为消费者自治的组织,其宗旨在于维护消费者权益,由其代表广大消费者提起公益诉讼,有利于维护消费者的合法权益。因此,消费者协会有权提起消费者公益诉讼。

三、提示与参考

为了与《民事诉讼法》中所规定的公益诉讼制度衔接,在《〈消费者权益保护法〉修订征求意见稿》(第二稿)中已经涉及消费者协会提起消费者权益公益诉讼的问题,只不过其规定过于简略。该征求意见稿第32条关于消费者协会职能的规定的第6项规定:"就损害消费者合法权益的行为,支持受损害的消费者或者代表不特定多数消费者提起诉讼。"(我国现行《消费者权益保护法》第32条第6项的规定为"就损害消费者合法权益的行为,支持受损害的消费者提起诉讼"。)

案例 5.23

社会团体能够对行政机关提起环境公益诉讼?

一、案情简介

作为蓬莱19-3油田两起重大漏油事故责任作业方,康菲公司于2013年2月经国家海洋局同意逐步实施恢复相关作业。中华环保联合会曾向国家海洋局要求公开核准文件以及核准的依据性文件。6月底,国家海洋局回函并公开了"716号批复"和据此做出的环境影响报告书。但此后,中华环保联合会仍认为批复缺乏专家意见支持、没有依法听证,从程序、实体上都存在严重违法和不当之处,对政府依法行政和中国环境保护与公众权益维护造成损害,最终向市一中级人民法院提起诉讼。市一中级人民法院已裁定驳回了中华环保联合会就康菲公司恢复生产对国家海洋局提起的公益诉讼,其驳回理由为中华环保联合会不是直接利害关系人,不具有起诉主体资格。

二、分歧观点

中华环保联合会就康菲公司恢复生产对国家海洋局提起的诉讼是否为公益诉讼,存在两种不同的观点:

第一种观点认为,根据民事诉讼法的规定,公益诉讼在法律上仅限于民事诉讼范围,涉及被告为国家海洋局的诉讼为行政诉讼,诉讼主体的审查必须依照行政诉讼相关规定,本案应为公益性的行政诉讼。

第二种观点认为,本案属于公益诉讼。国家海洋局的行为涉及不特定的多数人的利益,应赋予社会公众提起公益诉讼的权利。

三、提示与参考

公益诉讼起源于古罗马,当时的公益诉讼定位于以保护公益为目的的诉讼。罗马法把程式诉讼划分为公益诉讼和私益诉讼。私益诉讼是保护个人所有权的诉讼,仅特定的人才可以提起,而公益诉讼乃是保护社会公共利益的诉讼,除法律有特别规定外,凡市民均可以提起。对于何为环境公益诉讼,学者有不同的认识。我国多数学者认为,环境公益诉讼是指一定的组织和个人为原告,根据法律的授权,为了保护环境公共利益,对违反法律,侵犯国家利益、社会利益或者不特定的多数人的利益的危害环境的行为,可以向法院起诉,由法院依法追究其法律责任的活动。有学者认为:环境公益诉讼是环保组织为了保护公共环境利益,制止危害环境的行为,针对污染环境或者破坏生态的企业提起的诉讼,即属环境公益诉讼[1]。还有学者认为,环境公益诉讼就是原告并非出于自身利益受到侵害,而是以环境的社会公益可能受到侵害为目的,以环境与资源的政府机关为被告,向法院提起的请求判决停止开发利用行为或者宣布行政许可无效的诉讼[2]。环境公益诉讼以保护环境公益为目的。有学

---

[1] 别涛:《中国的环境公益诉讼及其立法设想》,载别涛主编:《环境公益诉讼》,法律出版社 2007 年版,第 1 页。

[2] 汪劲:《中国的环境公益诉讼:何时才能浮出水面?》,载别涛主编:《环境公益诉讼》,法律出版社 2007 年版,第 41 页。

者进一步将环境公益诉讼分为:环境民事公益诉讼和环境行政公益诉讼。环境民事公益诉讼是公民、法人或者其他社会组织,出于保护环境公益的目的,针对损害环境公共利益的行为,向法院主张民事性质的司法救济。环境行政公益诉讼是公民、法人或者其他社会组织,认为行政机关的行政行为(如对污染企业不处理的行政不作为以及影响环境的建设项目的审批行为等)危害环境公共利益,向法院主张司法审查。[①] 也有学者反对将环境公益诉讼划分为环境民事公益诉讼和环境行政公益诉讼。该学者认为环境公益诉讼是一种特别的诉讼,应当是与刑事诉讼、民事诉讼和行政诉讼并列的新诉讼形式。

案例 5.24→

饭店是否为适格被告?

一、案情简介

2010 年 8 月 2 日,江某在杏花饭店(经理赵某)设宴招待焦某、耿某等六位朋友。席间,服务员朴某误将装有碱水的瓶子当作白酒瓶送至席上。醉意的焦某打开碱水瓶猛喝一口,导致口腔和食道烧伤。事后,焦某治伤用去医疗费 600 元。由于赵某、江某和朴某都不愿意赔偿焦某的损失,焦某准备向法院起诉。

二、分歧观点

关于谁是本案适格被告,存在两种不同的观点:

第一种观点认为,本案适格的被告为杏花饭店。第一,焦某在杏花饭店就餐过程中受到伤害,根据我国《侵权责任法》第 37 条的规定,宾馆、商场、银行、车站、娱乐场所等公共场所的管理人或者群众性活动的组织者,未尽到安全保障义务,造成他人损害的,应当承担侵权责任。第二,根据《侵权责任法》第 34 条的规定,用人单位的工作人员因执行工作任务造成他人损害的,由用人单位承担侵权责任。第三,根据《最高人民法院关于适用〈中华人民共和国民事诉讼法〉若干问题的意见》第 42 条的规定,法人或者其他组织的工作人员因职务行为或者授权行为发生的诉讼,该法人或其组织为当事人。因此,杏花饭店为

---

① 参阅刘超:《问题与逻辑:环境侵权救济机制的实证研究》,法律出版社 2012 年版,第 164 页。

本案适格的被告。

第二种观点认为,本案适格被告为朴某。虽然朴某为杏花饭店的工作人员,但原告焦某所受的伤害是由朴某的过失行为造成的,因此,本案的适格被告为朴某。

案例 5.25→

企业分立后,如何确定适格当事人?

一、案情简介

公民石某与其工作的甲公司发生劳动争议,经劳动争议仲裁委员会仲裁后,石某不服,欲向人民法院起诉。这时,甲公司分立为乙、丙、丁三个公司,石某成为丙公司职员。

二、分歧观点

关于谁是本案适格被告,存在两种不同的观点:

第一种观点认为,本案的适格被告为甲公司。原告石某是与甲公司之间签订的劳动合同,根据合同的相对性,本案的适格被告为甲公司。

第二种观点认为,本案的适格被告为乙、丙、丁三个公司。根据《最高人民法院关于适用〈中华人民共和国民事诉讼法〉若干问题的意见》第50条的规定,企业法人分立的,因分立前的民事活动发生的纠纷,以分立后的企业为共同诉讼人。因此,本案的适格被告为乙、丙、丁三个公司。

案例 5.26→

继承诉讼中部分当事人放弃诉讼的,是不是案件的正当当事人?

一、案情简介

被继承人王某春于1997年去世,其妻王张氏先于其死亡。王某春有子王某学、王某茂两人,有女王某丽、王某梅两人。其长女王某丽于1996年死亡,留有一子李某芬,一女李某玲。现王某学与王某茂两人因继承王某春的遗产发生纠纷,王某学以王某茂为被告诉至法院。法院受理此案后,通知王某梅、李某芬、李某玲参加诉讼,王某梅明确表示放弃继承权利。李某芬表示参加诉讼,李某玲则表示想继承王某春的遗产,但不愿参加诉讼。

二、分歧观点

在本案中谁是适格原告,存在两种不同的观点:

第一种观点认为,本案适格的原告为王某学、王某梅、李某芬、李某玲。在本案中王某学、王某梅、李某芬、李某玲、王某茂是继承法律关系的主体。根据当事人适格的判断标准,处于争议状态的实体法律关系主体是适格的当事人。

第二种观点认为,本案适格的原告为王某学、李某芬、李某玲。根据《最高人民法院关于适用〈中华人民共和国民事诉讼法〉若干问题的意见》第54条的规定,在继承遗产的诉讼中,部分继承人起诉的,人民法院应通知其他继承人作为共同原告参加诉讼;被通知的继承人不愿意参加诉讼又未明确表示放弃实体权利的,人民法院仍应把其列为共同原告。

案例 5.27

实际经营人与营业执照所登记的业主不一致时,谁是适格当事人?

一、案情简介

居住在甲市A区的乔甲伟从事汽车修理业,其所开的汽车修理铺位于甲市C区。该汽车修理铺的个体工商户营业执照所登记的业主是其兄乔乙伟(居住在甲市B区),乔乙伟实际上并不经营汽车修理。乔甲伟为了承揽更多的业务,与乡办集体企业某汽车修理厂(位于甲市L县)签订了一份协议,约定乔甲伟的汽车修理铺可以以某汽车修理厂的名义从事汽车修理业务,乔甲伟每年向某汽车修理厂交管理费2万元。2002年1月,乔甲伟雇佣的修理工钱某旺(常年居住在甲市D区),为客户李某良(居住在甲市E区)修理一辆捷达车。修好后,钱某旺按照工作程序要求在汽车修理铺前试车时,不慎将车撞到了一棵大树上,造成汽车报废,钱某旺自己没有受伤。相关各方就如何赔偿该汽车损失发生纠纷,未能达成协议。现李某良拟向法院起诉。

二、分歧观点

针对本案适格的被告,存在两种不同的观点:

第一种观点认为,乔甲伟是本案的适格当事人。根据当事人适格的判断标准,处于争议状态的实体法律关系主体是适格的当事人。在本案中,乔甲伟是汽车修理铺的实际经营人,钱某旺是修理铺的雇佣人员。根据《最高人民法院关于适用〈中华人民共和国民事诉讼法〉若干问题的意见》第45条的规定,个体工商户、农村承包经营户、合伙组织雇佣的人员在进行雇佣合同规定的生产经营活动中造成他人损害的,其雇主是当事人。

第二种观点认为,乔甲伟、乔乙伟和某汽车修理厂为共同被告。《最高人民法院关于适用〈中华人民共和国民事诉讼法〉若干问题的意见》第45条规定:"个体工商户、农村承包经营户、合伙组织雇佣的人员在进行雇佣合同规定的生产经营活动中造成他人损害的,其雇主是当事人。"个体工商户乔甲伟是直接致损人钱某旺的雇主,理当作为本案被告。《最高人民法院关于适用〈中华人民共和国民事诉讼法〉若干问题的意见》第46条规定:"在诉讼中,个体工商户以营业执照上登记的业主为当事人。有字号的,应在法律文书中注明登记的字号。营业执照上登记的业主与实际经营者不一致的,以业主和实际经营者为共同诉讼人。"据此,确定乔甲伟与乔乙伟为共同被告。《最高人民法院关于适用〈中华人民共和国民事诉讼法〉若干问题的意见》第43条规定:个体工商户、个人合伙或私营企业挂靠集体企业并以集体企业的名义从事生产经营活动的,在诉讼中,该个体工商户、个人合伙或私营企业与其挂靠的集体企业为共同诉讼人。在本案中乔甲伟与乡办集体企业某汽车修理厂(位于甲市L县)签订了挂靠协议,据此,某汽车修理厂亦成为共同被告。

案例 5.28→

因第三人过错导致的他人伤害而提起诉讼时,谁是适格当事人?

一、案情简介

甲在丽都酒店就餐,顾客乙因地板湿滑不慎滑倒,将热汤洒到甲身上,甲被烫伤。甲拟向法院提起诉讼。

二、分歧观点

关于谁是本案适格的被告,存在两种不同的观点:

第一种观点认为,在本案中适格的被告为乙。甲的烫伤是乙的行为造成的,甲因此享有损害赔偿请求权,乙是适格的被告。

第二种观点认为,在本案中乙和丽都酒店为共同被告。根据我国《侵权责任法》第 37 条的规定:宾馆、商场、银行、车站、娱乐场所等公共场所的管理人或者群众性活动的组织者,未尽到安全保障义务,造成他人损害的,应当承担侵权责任。因第三人的行为造成他人损害的,由第三人承担侵权责任;管理人或者组织者未尽到安全保障义务的,承担相应的补充责任。虽然甲的烫伤是第三人乙直接造成的,但是乙之所以会滑倒将热汤洒到甲身上,是因为丽都酒店的地板湿滑,即丽都酒店作为安全保障义务人存在过错。权利人起诉丽都酒店的,乙应该作为共同被告。

案例 5.29→

因第三人原因导致未成人受到侵害时,学校是否为适格当事人?

一、案情简介

王甲两岁,在幼儿园入托。一天,为幼儿园送货的刘某因王甲将其衣服弄湿,便打了王甲一记耳光,造成王甲左耳失聪。王甲的父亲拟代儿子向法院起诉。

二、分歧观点

关于谁是本案适格的被告,存在两种不同的观点:

第一种观点认为,在本案中适格的被告为刘某。刘某是实际的侵权人,需要承担民事赔偿责任,是本案的被告。

第二种观点认为,在本案中刘某和幼儿园为共同被告。根据我国《侵权责任法》第 40 条的规定,无民事行为能力人或者限制民事行为能力人在幼儿园、学校或者其他教育机构学习、生活期间,受到幼儿园、学校或者其他教育机构以外的人员人身损害的,由侵权人承担侵权责任;幼儿园、学校或者其他教育机构未尽到管理职责的,承担相应的补充责任。在本案中,刘某是实际的侵权人,需要承担民事赔偿责任,是本案的被告。另外,幼儿园对王甲负有安全保障义务,幼儿园没有尽到责任造成王甲人身受到侵害,应当承担补充赔偿责任,也是本案的被告。

案例 5.30→

新闻侵权案件中,谁是适格当事人?

一、案情简介

某省海兴市的《现代企业经营》杂志刊登了一篇自由撰稿人吕某所写的报道,内容涉及同省龙门市甲公司的经营方式。甲公司负责人汪某看到该篇文章后,认为《现代企业经营》作为一本全省范围内发行的杂志,其所发文章内容严重失实,损害了甲公司的名誉,使公司的经营受到影响。于是甲公司向法院起诉要求现代企业经营杂志社和吕某赔偿损失5万元,并进行赔礼道歉。

二、分歧观点

关于谁是本案适格的被告,存在两种不同的观点:

第一种观点认为,本案的适格被告为自由撰稿人吕某。吕某是报道的撰稿人,其是实际侵权人,应承担相应的责任,且其与现代企业经营杂志社不存在隶属管辖。

第二种观点认为,自由撰稿人吕某和现代企业经营杂志社为共同被告。根据最高人民法院《关于审理名誉权案件若干问题的解答》第6条规定:"因新闻报道或其他作品发生的名誉权纠纷,应根据原告的起诉确定被告。只诉作者的,列作者为被告;只诉新闻出版单位的,列新闻出版单位为被告;对作者和新闻出版单位都提起诉讼的,将作者和新闻出版单位均列为被告,但作者与新闻出版单位为隶属关系,作品系作者履行职务所形成的,只列单位为被告。"在本案中吕某为自由撰稿人,与现代企业经营杂志社之间不存在隶属关系,两者应为共同被告。

案例 5.31

领取营业执照的分公司是否为适格当事人？

一、案情简介

香山公司（住所位于甲市 A 区）与红叶公司（住所位于乙市 B 区）签订了一份建筑合同，由红叶公司承建香山公司丙市分公司的办公楼（位于丙市 C 区）。双方同时还约定因履行该建筑合同发生的争议，双方协商解决；协商不成的，双方可以向甲市 A 区法院起诉或者向乙市 B 区法院起诉。办公楼建成后，因办公区的附属设施质量不符合合同约定，香山公司与红叶公司协商无果，香山公司向法院起诉。

二、分歧观点

关于谁是本案适格的被告，存在两种不同的观点：

第一种观点认为，红叶公司是被告。我国《公司法》第 14 条第 1 款规定，公司可以设立分公司。设立分公司，应当向公司登记机关申请登记，领取营业执照。分公司不具有法人资格，其民事责任由公司承担。故丙市分公司不具有法人资格，不为合同当事人，所以也不为案件的当事人。红叶公司应为被告。

第二种观点认为，丙市分公司为被告。丙市分公司领取了营业执照，也有自己经营和管理的财产。作为合同的一方，违反合同约定，理应承担偿还责任。

案例 5.32

李某是原告还是证人？

一、案情简介

李某和张某到华美购物中心采购结婚物品。张某因购物中心打蜡地板太滑而摔倒，致使左臂骨折，住院治疗花费了大量医疗费，婚期也因而推迟。当时，购物中心负责地板打蜡的郑某目睹事情的发生经过。受害人认为购物中心存在过错，于是，起诉要求其赔偿经济损失以及精神损赔偿。

二、分歧观点

关于本案诉讼参与人，存在三种不同的观点：

第一种观点认为，李某、张某应为本案的共同原告。在本案中张某因为购物中心地板太滑导致骨折，李某为张某之妻，可共同主张权利。

第二种观点认为，李某、郑某可以作为本案的证人。我国《民事诉讼法》第72条规定，凡是知道案件情况的单位和个人，都有义务出庭作证。有关单位的负责人应当支持证人作证。不能正确表达意志的人，不能作证。由此，李某和郑某都是知道案件情况的人，且是可以正确表达意志的人，因此二人都应该作为证人。

第三种观点认为，华美购物中心为本案的被告。根据《最高人民法院关于适用〈中华人民共和国民事诉讼法〉若干问题的意见》第42条规定，法人或者其他组织的工作人员因职务行为或者授权行为发生的诉讼，该法人或其组织为当事人。所以本案中，被告是华美购物中心。

案例 5.33→

合并后的公司针对公司合并前的纠纷是否为适格当事人？

一、案情简介

三合公司诉两江公司合同纠纷一案，经法院审理后判决两江公司败诉。此后，两江公司与海大公司合并成立了大江公司。在对两江公司财务进行审核时，发现了一份对前述案件事实认定极为重要的证据。

二、分歧观点

关于谁有权申请再审并参加诉讼，存在两种不同的观点：

第一种观点认为，本案中大江公司有权申请再审并参加诉讼。本案是典型的诉讼担当。根据《最高人民法院关于适用〈中华人民共和国民事诉讼法〉若干问题的意见》第50条的规定，企业法人分立的，因分立前的民事活动发生的纠纷，以分立后的企业为共同诉讼人。因此，本案中大江公司可申请再审。

第二种观点认为，本案应由两江公司申请再审并参加诉讼。此前诉讼为三合公司诉两江公司,两江公司才有权提起诉讼。

三、提示与参考①

所谓诉讼担当,是指实体法上权利义务主体以外的第三人,以自己名义成为原告或被告而进行有关他人实体权利或义务的诉讼,法院裁判的效力及于原实体权利人或义务人的制度。其意义在于通过诉讼上的授权,使本来没有诉权的人能够起诉或应诉,使本来不适格的当事人成为适格的当事人,但诉讼标的之实体权利义务仍存在于直接利害关系人的名义之下。在诉讼担当的情形下,实体权利义务主体与诉讼实施权的行使主体是分离的。诉讼担当是实体权利义务主体之外的第三人,就该实体权利起诉或应诉。能否成为争议民事诉讼法律关系上适格当事人,在于其是否享有"诉讼实施权"。以诉讼担当人享有的诉讼实施权来源于法律的直接规定或者实体法律关系主体的授权为标准,可以将诉讼担当分为两类:一类是法定的诉讼担当,另一类是任意的诉讼担当。法定的诉讼担当是指诉讼担当人是实体法律关系以外的第三人,对于他人的权利义务或法律关系有管理权,是基于实体法或诉讼法上的直接规定而产生的。法定的诉讼担当可以进一步细化为当事人型的诉讼担当、第三人型的诉讼担当。任意的诉讼担当是指非实体权利义务主体的诉讼担当人,基于实体权利义务主体的授权而取得诉讼实施权所发生的诉讼担当。这种典型的任意诉讼担当突破了适格当事人必须与争议的诉讼纠纷具有实体上的法律关系的传统认识,使得不具有实体上权利义务的当事人经授权而具有诉讼实施权或者诉的利益后,成为适格当事人。任意的诉讼担当理论改变了在当事人领域,诉讼法对实体法的附属关系,贯彻了民事权利处分原则,简化了诉讼程序,因此具有重大的理论与实践意义。世界各国对任意的诉讼担当大多采取"原则允许、例外禁止"的原则。我国无论是在立法上还是在司法实践中均不承认任意的诉讼担当。有学者认为,随着现代社会的不断发展,从方便当事人诉讼、保护民事权利、尊重当事人程序选择权的角度,可以考虑在某些特殊情况下承认诉讼担当。

---

① 王福华:《民事诉讼法学》,清华大学出版社 2012 年版,第 119~121 页。

案例 5.34→

法院判决前,一方当事人
逝世的,是否应当变更当事人?

一、案情简介

周某与赵某借款纠纷一案于 2013 年 1 月在清远市某区法院立案并开庭审理,在法院作出判决之前,原告周某因交通意外去世。

二、分歧观点

关于本案是否需要变更当事人,存在两种不同观点:

第一种观点认为,法院应当作出诉讼终结的裁定。根据我国《民事诉讼法》的规定,一方当事人死亡的,人民法院应当终结诉讼。

第二种观点认为,该案属于典型的当事人变更,应由原告周某的继承人继续进行诉讼。

三、提示与参考

当事人变更是指在诉讼过程中,根据法律的规定或基于当事人的意思,原诉讼的当事人被变更或变动为新的当事人的一种诉讼现象。当事人的变更包括法定的当事人变更和任意的当事人变更。一般认为,法定的当事人变更是指在诉讼中出现某种情况,根据法律规定所发生的当事人变动。法定的当事人变更的根据是诉讼承担。在我国民事诉讼法中,民事权利义务主体同时也是诉讼权利义务主体。如果民事权利义务主体发生转移给案外人,其诉讼权利义务主体也会随之转移给案外人。此时案外人将取代原来的民事权利义务主体在诉讼中的地位。任意的当事人变更指的是诉讼中因原诉讼当事人不适格而发生的当事人更换。我国 1982 年《中华人民共和国民事诉讼法(试行)》中规定了任意当事人变更:"起诉或应诉的人不符合当事人条件的,人民法院应当通知符合条件的当事人参加诉讼,更换不符合条件的当事人。"1991 年修订后的《中华人民共和国民事诉讼法》中取消了该制度。司法实践中往往不认可当事人变更。

第二节 第三人

案例 5.35

尹某是原告还是有独立请求权的第三人?

一、案情简介

2006年,尹某因公出国,临行前将自己所属房屋两间交邻居王某代管,言明代管3年,其间可以出租但不可出卖。3年过后,尹某也未回国,王某要去外地工作,因此又将该两间房屋出租给张某并让其代管,并向张某表明该房产权属尹某,不可出卖。此后,张某未经王某同意,将房屋卖给李某。因过户手续无法办理,李某诉至法院,要求张某立即交房并办理过户手续。诉讼中尹某回国,得知张某和李某之间正在对自己所属房屋进行诉讼,即向法院提出房屋产权归自己的主张。

二、分歧观点

关于尹某在诉讼中处于何种诉讼地位,存在两种不同的观点:

第一种观点认为,尹某在本案中是有独立请求权的第三人,因为就本案的诉讼标的——房屋的所有权,他可以主张全部的权利。根据我国《民事诉讼法》第56条的规定,对当事人双方的诉讼标的,第三人认为有独立请求权的,有权提起诉讼。

第二种观点认为,尹某在本案中应为原告。因为尹某才是房屋的真正所有权人,李某和张某的行为侵犯了尹某对房屋的所有权,其应以原告的身份向法院提起诉讼。

三、提示与参考

有独立请求权的第三人是指对原、被告争议的诉讼标的认为有独立的请求权,因而起诉参加到已开始的诉讼中来的人。民事诉讼法中规定第三人制度的目的不仅在于保障案外第三人的合法权益,还在于保障案外第三人的实体权利和程序权利。而且,第三人制度有利于发挥合并审理的作用,使有关联的数个纠纷能在一个诉讼程序内得到解决,有利于实现纠纷的一次性解决,实现诉讼经济并且有效避免矛盾判决。有独立请求权的第三人参加诉讼,必须具备以下条件:(1)他人之间的诉讼正在进行。有独立请求权的第三人之诉是在本诉之外独立的诉讼。其所参加的诉讼必须是以本诉正在进行为前提。无本诉的存在,则无有独立请求权的第三人之诉的存在。如他人之间对民事权益、经济权益有争议没有形成诉讼的,属于诉讼外的争议,诉讼外的争议如果侵害了第三人的利益,第三人有权作为原告提起诉讼。(2)对他人之间争议的诉讼标的有全部或部分可主张独立的请求权。有独立请求权的第三人在本诉中既不辅助原告也不辅助被告,他在诉讼中直接针对的是本案的原告和被告。有独立请求权的第三人又有两种情况:一种是有全部独立请求权的第三人;另一种是有部分独立请求权的第三人。至于第三人对于原诉当事人之间的诉讼标的,是否真正具有全部或者部分的独立请求权,则需在审理终结后才能确定。(3)第三人参加诉讼,必须以本诉的双方当事人为共同被告。不以双方当事人为共同被告,只以一方当事人为被告,而与另一方当事人利益一致的,则非有独立请求权的第三人。因为第三人既然对双方当事人争议的诉讼标的享有独立请求权,那么本诉当事人之间的诉讼,实质上也就是和第三人的权益发生矛盾,不论原告一方胜诉或被告一方胜诉,都会损害第三人的利益。因此,第三人参加诉讼必须针对双方当事人,对他们争议的诉讼标的,主张有独立的请求权,提出参加诉讼请求,根据《最高人民法院关于适用〈中华人民共和国民事诉讼法〉若干问题的意见》第 156 条之规定,人民法院应当合并审理。以双方当事人为共同被告,自己则处于原告的地位,享有原告的一切诉讼权利,承担原告的一切诉讼义务。有学者对有独立请求权第三人做了类型化分析,认为有独立请求权第三人可分为权利主张型和诈害防止型两种。

案例 5.36→

法院是否有权主动通知案外第三人参加诉讼?

一、案情简介

王甲与王乙系王某之子,王某 2012 年 12 月去世后留下房屋 4 间。因王乙一直在外打工,王甲便想独占该房屋。于是王甲将房屋 4 间卖给刘某,但刘某迟迟不付款。为此,王甲诉至法院要求刘某付款并付违约金。在案件审理过程中,案件主审法官发现,该 4 间房屋实为王甲与王乙共有之房屋。

二、分歧观点

关于法院是否应主动依职权通知王乙参加诉讼,存在两种不同的观点:

第一种观点认为,法院无权依职权通知王乙参加诉讼。民事诉讼尊重当事人的程序主体地位,遵循不告不理的原则,在案外第三人未主张权利的情况下,法院无权通知案外第三人参加诉讼。我国《民事诉讼法》第56条规定,对当事人双方的诉讼标的,第三人认为有独立请求权的,有权提起诉讼。可见,有独立请求权第三人应是主动参加到他人已开始的诉讼,而非依据法院通知而参加诉讼。

第二种观点认为,在本案中法院可依职权通知王乙参加诉讼。对于法院是否有权依职权通知案外第三人参加到他人已经开始的诉讼,法律并未作出明确的规定。从本案的情况看,如果法院没有告知王乙,其民事实体权利必然受到损害。若王乙知道王甲与刘某之间的诉讼时,本诉已作出判决,王乙势必再次启动诉讼程序,因同一房产引发两场甚至更多的诉讼,显然不符合诉讼经济的目的。因此,应当赋予法院依职权通知案外第三人参加到他人已经开始的诉讼中,不仅有利于纠纷的彻底解决,同时能节约有限的司法资源。

案例 5.37

有独立请求权第三人是否有权提出管辖权异议?

一、案情简介

2012年8月甲与乙就一古董签订买卖协议,该协议约定,如果发生争议可由丁地法院管辖。后乙未如期交付古董款项,甲便诉至丁地法院。在诉讼过程中,丙向丁地法院声称古董属自己所有,主张对古董的所有权。但对本诉的提出管辖权异议,认为应当由丙住所地的某区法院管辖该案。

二、分歧观点

关于有独立请求权的第三人是否有权提出管辖权异议,存在两种不同的观点:

第一种观点认为,有独立请求权的第三人有权提出管辖权异议。因为,有独立请求权的第三人在诉讼中的地位类似于原告,并且其是参加到他人已经开始的诉讼中,其对管辖的选择权受到了限制,为了维护当事人的合法权益,防止本诉的双方当事人利用诉讼损害案外第三人的利益,应当赋予有独立请求权的第三人提出管辖权异议的权利。

第二种观点认为,有独立请求权的第三人无权提出管辖权异议。首先,依据最高人民法院《关于第三人能否对管辖权提出异议问题的批复》的相关规定,有独立请求权的第三人主动参加到他人已经开始的诉讼中去,应视为承认和接受了受诉法院的管辖,因此不发生对管辖权提出异议的问题;如果是受诉法院依职权通知他参加诉讼,则他有权选择以有独立请求权的第三人身份参加诉讼,这时他有权提出管辖权异议;若是他选择以原告身份向其他法院另行起诉,则其诉讼地位就是原告,自然就不存在提出管辖权异议的问题。其次,无独立请求权的第三人参加他人已开始的诉讼,是通过支持一方当事人的主张以维护自己的利益。法院对案件有无管辖权,是依据原告、被告之间的诉讼而确定的,无独立请求权的第三人既非原告,又非被告,无权行使本诉当事人的诉讼权利,所以无权提出管辖权异议。

三、提示与参考

有关有独立请求权的第三人是否有权提出管辖权异议,我国民事诉讼立法未作出明确的规定,鉴于立法模糊的状况,学者们提出了不同的见解。在司法实践中,有权提出管辖权异议的是被告,原告或者第三人无权提出管辖权异议。

案例 5.38→

有独立请求权的第三人,并未申请参加已经开始的本诉,
而是直接向其他法院提起诉讼,对于此种状况应如何处理?

一、案情简介

甲有两子乙和丙,甲死亡后留有住房3间。乙乘丙长期外出之机,将3间房屋卖给丁,后因支付房款发生纠纷,乙将丁诉至A区人民法院。在诉讼过程中,丙知道了这一情况后并未向某区法院申请参加诉讼,而是以乙为被告向房屋所在地的B区人民法院提起诉讼。

二、分歧观点

在本案中,丙作为有独立请求权的第三人,并未申请参加已经开始的本

诉,而是直接向 B 区人民法院提起诉讼,对于此种状况应如何处理,存在两种不同的观点:

第一种观点认为,B 区人民法院对丙提起的诉讼作出不予受理的裁定,并告知丙参加乙、丁已经开始的诉讼。丙在明知乙、丁诉讼的情况下没有申请参加本诉而是向其他法院提起诉讼,有违诉讼效益,不利于数个关联纠纷的一次性解决。丙的行为有可能会导致针对同一房产矛盾判决的出现,不利于社会秩序稳定。

第二种观点认为,B 区人民法院应当受理丙提起的诉讼,并向 A 区人民法院通报案件情况。丙的起诉符合民事诉讼法对起诉条件的规定,B 区人民法院应当受理该诉讼。由于与该诉讼标的相关联的诉讼正在其他法院进行,为了保证裁判的一致性和稳定性,B 区人民法院有必要向 A 区人民法院通报案件情况。

案例 5.39

撤销权诉讼中,受益人或者受让人是否为第三人?

一、案情简介

2005 年 6 月至 9 月间,被告吴某先后向原告王某借款共计人民币 50000 元,2006 年 9 月 20 日原告王某以吴某为被告,以民间借贷纠纷为案由向法院起诉。法院依法审理后作出民事判决,该判决主文为:"一、由被告吴某归还原告王某借款人民币 50000 元,限判决生效后十日内付清。"案件判决后,被告吴某未履行其还款义务,反而于 2006 年 10 月 12 日与其朋友陈某签订了赠与协议,约定将其名下两间店面无偿赠与陈某,并于 2006 年 10 月 23 日在房产登记机构办理了变更登记。2007 年 3 月 31 日原告王某诉称,被告吴某、陈某之间赠与行为完全置法律于不顾,严重侵害了原告的合法权利,请求撤销被告吴某、陈某于 2006 年 9 月 20 日签订的赠与协议,以保障原告债权得以执行。

二、分歧观点

关于陈某在诉讼中地位,存在两种不同的观点:

第一种观点认为,陈某在诉讼中与吴某同为被告。本案被告吴某系已生效判决中的债务人,应对原告积极履行还款义务。被告在原告起诉追偿欠款过程中,将其名下房产赠与陈某,其主观恶意明显,逃避债务明确;吴某和陈某之间的赠与行为给原告造成损害,使王某的债权难以实现,因此陈某和吴某为撤销权之诉中的共同被告。

第二种观点认为,陈某在诉讼中处于第三人地位。根据《最高人民法院关于适用〈中华人民共和国合同法〉若干问题的解释(一)》第24条规定:"债权人依照第七十四条规定提起撤销权诉讼时只以债务人为被告,未将受益人或者受让人列为第三人的,人民法院可以追加该受益人或受让人为第三人。"

三、提示与参考

所谓撤销权(也称废罢诉权),是指当债务人放弃债务,实施无偿或低价处分财产的行为而有害于债权人的债务时,债权人可以依法请求法院撤销债权人所实施的行为。依据我国民事实体法的规定,撤销权的行使只能以诉讼的方式,其主要目的是防止债权人滥用撤销权而影响债务人和第三人的权利,其中,撤销权诉讼之当事人问题、举证责任和撤销权行使范围等问题尚存争议。谈及当事人问题这里就涉及债权人、债务人、受益人和受让人在诉讼中的当事人地位,是被告还是第三人,是有独立请求权的第三人还是无独立请求权的第三人。

案例 5.40→

未成立的合伙组织的成员,在涉及合伙事务的纠纷中是否为适格当事人?

一、案情简介

甲、乙、丙、丁拟设立一家商贸公司,就设立事宜分工负责,其中丙负责租赁公司运营所需仓库。因公司尚未成立,丙为方便签订合同,遂以自己名义与戊签订仓库租赁合同。后因公司未成立,丙向法院起诉要求解除与戊签订的仓库租赁合同。戊申请法院追加甲、乙、丁为第三人。

二、分歧观点

关于甲、乙、丁在诉讼中的地位,存在两种不同的观点:

第一种观点认为,甲、乙、丁在诉讼中处于第三人的地位。案件的处理结果同甲、乙、丁之间存有法律上的利害关系。

第二种观点认为,甲、乙、丁在本案中为共同被告。因为,丙所为之行为系代表甲、乙、丁所为,甲、乙、丁为本案的共同被告。

案例 5.41→

在本诉撤诉的情况下,
有独立请求权的第三人参加之诉是否随之终结?

一、案情简介

乙、丙共有住房 3 间。乙乘丙长期外出之机,将 3 间房屋卖给甲,后因支付房款发生纠纷,乙将甲诉至法院。在诉讼过程中,丙知道了这一情况,要求参加诉讼。在案件审理过程中乙和甲达成了和解协议,向法院申请撤销并获得准许。

二、分歧观点

在本诉撤诉的情况下,有独立请求权的第三人参加之诉是否随之终结,存在两种不同的观点:

第一种观点认为,在本诉撤销的情况下,有独立请求权的第三人参加之诉随之终结。因为有独立请求权的第三人参加诉讼的依据是对本诉争议的诉讼标的享有部分或全部的请求权,有独立请求权的第三人参加之诉以本诉存在为前提条件,既然本诉已经撤诉,那么有独立请求权的第三人参加之诉也随之终结。《最高人民法院关于适用〈中华人民共和国民事诉讼法〉若干问题的意见》规定:有独立请求权的第三人参加诉讼后,原告申请撤诉,人民法院在准许原告撤诉后,有独立请求权的第三人作为另案原告,原案原告、被告作为另案被告,诉讼另行进行。

第二种观点认为,有独立请求权的第三人参加诉讼的依据是对本诉争议的诉讼标的享有部分或全部的请求权,是以本诉的原告和被告为被告的。本诉撤诉之后,有独立请求权的第三人与本诉原告、被告之间的争议并未结束,法院应继续审理有独立请求权的第三人参加之诉。在实践中,有独立请求权的第三人参加诉讼的理由一般是原告、被告之间的诉讼侵犯了其民事经济权益,即无论原告胜诉还是被告胜诉都将损害其权益。因此,有独立请求权的第三人参加的诉讼中实际上有两个诉:一个是本诉,即原、被告之间的诉;一个是参加之诉,它由有独立请求权的第三人提起,以本诉中的原告和被告作为被告。有人认为有独立请求权的第三人是以原告和被告为"共同被告"提起诉讼。有独立请求权的第三人参加到他人已经开始的诉讼中去,其身份既不是本诉的原告,也不是本诉的被告,而是其所提起的参加之诉的原告,有独立请求权的第三人参加诉讼后,实际上形成了两个独立之诉的合并审理:一是原告与被告之间已经开始但尚未结束的本诉;二是有独立请求权的第三人与本诉原告与被告之间的参加之诉。因此,有独立请求权的第三人实际上处于参加之诉的原告地位。由于有独立请求权的第三人参加诉讼后,即形成本诉(原告诉被告)与有独立请求权的第三人参加之诉(有独立请求权的第三人以本诉原告与被告为被告)的合并审理,虽然有独立请求权的第三人参加之诉是以本诉为前提与基础的,但是这并不能改变两个诉所具有的独立性,本诉原告与有独立请求权的第三人均可以独立地行使属于原告的全部诉讼权利。由此可见,有独立请求权的第三人有权撤销参加之诉,而本诉的原告也可在有独立请求权的第三人参加诉讼后,撤销本诉。本诉撤销时,参加之诉不受影响。

案例 5.42→

雇工在履行职务行为发生纠纷时,是诉讼中的一方当事人还是第三人?

一、案情简介

某晚,司机张某驾驶自己的轿车,撞伤一过路的 9 岁小孩佳佳。佳佳因全身多处骨折,住院 3 个月,花去医疗费 25865 元。佳佳的父母准备起诉至法院。司机张某是甲运输公司职工,在执行公司运输任务时撞伤佳佳。

二、分歧观点

关于张某在本案中的诉讼地位,存在两种不同的观点:

第一种观点认为,张某是共同被告,属于必要的共同诉讼。因为诉讼标的是一个,即赔偿因汽车肇事给被害人造成的经济损失。被告张某驾车肇事是在执行职务中发生的,他所在单位甲公司对经济赔偿应负连带责任,因而张某与甲公司是共同被告。

第二种观点认为,张某应是无独立请求权第三人。因张某与本案的处理结果有法律上的利害关系:公司胜诉,张某不用承担任何责任;公司败诉,张某则应承担一定责任。至于其承担何种责任,由公司根据张某的具体情况决定。

三、提示与参考

民事诉讼当事人制度,除了原被告双方当事人之外,还创设了第三人制度,而该第三人制度是民事诉讼当事人制度的重要内容。在第三人制度中将第三人分成两类:一类是有独立请求权的第三人,另一类是无独立请求权的第三人。无独立请求权第三人是指,对于已经进行的诉讼,就其当事人之间的诉讼标的,虽然没有独立的请求权利,但是案件处理的结果与其有法律上的利害关系,为了维护自己的利益参加到当事人一方进行诉讼的人。由于我国《民事诉讼法》规定得不严密,致使第三人制度存在很大的问题,尤其是无独立请求权第三人制度在司法实践中存在较为严重的缺憾。

案例 5.43→

代位权诉讼中,债务人是被告还是第三人?

一、案情简介①

2000年6月2日,牟某驾车与贾某驾驶的三厢轿车相撞受重伤,经抢救无效死亡。交警部门认定贾某负事故的同等责任。2001年5月24日,牟某之妻万某以车主贾某为被告向法院提起人身损害赔偿之诉,法院于8月30日判令贾某赔偿万某等人各类款项6万余元。判决生效后,贾某因经济状况较差未履行。2002年1月11日,万某以保险公司为被告提起诉讼,认为贾某在保险公司投有车辆保险,现在其既不履行生效判决,也不积极向保险公司主张保险赔偿金。依据合同法的有关规定,要求代位行使贾某对保险公司的债权。法院查明,2000年3月30日贾某与保险公司签订了车辆保险合同。事故发生后,贾某于6月3日通知了保险公司,7月10日与保险公司签订了车辆损失情况确认书,但始终没有行使保险赔偿请求权。

---

① 案例来源于:http://www.110.com/ziliao/article-16181.html,访问日期:2013年4月5日。

二、分歧观点

关于贾某在代位权诉讼中的诉讼地位,存在两种不同的观点:

第一种观点认为,贾某在代位权诉讼中处于无独立请求权的第三人的地位。贾某对保险公司提起的代位权诉讼,贾某并不是本案的当事人,但案件的处理结果同他有法律上的利害关系,如果万某胜诉,贾某不再承担任何责任。如果万某败诉,贾某将承担全部责任。《最高人民法院关于适用〈中华人民共和国合同法〉若干问题的解释(一)》第 16 条第 1 款规定:"债权人以次债务人为被告向人民法院提起代位权诉讼,未将债务人列为第三人的,人民法院可以追加债务人为第三人。"

第二种观点认为,贾某在诉讼中处于被告地位。因为贾某未向保险公司积极主张保险责任,致使万某的损害一直未得到赔偿,因此,应与保险公司为共同被告。

三、提示与参考

代位权诉讼与撤销权诉讼同为保护债的保全措施,根据我国《合同法》的规定,因债务人怠于行使其债权,对债权人造成损害的,债权人可以向人民法院请求以自己的名义代位行使债务人的债权,但该债权专属于债务人自身的除外。代位权的行使范围以债权人的债权为限。债权人行使代位权的费用,由债务人负担。代位权诉讼是指当债务人怠于行使债务追索权时,债权人直接起诉债务人的债务人,并要求其还债的一种诉讼活动。学者们对代位权诉讼中债务人的诉讼地位问题也进行了广泛的讨论。主要有以下几种观点:(1)债务人为有独立请求权的第三人。(2)债务人以无独立请求权的第三人参加诉讼。(3)应当将债务人列为共同原告。(4)在代位权诉讼中,债务人只能充当证人。

案例 5.44→

连环购销合同中的,已履行义务的合同当事人是否为无独立请求权的第三人?

一、案情简介

甲公司和乙公司之间签订化工产品买卖合同。后来乙公司把从甲公司买到的一批化工产品卖给丙公司,丙公司在使用过程中发现该批化工产品存在质量问题,以乙公司为被告提起民事诉讼。此时甲公司申请参加诉讼。

二、分歧观点

关于甲公司在诉讼中的地位,存在两种不同的观点:

第一种观点认为,甲公司在诉讼中处于被告地位。发生质量问题的化工产品是乙公司从甲公司处购得的,如果乙公司胜诉,甲公司不用承担任何责任;如果乙公司败诉,甲公司则应承担一定责任。甲公司和乙公司之间存在利益连带关系,因此两者同为本诉的被告。

第二种观点认为,甲公司在诉讼中处于无独立请求权的第三人的地位。根据合同相对性原则,本诉争议的诉讼标的是乙公司与丙公司之间的合同纠纷,根据当事人识别标准,本诉的当事人应当是乙公司和丙公司。而甲公司作为化工产品的供货公司,虽然与本诉没有直接的联系,但案件的处理结果会涉及甲公司的权利义务,根据民事诉讼法的规定,对当事人双方的诉讼标的,第三人虽然没有独立请求权,但案件处理结果同他有法律上的利害关系的,可以无独立请求权的第三人的身份参加本诉。

案例 5.45

陈某是被告还是无独立请求权的第三人?

一、案情简介

2005年6月5日,1988年7月21日出生的小龙,因寰宇公司的公交车司机张某紧急刹车而受伤,花去若干医疗费。2006年2月小龙伤愈继续上学,写了授权委托书给其父李某,让他代理其提起诉讼。李某于2006年3月对寰宇公司及其司机张某提起了诉讼,要求寰宇公司和张某承担违约责任,要求赔偿医疗费、护理费、误工费等各项费用共2.8万元。本案被告在答辩中认为,司机紧急刹车是因为行人陈某违章过路引起,责任应当由陈某承担,因此要求陈某参加诉讼。

二、分歧观点

关于陈某在诉讼中的地位,存在两种不同的观点:

第一种观点认为,陈某在案件中处于无独立请求权的第三人的地位。因陈某违章过马路的行为导致司机紧急刹车,进而造成小龙受伤。造成小龙受伤的直接原因是司机的紧急刹车,陈某违章过马路的行为是导致司机紧急刹车的原因。根据当事人的识别标准,寰宇公司与小龙之间存在直接的利害关系,陈某对于寰宇公司与小龙之间争议的诉讼标的并无独立的请求权,因此,其为无独立请求权的第三人。

第二种观点认为,陈某为本案的共同被告。在本案中,陈某违章过马路的行为和寰宇公司司机紧急刹车的行为共同造成了小龙的伤害,根据我国《侵权责任法》第8条的规定:"二人以上共同实施侵权行为,造成他人损害的,应当承担连带责任。"因此本案适格的被告为陈某和寰宇公司。

案例 5.46→

已经提供符合法律规定的产品的合同主体,能否作为无独立请求权的第三人通知其参加诉讼?

一、案情简介

红叶公司和大海公司之间签订空调买卖合同。后来红叶公司把从大海公司买到的一批空调卖给长江公司,长江公司在使用过程中发现该批空调存在质量问题,以红叶公司为被告提起民事诉讼。在案件审理过程中,红叶公司提交了由大海公司提供的空调质检报告。该报告显示大海公司供货给红叶公司的空调符合国家对空调的质量,要求长江公司申请大海公司参加诉讼。

二、分歧观点

关于大海公司在诉讼中的地位,存在两种不同的观点:

第一种观点认为,大海公司在诉讼中处于无独立请求权第三人的地位。根据合同相对性原则,本诉争议的诉讼标的是长江公司与红叶公司之间的合同纠纷,根据当事人识别标准,本诉的当事人应当是长江公司和红叶公司。而大海公司作为空调的供货公司,虽然与本诉没有直接的联系,但案件的处理结果会涉及大海公司的权利义务,根据民事诉讼法的规定,对当事人双方的诉讼标的,第三人虽然没有独立请求权,但案件处理结果同他有法律上的利害关系的,可以无独立请求权的第三人的身份参加本诉。

第二种观点认为,大海公司并不是本案的当事人,其无须参加诉讼。根据

《最高人民法院关于在经济审判工作中严格执行〈中华人民共和国民事诉讼法〉的若干规定》第 10 条的规定:"人民法院在审理产品质量纠纷案件中,对原被告之间法律关系以外的人,证据已证明其已经提供了合同约定或者符合法律规定的产品的,或者案件中的当事人未在规定的质量异议期内提出异议的,或者作为收货方已经认可该产品质量的,不得作为无独立请求权的第三人通知其参加诉讼。"

案例 5.47→

用人单位招用尚未解除劳动合同的劳动者,原用人单位与劳动者发生的劳动争议,是否列新的用人单位为第三人?

一、案情简介

唐某作为技术人员参与了甲公司的一项新产品研发,并与该公司签订了为期两年的服务与保密合同。合同履行一年后,唐某被甲公司的竞争对手乙公司高薪挖走,负责开发类似的产品。甲公司起诉至法院,要求唐某承担违约责任并保守其原知晓的产品,并申请将乙公司列为第三人。

二、分歧观点

关于乙公司在诉讼中是否应列为第三人,存在两种不同的观点:

第一种观点认为,乙公司在诉讼中属于被告型的无独立请求权的第三人,根据《最高人民法院关于审理劳动争议案件适用法律若干问题的解释(一)》第 11 条的规定:"用人单位招用尚未解除劳动合同的劳动者,原用人单位与劳动者发生的劳动争议,可以列新的用人单位为第三人。"由于乙公司对本诉不能主张部分或全部的请求权,但案件的处理结果同他有法律上的利害关系,因此其应为无独立请求权的第三人。

第二种观点认为,乙公司并不是本案的当事人。乙公司与甲公司同唐某之间的劳动争议无任何实体法上的关系,将乙公司拉入诉讼,无疑扩大纠纷的范围,不利于社会管辖的稳定。

三、提示与参考

无独立请求权第三人制度无论是在民事诉讼立法上还是在司法实践中均存有较大争议。学者或从扩大无独立请求权第三人制度的适用以利于诉讼经济,或从限制滥用无独立请求权第三人制度以保障其诉讼主体地位的不同角度着眼,对法律和司法解释不断再解释,以致对无独立请求权第三人制度的一些关键问题,未获得共识。关于无独立请求权的第三人的类型问题,存有不同的观点。有学者认为①,根据我国民事诉讼的规定及司法实践,无独立请求权的第三人可以划分为两种类型:一是辅助本诉一方当事人的无独立请求权的第三人,即辅助型第三人;二是独立承担民事责任的无独立请求权的第三人,即被告型第三人。辅助型第三人是指对已经开始的诉讼有法律上的利害关系的第三人,为辅助一方当事人胜诉并为保护自己的利益,在诉讼过程中申请参加到该诉讼中来的人。被告型第三人指的是由于要在实体法上承担民事责任,该第三人与他人之间的法律关系实际上已经成为诉讼标的,是法院审理和判断的对象。有学者②则认为,我国无独立请求权的第三人相当一部分可以用诉的合并方式产生的"第三方当事人"制度来处理,赋予第三人独立的当事人地位;而在诉讼一开始就不准备让案外的第三人承担民事责任或享有民事权利的案件,可以通过辅助参加的方式解决。用这一方法,把无独立请求权的第三人分解为独立当事人(准独立当事人)和辅助参加人,并且准独立当事人之诉(第三人之诉)应成为解决我国无独立请求权第三人问题的主要方式。

  关于何谓"利害关系"也是理论界争议的焦点之一,有学者认为:"法律上的利害关系是指与本诉争议的法律关系存在牵连的一种权利义务关系,这种法律上的牵连具体包括以下几层含义:第一,两个法律关系的主体有牵连。即其中同一主体分别涉及了两个不同的法律关系,并且这两个法律关系之间有特定的联系。其中一个法律关系发生争议涉讼时,可能牵连另一法律关系的主体。第二,权利义务的牵连。仅仅有主体牵连,并不一定成为无独立请求权第三人,还必须有权利义务的牵连,即法律关系内容有牵连。第三,法律事实或标的物的牵连。两个法律关系的标的物有牵连,甚至是同一标的物。或者两个法律关系的各自争议都与同一法律事实相关联。"③诉讼实务中,有"法律上的利害关系"的几种常见类型,如:(1)连环合同中因标的物质量引起的诉讼;(2)因使用购买的原材料加工成品而引起的纠纷;(3)因三角债引起的欠款

---

  ① 王福华:《民事诉讼法学》,清华大学出版社 2012 年版,第 138~139 页。
  ② 肖建华:《论我国无独立请求权第三人制度的重构》,载《政法论坛》2000 年第 1 期。
  ③ 廖永安:《论民事诉讼中无独立请求权的第三人》,载《湖南省政法管理干部学院学报》第 17 卷 2001 年第 3 期。

纠纷;(4)因缺陷产品引起的侵权诉讼;(5)撤销权诉讼中的第三人;(6)合同转让中的第三人;(7)保证合同中的第三人等,均是义务性的。①《最高人民法院关于适用〈中华人民共和国合同法〉若干问题的解释(一)》中对可列为第三人的情形进行了列举:(1)债权人以次债务人为被告向人民法院提起代位权诉讼,未将债务人列为第三人的,人民法院可以追加债务人为第三人。(2)债权人依照《合同法》第74条的规定提起撤销权诉讼时只以债务人为被告,未将受益人或者受让人列为第三人的,人民法院可以追加该受益人或者受让人为第三人。(3)债权人转让合同权利后,债务人与受让人之间因履行合同发生纠纷诉至人民法院,债务人对债权人的权利提出抗辩的,可以将债权人列为第三人。经债权人同意,债务人转移合同义务后,受让人与债权人之间因履行合同发生纠纷诉至人民法院,受让人就债务人对债权人的权利提出抗辩的,可以将债务人列为第三人。合同当事人一方经对方同意将其在合同中的权利义务一并转让给受让人,对方与受让人因履行合同发生纠纷诉至人民法院,对方就合同权利义务提出抗辩的,可以将出让方列为第三人。

案例 5.48→

无独立请求权的第三人是否有权提出管辖权异议?

一、案情简介

甲县的电热毯厂生产了一批电热毯,与乙县的昌盛贸易公司在丙县签订了一份买卖该批电热毯的合同。丁县的居民张三在出差到乙县时从昌盛贸易公司购买了一条该批次的电热毯,后在使用过程中电热毯由于质量问题引起火灾,烧毁了张三的房屋。张三以昌盛贸易公司为被告提起诉讼,并申请追加电热毯厂为无独立请求权第三人。电毯厂到庭应诉,并提出了管辖权异议。

二、分歧观点

关于无独立请求权的第三人是否有权提出管辖权异议,存在两种不同的观点:

---

① 董国庆、易斌:《无独立请求权第三人若干问题探微》,中国民商法律网,访问日期:2013年6月13日。

第一种观点认为,作为无独立请求权的第三人参加诉讼后,当被告败诉后,法院将直接追究第三人的民事责任。在此参加之诉中,无独立请求权并承担责任的第三人的诉讼地位实为被告,因此应当允许第三人对参加之诉的管辖权提出异议。

第二种观点认为,无独立请求权的第三人无权提出管辖权异议。根据《最高人民法院关于适用〈中华人民共和国民事诉讼法〉若干问题的意见》第 66 条的规定,在诉讼中,无独立请求权的第三人有当事人的诉讼权利义务,判决承担民事责任的无独立请求权的第三人有权提出上诉。但该第三人在一审中无权对案件的管辖权提出异议,无权放弃、变更诉讼请求或者申请撤诉。本案中,电毯厂的诉讼地位为无独立请求权第三人。法院对案件有无管辖权,是依据原、被告之间的诉讼而确定的,无独立请求权作为诉讼参加人无权行使本诉当事人的诉讼权利,无权提出管辖权异议。

三、提示与参考

无独立请求权的第三人的诉讼地位问题,一直是理论上争议最大的问题之一,尽管我国民事诉讼法学界对这一问题讨论了多年,但至今未形成统一的看法。不同的学者站在不同的角度对该问题发表了不同的观点:(1)无独立请求权的第三人不是当事人,即非当事人说。持此说的学者认为,第三人享有独立的诉讼地位,但仅仅是在诉讼中起到辅助一方当事人进行诉讼的作用,虽然其同民事诉讼争议的标的具有利害关系,他也只能享有一种独立的辅助作用,除此以外不再有任何其他的权利。无论如何无独立请求权的第三人既不能像原告一样有权变更、放弃诉讼请求、申请撤诉,也不能像被告一样有权提出管辖权异议和反诉。法律规定的无独立请求权第三人有当事人的某些权利义务,但并非当事人。类似的情况在国外也不叫当事人,而称为准当事人或从当事人。(2)无独立请求权第三人是当事人,可以归纳为广义当事人说,诉讼第三人享有同民事诉讼两造完全相同的民事诉讼权利,不以有无独立的诉讼请求来区分诉讼第三人,只要是同民事争议有利害关系的第三人都享有和争议双方相同的权利,承担相同的义务。从我国《民事诉讼法》立法体系上来看,无独立请求权的第三人是与原告、被告一起规定在第五章"诉讼参加人"第一节"当事人"中,可以说我国立法是将无独立请求权的第三人作为当事人的。(3)无独立请求权诉讼第三人仅仅是被告,即狭义当事人说,也就是说,无独立请求权的第三人参加到民事诉讼中去,只能以被告的身份参加,他的权利义务同被告是联系在一起的。(4)该诉讼第三人是不确定的当事人,即不确定说。无独立请求权的第三人参加到民事诉讼中,如果承担了民事责任,则享有当事人的权利义务,如果法院没有判决其承担民事责任,则不享有当事人地位,此种观点即是严格依照法律规定所得出来的。

案例 5.49→

无独立请求权第三人是否有权参加案件的调解?

一、案情简介

在原告甲公司与被告乙公司的债务纠纷中,丙作为无独立请求权的第三人参加了诉讼。在案件审理过程中,甲公司与乙公司在法院的主持下,达成了调解协议,并制作了调解书。丙在调解途中退出,并且拒绝签收调解协议。

二、分歧观点

关于丙是否有权参加案件的调解,存在两种不同的观点:

第一种观点认为,无独立请求权的第三人无权参加本诉的调解。无独立请求权的第三人并不是本诉的当事人,参与调解并达成调解协议是本诉当事人才享有的诉讼权利。而且无独立请求权的第三人对本诉的诉讼标的无独立的请求权,涉及本诉的调解活动与无独立请求权的第三人无实体上的权利义务关系。因此,无独立请求权的第三人无权参加本诉的调解。

第二种观点认为,无独立请求权第三人是否参加本诉的调解,视情况而定。根据《最高人民法院关于适用〈中华人民共和国民事诉讼法〉若干问题的意见》第 97 条的规定,无独立请求权的第三人参加诉讼的案件,人民法院调解时需要确定无独立请求权的第三人承担义务的,应经第三人的同意,调解书应当同时送达第三人。第三人在调解书送达前反悔的,人民法院应当及时判决。也就是说如果无独立请求权第三人不需要在案件中承担义务,在原、被告自愿同意调解的情况下,法院可以予以调解。如果案件本身不需要第三人承担义务,但是调解协议存在损害第三人利益的内容的情况下,法院也不应予以调解。

案例 5.50→

无独立请求权第三人是否有权申请回避？

一、案情简介

在原告江山公司与被告通汇公司的货物买卖纠纷中，刘某作为无独立请求权的第三人参加了诉讼。在案件审理过程中，刘某发现本案的审判员张某与其系邻居，两者曾经发生过口角。遂向法院提出回避申请，申请审判员张某回避。

二、分歧观点

关于刘某作为无独立请求权的第三人是否有权申请回避，存在两种不同的观点：

第一种观点认为，刘某作为无独立请求权的第三人有权申请审判人员回避。民事诉讼中设置回避制度的主要目的是为了维护审判的公正。无独立请求权第三人虽然对本诉的诉讼标的无独立的请求权，但同案件的处理结果有法律上的利害关系，为了保障无独立请求权的第三人的合法权益，维护审判公正，有必要赋予无独立请求权的第三人申请审判人员回避的权利。

第二种观点认为，刘某作为无独立请求权的第三人无权申请审判人员回避。一般认为，在民事诉讼中有权提出回避的申请的仅限于当事人。而无独立请求权的第三人并不是本诉的当事人，故其无权提出回避申请。

案例 5.51→

根据离婚协议获得房产后，一方当事人反悔的，受让人能否作为第三人参加诉讼？

一、案情简介

原告刘女与被告张男原本为夫妻关系，因为感情不和于 2011 年 3 月 4 日在某区民政局办理了离婚手续，当时两人签订了一份离婚协议。依据该离婚协议的约定，被告张男名下的一栋房产过户给妻子刘女和儿子张小男，因为被告至今没有对房产进行过户，遂原告起诉到法院，在法院受理后,被告张男出具一份书面文件,载明愿意将此房产过户到妻子名下。

二、分歧观点

在本案审理过程中,对于是否应追加儿子张小男为诉讼第三人,存在以下两种观点:

第一种观点认为,本案应该追加儿子张小男为诉讼第三人。因为根据原、被告所签离婚协议,房屋应为刘女与张小男共有。现张男将房屋完全过户到刘某名下,侵犯了张小男对共有房屋的所有权,因此,其与本案诉讼标的有直接的利益关系,应追加其为诉讼第三人。

第二种观点认为,本案不应该追加儿子张小男为诉讼第三人。因为本诉所争议之房产目前尚未过户,房屋所有权人仍为张男,现张男出具书面文件对其房产的所有权进行再次处分,系其个人行为,与张小男无法律上的利害关系。因此其不属于无独立请求权的第三人。

案例 5.52→

合同权利义务转移后,原合同主体能否作为第三人参加关于合同的诉讼?

一、案情简介

2009年2月,甲公司与乙公司签订施工合同,约定由乙公司为甲公司建房一栋。乙公司与丙公司签订《内部承包协议》,约定由丙公司承包建设该楼房并承担全部经济和法律责任,乙公司收取丙公司支付的工程价款总额5%的管理费。丙公司实际施工至主体封顶。2004年1月,乙公司向法院起诉请求甲公司支付拖欠工程款并解除施工合同。丙公司也申请参加诉讼。

二、分歧观点

关于丙公司在本案中的诉讼地位,存在两种不同的观点:

第一种观点认为,丙公司才是本案适格的当事人。因为,在本案中乙公司已将它的合同权利和义务概括转移给了第三方——丙公司。根据诉讼担当理论,丙公司才是本案适格的当事人。

第二种观点认为,丙公司在本案中居于无独立请求权的第三人的地位。虽然丙公司对于本诉无独立的请求权,但案件的处理结果同它有法律上的利害关系。乙公司与甲公司的诉讼结果直接关系到丙公司能否收到工程款。

案例 5.53→

法院是否有权判决无独立请求权的第三人承担民事责任

一、案情简介①

原告雷某于 2004 年 8 月 12 日向法院起诉称,其受被告杭州某公司之雇从事房屋装修,因工摔伤,经法医鉴定为一级伤残,请求法院判令被告杭州某公司承担医疗、误工、精神损害抚慰金等费用。法院在审理过程中,认定被告杭州某公司并不是雷某的雇主,章某才是原告雷某的雇主,于是追加章某作为第三人参加诉讼。第三人章某答辩称,其与原告之间不存在义务关系,作为被告杭州某公司也没有主张要求第三人来承担责任,因此,其作为第三人系主体不适格,请求法院不要求其继续参加诉讼。法院经审理认定第三人章某系涉案工程实际承包人,应承担赔偿责任。遂判决:(1)第三人章某赔偿原告雷某医疗费、误工费、精神损害抚慰金等共计 415810 元;(2)被告杭州某公司对第三人章某应支付的上述赔偿款项承担连带赔偿责任。

二、分歧观点

关于法院是否有权判决无独立请求权的第三人承担民事责任,存在两种不同的观点:

第一种观点认为,法院有权判决无独立请求权的第三人承担责任。根据我国《民事诉讼法》第 56 条第 2 款的规定,对当事人双方的诉讼标的,第三人虽然没有独立请求权,但案件处理结果同他有法律上的利害关系的,可以申请参加诉讼,或者由人民法院通知他参加诉讼。人民法院判决承担民事责任的第三人,有当事人的诉讼权利义务。由此可知,法院有权判决无独立请求权第三人承担民事责任。第三人制度是以同一诉讼程序合并审理与本案有一定关联的案件或法律关系,是

---

① 案例来源于:http://www.civillaw.com.cn/Article/default.asp?id=44641,访问日期:2013 年 5 月 7 日。

以诉讼经济为宗旨的同案合并审理实体上关联的案件或法律关系的便捷程序制度。因此，法院判决无独立请求权的第三人承担民事责任，以达到一次诉讼解决两个甚至更多纠纷的目的，有利于纠纷的合理解决并避免裁判上的差异。

第二种观点认为，法院无权判决无独立请求权的第三人承担责任。民事诉讼法中关于判决第三人承担民事责任的法律规定存在逻辑错误。从程序正义的角度来看，一个诉讼主体若无当事人的诉讼权利，即不完全享有当事人的举证、辩论、反诉等权利的情况下，被判令承担民事责任，并要求其接受裁判的约束，这与程序保障的要求是相冲突的。在无独立请求权第三人无法向当事人一样提出诉讼请求、提出实体抗辩和请求权的情况下，法院就判决第三人承担责任就可能在实体上造成对无独立请求权的第三人权利的漠视。我国诉讼制度实行二审终审制度，若按照此规定，则等于剥夺了无独立请求权的第三人的上诉权利及其审级利益，对于无独立请求权的第三人而言，民事诉讼不是实行"二审终审"，而是"一审终审"的不利后果，违背了诉讼当事人诉讼地位平等的原则。这严重打击了无独立请求权的第三人参加诉讼的积极性，造成无独立请求权的第三人消极怠诉。

第三节 多数人诉讼

案例 5.54

合伙组织和合伙人谁是适格的当事人？

一、案情简介

甄某、乔某、雷某商量合伙开设餐馆，并起了字号。由甄某负责领取营业执照并担任负责人，乔某负责租赁房屋。乔某找到王某，协议租赁王某私有住房两间，每月租金1000元，约定按月支付。餐馆经营6个月后，因经营管理不善，亏损较大，不能按合同约定支付租金。王某找乔某交涉，要求乔某按合同约定支付租金，乔某以自己不是餐馆负责人为由拒绝了王某的要求。王某又找甄某交涉，甄某表示没有履行合同的能力。于是王某起诉到法院。

二、分歧观点

关于谁是本案的适格当事人，存在两种不同的观点：

第一种观点认为,本案的适格当事人为合伙组织。1988年1月26日最高人民法院审判委员会讨论通过的《关于贯彻执行〈中华人民共和国民法通则〉若干问题的意见(试行)》第45条明确规定:"起字号的个人合伙,在民事诉讼中,应当以依法核准登记的字号为诉讼当事人,并由合伙负责人当诉讼代表人。合伙负责人的诉讼行为,对全体合伙人发生法律效力。未起字号的个人合伙,合伙人在民事诉讼中为共同诉讼人。合伙人人数众多的,可以推举诉讼代表人参加诉讼,诉讼代表人的诉讼行为,对全体合伙人发生法律效力。推举诉讼代表人,应当办理书面手续。"依此司法解释,起字号的个人合伙,其个人合伙组织可以作为民事诉讼当事人;未起字号的个人合伙就不可以作为民事诉讼当事人。

第二种观点认为,本案的适格当事人为甄某、乔某、雷某。其法律依据是最高人民法院于1992年7月14日下发的《关于适用〈中华人民共和国民事诉讼法〉若干问题的意见》第47条规定:"个人合伙的全体合伙人在诉讼中为共同诉讼人。个人合伙有依法核准登记的字号的,应在法律文书中注明登记的字号。全体合伙人可以推选代表人;被推选的代表人,应由全体合伙人出具推选书。"因《最高人民法院关于适用〈中华人民共和国民事诉讼法〉若干问题的意见》的司法解释发布在后,因此,在审查起诉时,应适用程序法的司法解释,即应将个人合伙的全体合伙人在诉讼中列为共同诉讼人。

案例5.55

赡养诉讼中所有负有赡养义务的当事人是否必须参加诉讼?

一、案情简介

常年居住在Y省A县的王某早年丧妻,独自一人将两个儿子和一个女儿养大成人。大儿子王甲居住在Y省B县,二儿子王乙居住在Y省C县,女儿王丙居住在W省D县。2000年以来,王某的日常生活费用主要来自大儿子王甲每月给的800元生活费。2003年12月,由于物价上涨,王某要求二儿子王乙每月也给一些生活费,但王乙以自己没有固定的工作、收入不稳定为由拒绝。于是,王某将王乙告到法院,要求王乙每月支付给自己赡养费500元。

二、分歧观点

关于法院是否应当追加王甲、王丙为共同被告,存在两种不同的观点:

第一种观点认为，法院不应追加王甲、王丙为共同被告。第一，依据民事诉讼处分原则，民事诉讼的被告依据原告起诉确定。在本案中，原告王某只诉王乙，法院无权未经原告王某同意追加王甲和王丙。第二，根据民事诉讼中"不告不理"的原则，如果没有当事人的起诉，就不可能引起诉讼的发生，法院既不能强令当事人起诉，更不能在当事人不起诉的情况下进行审理。原告对某一对象不愿状告，是对自己权利的放弃，如果这种放弃并不违反法律或损害他人权益，法院应依照"不告不理"的原则，对此不做处理。第三，赡养案件中的原告不要求其中一名或几名子女通过诉讼程序来履行义务，是对自己实体权利的处分，其表现形式即为没有将该部分子女作为被告，这是符合法律规定的。

第二种观点认为，法院应当追加王甲、王丙为共同被告，因为本案属于必要的共同诉讼。根据我国民事诉讼法的规定，必须共同进行诉讼的当事人没有参加诉讼的，人民法院应当通知其参加诉讼。只有案件属必要的共同诉讼时，法院才能依职权追加当事人。具体到赡养案件上来，在被赡养人有两个或两个以上子女的情况下，根据我国婚姻法的规定，子女对父母承担赡养义务，这符合必要共同诉讼的第一个要件，即被赡养人与其子女之间都是赡养与被赡养的法律关系。那么，被赡养人与其子女之间赡养的法律关系是否具有不可分割的联系呢？这是赡养案件是否属必要共同诉讼的关键，从我国相关法律的规定来看，子女对父母承担赡养的义务，但法律并没有对子女如何承担赡养义务，每个子女应承担多大的赡养义务做出具体的规定，在司法实践中，往往需要考虑每一个子女具体的经济情况，这说明子女对父母赡养义务是同一、不可分割的，通过以上的分析，赡养案件应属于必要的共同诉讼。

三、提示与参考

必要的共同诉讼，是指当事人一方或者双方为二人以上，其诉讼标的是同一的，人民法院必须合并审理并作出同一判决的诉讼。当事人的诉讼标的是共同的，表明他们在民事权利、义务上具有共同的利害关系，必须一同起诉或应诉；同时也决定了这种诉讼是不可分之诉，人民法院必须合并审理，不能分案审理。如果人民法院在诉讼中发现必须共同进行诉讼的当事人没有参加诉讼时，应当依照我国《民事诉讼法》第132条的规定，通知其参加；当事人也可以向人民法院申请追加。人民法院对当事人提出的申请，应当进行审查，申请无理的，裁定驳回；申请有理的，书面通知被追加的当事人参加诉讼。构成必要共同诉讼，两个不可缺少的条件为：其一，当事人一方或双方为二人或二人以上；其二，诉讼标的是共同的。一般认为，必要共同诉讼属于诉的主观合并。

哪些多数人的纠纷属于共同的诉讼标的,从而形成必要的共同诉讼,民事诉讼学理有不同的认识。我国民事诉讼理论一般认为,诉讼标的共同的情形主要有:对共同共有财产的诉讼,对合伙组织的诉讼,因连带债权或债务产生的诉讼,因共同侵权致人损害产生的诉讼,共同继承的诉讼。也有观点主张把共同诉讼标的分为两种:第一种是当事人之间原来就有共同的权利义务关系,从而形成为必要共同诉讼,具体情形包括:对共有财产的诉讼,对合伙组织的诉讼,承发包期间因承包企业负债引起的诉讼,涉及代理人与被代理人共同责任的诉讼,涉及保证人和被保证人的诉讼等。第二种是一方当事人之间原来没有共同的权利义务,由于同一事实或法律上的原因,才使他们之间产生了共同的权利义务关系,包括多子女继承父母遗产的诉讼,企业分立后产生的与他人之间的债权债务诉讼,共同侵权所致的诉讼,借用业务介绍信、合同专用章、盖章的空白合同书或者银行账户产生的民事责任所致的诉讼等。

案例 5.56→

保证人是否为必要共同诉讼人?

一、案情简介

2006 年 4 月 8 日,张某向胡某借款 12 万元,约定借款期限为一年,利息按银行利率计算,并向胡某出具借条一份,龚某在该借条"借款人:张某"右下方签名。借款到期后,胡某多次要求龚某和张某还款,未果。现胡某起诉要求龚某偿还借款及其利息。另查明,在胡某起诉前张某已经去世。现龚某主张其只是作为见证人在借条上补充签名,仅凭该借条认定其为债人与常理不符;本借款是张某与其妻何某在婚姻关系存续期间的共同债务,张某去世后其妻何某应对债务承担还款责任,并申请追加何某为被告参加诉讼。

二、分歧观点

关于法院是否应当追加何某为共同被告,存在两种不同的观点:

第一种观点认为,龚某对在张某于 2006 年 4 月 8 日向胡某出具的借条上予以签名认可,该行为是其真实意思表示,龚某作为完全民事行为能力人,应该知道签名所要承担的法律后果,应认定龚某为共同借款人,对上述借款负有连带清偿义务。根据《最高人民法院关于适用〈中华人民共和国民事诉讼法〉若干问题的意见》第 53 条的规定,因保证合同纠纷提起的诉讼,债权人向保证人和被保证人一并主张权利的,人民法院应当将保证人和被保证人列为共同被告;债权人仅起诉保证人的,除保证合同明确约定保证人承担连带责任的外,人民法院应当通知被保证人作为共同被告参加诉讼;债权人仅起诉被保证人,可只列被保证人为被告。因此,在借款期限届满后,胡某有权选择主张权利对象,即在张某去世后胡某既可向张某的义务承受人主张权利,也可向龚某主张权利,或向张某的义务承受人及龚某共同主张权利,张某的继承人不属于必要共同诉讼人。因此,在胡某不同意追加何某为被告人的情况下,不应追加何某为被告,不追加并不违反法定程序。

第二种观点认为,法院应追加何某为共同被告人。根据本案的案件事实可以认为龚某为共同借款人,对上述借款负有连带清偿义务。但在2006年4月8日,张某向胡某借款时,张某与何某是合法夫妻关系,庭审中双方当事人对何某系张某妻子的事实均予以认可,借款人张某去世后作为其妻子何某应当对该债务承担连带清偿责任,何某属于必要共同诉讼当事人,不同意追加何某为被告参加诉讼,违反了法定程序,可能影响案件的正确判决。

案例 5.57→

债权人就婚姻关系存续期间债务主张权利的,夫妻两人是否为必要共同诉讼人?

一、案情简介

刘某于2007年8月从其岳父郭某处借得人民币14000元,双方约定年底还清。刘某届期未还款,郭某遂于2009年3月提起诉讼,要求刘某归还欠款并计付利息。刘某辩称其妻已口头提出离婚,该债系夫妻共同债务,申请追加其妻为共同被告。

二、分歧观点

关于是否应当追加刘妻为共同被告,存在三种不同的观点:

第一种观点认为,应当追加刘妻为共同被告。《最高人民法院关于适用〈中华人民共和国婚姻法〉若干问题的解释(二)》第24条规定:"债权人就婚姻关系存续期间夫妻一方以个人名义所负债务主张权利的,应当按夫妻共同债务处理。但夫妻一方能够证明债权人与债务人明确约定为个人债务,或者能够证明属于婚姻法第十九条第三款规定情形的除外。"从该条规定中我们可以看出,夫妻共同债务是以婚姻关系存续为基础的,夫妻双方从依法履行结婚登记手续时起,至解除婚姻关系时止,任何一方所负债务,均为夫妻共同债务。可见,对夫妻一方以个人名义所负债务的处理原则是:一般应当按夫妻共同债务处理。刘某与郭某之间的借款发生在夫妻关系存续期间,应视为夫妻的共同债务,刘某和刘妻对该笔债务承担连带责任,因而,法院应批准刘某的申请,追加其妻为共同被告。

第二种观点认为,法院无须追加刘妻为共同被告。在夫妻共同债务案件中,诉债务人一方,而不列夫或妻另一方为被告,是基于夫妻身份关系对夫妻财产一体化的诉,是对夫妻集合财产的诉。如果把不是债务人的夫或妻一方列为被告,对案件的审理不但没有任何意义,相反还扩大了矛盾纠纷范围,增加了债权人的诉累,提高了诉讼成本,影响了案件的处理速度,降低了人民法院办案的司法效率。把不是债务人的夫或妻一方列为被告,债权人就增加了一个对手,而这个对手的诉讼目的是为了逃避债务,往往采取的措施是混淆债权债务关系,把案情人为地变得复杂。这对整个诉讼活动是不利的。

第三种观点认为,是否追加刘妻为共同被告应根据原告郭某的选择而定。如果郭某同意追加或未明确表示放弃对刘妻的诉讼请求,则应追加刘妻为共同被告;如果郭某明确表示放弃对刘妻的诉讼请求,则不追加刘妻为共同被告。

案例 5.58→

债权人就婚姻关系存续期间夫妻一方所负债务
主张权利时,夫妻中的另一方是否为必要共同诉讼人?

一、案情简介

蒋某与赵某系夫妻关系。2011 年 6 月 3 日,蒋某在某 4S 店试驾三厢轿车,在试车过程中,因为 4S 店地处城乡结合部,路况复杂。轿车行驶至拐弯处时失去控制,冲向人行道。造成行人谭某受伤,以及所试驾轿车损害的交通事故。经广州市交警大队出具的交通事故认定书证明,蒋某承担事故的全部责任。此后,谭某作为原告向某区法院提起民事诉讼,要求被告蒋某赔偿医疗费、伤残费用等共计 32 万余元。在庭审过程中,原告申请追加蒋某的丈夫赵某为共同被告。

二、分歧观点

关于赵某是否为本案的共同被告,存在两种不同的观点:

第一种观点认为,赵某应为本案的共同被告。因为该侵权行为发生在婚姻关系存续期间,因该侵权而产生的债务为夫妻共同债务,既然是共同债务,那么该诉讼就属于必要的共同诉讼,当事人可以申请法院追加必要共同诉讼人参加诉讼。

第二种观点认为,赵某并非本案的共同被告。夫妻共同债务是指为满足夫妻共同生活需要所负的债务。主要是基于夫妻共同生活需要,以及对共同财产的管理、使用、收益和处分而产生的债务。为适应司法实践的需要,最高人民法院扩大了夫妻共同债务的范围,明确规定夫妻共同债务包括:(1)抚养子女、赡养老人所负的债务;(2)购置日常生活用品所负的债务;(3)夫妻一方或双方或子女或老人治疗疾病所负的债务;(4)夫妻双方共同从事个体经营,对他人所负的债务;(5)婚前一方借款购置的房屋等财物转化为夫妻共同财产的,为购置财物借款所负的债务;(6)夫妻双方或一方因继承取得的财产属夫妻共同财产,同时因继承所分得债务也属共同债务。可见,该司法解释虽然扩大了夫妻共同债务的范围,但仍不包括侵权行为所引起的债。因此,在本案中,蒋某因个人侵权导致的债务并不是夫妻共同债务,赵某并不是本案的共同被告。

案例 5.59→

必要共同诉讼人中一人使用假名的,应如何处理?

一、案情简介

2010年11月,某公司与张某、王某、李某三人签订了一份租赁协议,约定将某公司所有的一座大厦租给张某等三人,用于经营饭店业务,租金每月6万元,租赁期限5年。张某等人经营了6个月后,亏损很大,便终止经营。在此期间,张某仅支付了两个月的租金,剩余租金经某公司多次催收未果,该公司诉至法院,要求张某一人支付租金15万元并赔偿相应的损失。法院经查核,"李某"使用的是假名字,公安户籍系统里根本没有这个人。而作为知情者的张某在接到法院的诉状副本后下落不明。

二、分歧观点

关于法院应如何处理本案,存在两种不同的观点:

第一种观点认为,法院应告知原告某公司变更被告为王某,如果原告变更被告,那么案件继续进行审理;如果原告不同意变更被告的,法院应驳回起诉。根据我国《合伙企业法》的规定,普通合伙企业由普通合伙人组成,合伙人对合伙企业债务承担无限连带责任。合伙企业不能清偿到期债务的,合伙人承担无限连带责任。据此,原告某公司作为权利人可向连带义务人之一王某主张全部权利。李某和张某的"消失"不会影响诉讼的进行。

第二种观点认为,法院应驳回原告的起诉。尽管《民法通则》和《中华人民共和国合伙企业法》规定,合伙人对合伙的债务承担连带责任。但是,我国《民事诉讼法》同样明确规定"必须共同进行诉讼的当事人没有参加诉讼的,人民法院应当通知其参加诉讼"。必须参加共同诉讼的李某和张某"消失",自然也就无法通知其诉讼。本案属于典型的必要共同诉讼,虽然被告一方人数众多,但本诉的诉讼标的只有一个,张某、王某、李某具有共同的权利和义务,应作为整体共同应诉,缺少三人中的任何一人均为诉讼主体不适格。所以,本案可以当事人不明确为由驳回起诉。

案例 5.60→

个体工商户能否成为适格当事人?

一、案情简介

2012年元月9日,某粮油经营部与某粮油公司签订一份购销合同,约定由该公司出售符合国标三级质量标准的棉籽油260吨,货款为249.6万元,于2013年8月28日交货。合同签订后,该经营部依约支付货款249.6万元,但粮油公司却因2013年暴雨灾害无法履行合同,双方同意解除合同,并签订补充协议一份,约定粮油公司于10月26日前退货款249.6万元及补偿金10万元,如未按时支付货款及补偿金,逾期每月支付违约金1万元至上述款项付清之日止。补充协议签订后,粮油公司一直未返还货款以及支付补偿金。粮油经营部的实际经营者王某以个人名义向法院提起诉讼,粮油公司答辩,认为粮油经营部为个体工商户,实际经营者无权提起诉讼,并且该粮油经营部挂靠在某集体公司名下,请求法院驳回王某的诉求。

二、分歧观点

关于王某是否为本案适格当事人,存在两种不同的观点:

第一种观点认为,本案为必要的共同诉讼,王某和某集体公司为适格当事人。《最高人民法院关于适用〈中华人民共和国民事诉讼法〉若干问题的意见》第43条规定:"个体工商户、个人合伙或私营企业挂靠集体企业并以集体企业的名义从事生产经营活动的,在诉讼中,该个体工商户、个人合伙或私营企业与其挂靠的集体企业为共同诉讼人。"第46条规定:"在诉讼中,个体工商户以营业执照上登记的业主为当事人。有字号的,应在法律文书中注明登记的字号。"

第二种观点认为,本案适格的当事人为王某。因为王某为粮油经营部的实际经营者,承担着与粮油经营部有关的权利和义务。民事权利义务与民事诉讼权利义务具有一致性,王某为本案唯一原告。

三、提示与参考

《个体工商户条例》第2条第1款规定:"有经营能力的公民,依照本条例规定经工商行政管理部门登记,从事工商业经营的,为个体工商户。"在依法核准登记的范围内,个体工商户享有民事权利能力和民事行为能力。个体工商户的正当经营活动受法律保护,对其经营的资产和合法收益,个体工商户享有所有权。个体工商户可以在银行开设账户,向银行申请贷款,有权申请商标专用权,有权签订劳动合同。个体工商户从事生产经营活动必须遵守国家的法律,应照章纳税,服从工商行政管理。个体工商户从事违法经营的,必须承担民事责任和其他法律责任。

案例 5.61→

部分必要共同诉讼人与对方达成的和解协议是否对全体必要共同诉讼人具有约束力?

一、案情简介

杭州市A县丁造纸厂排放的废水污染了某县甲、乙、丙3个村共有的水库,受损额达23万元。3个村联合向人民法院起诉要求赔偿。经过人民法院调解,A县丁造纸厂同意赔偿索赔金额的50%,甲、乙两村表示同意,遂与A县丁造纸厂达成调解书。调解书送达丙村时,丙村拒收,并声明当天调解他们不在场,甲、乙两村事先未征询他们的意见,因此仍要求按照原诉讼请求赔偿。

二、分歧观点

关于原告与被告甲、乙两村达成的和解协议效力是否及于其他被告,存在两种不同的观点:

第一种观点认为,该案为必要的共同诉讼,甲、乙、丙作为必要共同诉讼的被告,部分诉讼共同人的行为,效力及于全部共同诉讼人。

第二种观点认为,根据我国《民事诉讼法》第52条第2款的规定:共同诉讼的一方当事人对诉讼标的有共同权利义务的,其中一人的诉讼行为经其他共同诉讼人承认,对其他共同诉讼人发生效力。这种承认包括明示承认和默示承认。只要共同诉讼人未对其他共同诉讼人实施的行为表示异议,即表明该共同诉讼人已经承认。这就是必要共同诉讼中的协商一致原则。在本案中,和解是本案原告与共同诉讼人中的甲、乙两村达成的,其他共同诉讼人并未参与,因此,和解协议的效力并不及于其他必要共同诉讼人。

三、提示与参考

在必要共同诉讼中,存在两方面的法律关系,一是必要共同诉讼人与对方的法律关系,即争议的民事权利、义务关系;二是必要共同诉讼人之间的内部关系。但这种内部关系和外部关系的存在,都以必要共同诉讼人间地位的牵连性为基础,必要共同诉讼是以法律上必须合一确定为前提,裁判对各共同诉讼人产生同一结果,以防止裁判矛盾及诉讼进行不一致。

案例 5.62→

部分必要共同诉讼人的诉讼行为
的效力是否及于其他必要共同诉讼人?

一、案情简介

王某是北京某高校四年级学生,毕业前,王某怀疑自己的女友与李某有染。某晚,王某向好友甲、乙、丙吐露心事。随后王某与好友甲、乙、丙四人在学校后门将李某打伤。2013年3月,李某向法院提起诉讼。在案件审理过程中,甲、乙拒不出庭。

二、分歧观点

关于甲、乙拒不出庭的法律效果是否及于其他共同诉讼人,存在两种不同的观点:

第一种观点认为,根据我国《民事诉讼法》第52条第2款的规定,共同诉讼的一方当事人对诉讼标的有共同权利义务的,其中一人的诉讼行为经其他共同诉讼人承认,对其他共同诉讼人发生效力。这种承认包括明示承认和默示承认。只要共同诉讼人未对其他共同诉讼人实施的行为表示异议,即表明该共同诉讼人已经承认。这就是必要共同诉讼中的协商一致原则。在本案中,甲、乙拒不出庭,有可能导致缺席判决。其他必要共同诉讼人对此未提出异议,视为承认,因此,甲、乙拒不出庭的法律效果及于其他必要共同诉讼人。

第二种观点认为,根据我国现行民事诉讼法的规定,必要共同诉讼人一人所为的诉讼行为,只有经全体同意才对全体发生效力,这显然过分地强调了必要共同诉讼人地位的牵连性。对于涉及共同诉讼人重大利益的行为,如和解、撤诉等行为,这一规定尚具有一定的合理性,但一般诉讼行为若依此进行共同诉讼,将会极为不便,甚至延误时间。如果其中一共同诉讼人不出庭诉讼将无法进行下去。因此,除撤诉、和解、承认对方的诉讼请求等行为,应取得全体共同诉讼人的同意外,其他一般诉讼行为的行为效力不应及于其他必要共同诉讼人。因此,在本案中,甲、乙拒不出庭的法律效果并不及于其他必要共同诉讼人。

案例 5.63→

必要共同诉讼人的诉讼行为不一致时,应如何处理?

一、案情简介

原告甲主张被告乙、丙、丁为某合伙企业的合伙人,合伙企业已无财产清偿合伙债务,应由其合伙人乙、丙、丁三人连带给付,在法庭辩论时,被告乙承认对方的诉讼请求,被告丙抗辩称该项合伙债务因原告甲向合伙企业免除而消灭,并提出以原告免除债务的信函为证。

二、分歧观点

关于被告乙、丙行为的效力是否及于其他必要共同诉讼人,存在两种不同

的观点:

第一种观点认为,根据我国《民事诉讼法》第 52 条第 2 款的规定:共同诉讼的一方当事人对诉讼标的有共同权利义务的,其中一人的诉讼行为经其他共同诉讼人承认,对其他共同诉讼人发生效力。这种承认包括明示承认和默示承认。只要共同诉讼人未对其他共同诉讼人实施的行为表示异议,即表明该共同诉讼人已经承认。在本案中被告乙与被告丙的诉讼行为是不同的诉讼行为,所产生的法律效果也是不同的。因此,不能认为必要共同诉讼人所为的诉讼行为已经取得了所有必要共同诉讼人的同意。被告乙、丙诉讼行为的效力并不会及于其他必要共同诉讼人。

第二种观点认为,被告乙承认对方诉讼请求的行为很明显是不利于必要共同诉讼人全体的;被告丙所提出的抗辩对全体必要共同诉讼人是有利的。在国外民事诉讼理论中,在处理必要共同诉讼人内部关系上遵循"有利原则"。根据该原则,必要共同诉讼人一人所做的有利于全体的诉讼请求,陈述有利的事实,提出有利的证据,提出抗辩或反证的,虽然其他必要共同诉讼人未为此种行为,这些行为也对全体发生效力。如果各必要共同诉讼人所陈述之有利事实相互间不能相容,或所举证据经调查互相矛盾的,则由法官依据"自由心证"进行判断。必要共同诉讼一人所为不利行为对必要共同诉讼人全体的效力,因为对全体不利,所以对全体共同诉讼人(包括行为人本人)不生效力。如果由全体必要共同诉讼人一致作出上述对全体共同诉讼人不利益行为,该行为则对共同诉讼人全体发生效力。在本案中,被告乙的诉讼行为并不会对全体必要共同诉讼人产生效力;被告丙的诉讼行为由于对全体必要共同诉讼人有利,对全体必要共同诉讼人有效。

案例 5.64→

保证合同纠纷是否为类似必要共同诉讼?

一、案情简介

陆某于 2008 年 3 月 24 日向韩某借款 30000 元,并出具了一份借据给韩某,肖某作为保证人在该借据上签名。借据中约定:若陆某到期不能履行债务时,由保证人承担保证责任。借款到期后,陆某一直未还。为此,韩某起诉要求陆某与肖某偿还借款 30000 元。

二、分歧观点

关于本案是否属于必要的共同诉讼,存在两种不同的观点:

第一种观点认为,本案并非必要的共同诉讼,而是类似的必要共同诉讼。一般认为,在连带责任保证中,保证人与债务人是必要共同诉讼人,而在一般保证中不能将债务人与保证人在诉讼中列为共同被告。因为在诉讼程序上将一般保证合同之诉与主合同之诉列为共同诉讼,侵害了保证人的先诉抗辩权。在本案中,肖某作为保证人,与韩某约定陆某到期不能履行债务时,由保证人承担保证责任,该保证为一般保证。

第二种观点认为,本案属于必要的共同诉讼。《最高人民法院关于适用〈中华人民共和国民事诉讼法〉若干问题的意见》第53条的规定:"因保证合同纠纷提起的诉讼,债权人向保证人和被保证人一并主张权利的,人民法院应当将保证人和被保证人列为共同被告;债权人仅起诉保证人的,除保证合同明确约定保证人承担连带责任的外,人民法院应当通知被保证人作为共同被告参加诉讼;债权人仅起诉被保证人的,可只列被保证人为被告。"《最高人民法院关于适用〈中华人民共和国担保法〉若干问题的解释》第125条规定:"一般保证的债权人向债务人和保证人一并提起诉讼的,人民法院可以将债务人和保证人列为共同被告参加诉讼。"在本案中,韩某起诉陆某与肖某,法院应将陆某与肖某列为必要的共同诉讼人。在一般保证中,人民法院可以将一般保证合同之诉与主合同之诉列为共同诉讼,这样可以减少债权人的诉讼成本,提高诉讼效率,符合诉讼效益原则。

三、提示与参考

在我国民事诉讼立法中,以诉讼标的为准将共同诉讼分为必要共同诉讼与普通共同诉讼,前者的诉讼标的是共同,后者的诉讼标的则是同一种类的。在德、日等国以及我国台湾地区的民诉理论中,必要共同诉讼分为固有必要共同诉讼和类似必要共同诉讼。而中国民诉理论界通常把固有必要共同诉讼与类似必要共同诉讼统称为必要共同诉讼,未详加区分。有学者[①]认为,类似必要共同诉讼所包括的案件类型包括:因同一事实或原因而提起的形成之诉或

---

① 姜华、刘娟:《类似必要共同诉讼法律制度研究》,中国法院网,访问日期:2013年7月5日。

者确认之诉(例外情形下的给付之诉);因诉讼上代位而提起的诉讼;因诉讼法上的统合确定性而产生的诉讼;因实体法上的统合确定性而产生的连带责任之诉;以及其他不属于固有必要共同诉讼的诉讼。适用类似必要共同诉讼的案件类型主要有:(1)无意思联络的数人侵权案件。无意思联络的数人侵权案件是指虽然数名侵权人起初并没有共同侵权的过错,但是实际上却又因为偶然因素而致使同一损害。侵权法的基本理念之一是为自己的行为负责,无意思联络的数人基于偶然因素而因数个行为而致使同一损害,这时便不能按照一般侵权责任处理,要求行为人承担连带责任,而只能要求行为人责任自负,仅对自己的行为而造成的损害负责。(2)因同一事实致不同受害人损害的案件。此种类型的案件中,同一个侵权人侵害了不同主体的权利,由于在这种情况下,数名共同诉讼人并不是享有共同的权利或者履行共同的义务,数名共同诉讼人提起的诉讼属于不同的诉讼标的,但却是基于同一事实,因而会发生一定的牵连关系。所以法院有必要作出统合确定的判决。(3)不同责任形式主体因同一事实致同一人损害案件。在此种类型的案件中,数名责任主体基于不同的责任类型而损害了同一被害人的合法权益。此时,被害人可以单独起诉任意一名被告人,也可以共同起诉数名被告人。共同被告人此时承担的是不同类型的责任,因而被害人对他们提起的诉讼标的不同,并且,各个共同被告之间并无共同的过错,因而连带责任在此并不能适用,但是各个被告却因同一事实对同一人造成了损害后果,基于同一事实发生了牵连性,故而,法院应当作出统合确定的判决。(4)因同一法律问题而形成的确认之诉或者形成之诉。在此种类型的案件中,数名原告共同诉讼人向法院提起确认之诉或者形成之诉,在确认之诉或者形成之诉中,虽然不同的原告之间起诉的诉讼标的不同,但是这些不同的诉讼标的之间却存在着一定的法律上的牵连关系。因而,法院要作出统合确定的判决。(5)按份继承案件。按份继承案件是指数名遗产继承人按照各自享有的遗产份额而请求法院分割被继承人的同一笔遗产的案件。在这种类型的案件中,数名继承人并不是享有共同的权利、履行共同的义务,而是按照遗嘱享有各自的应继份,因而无须共同起诉,数名继承人又是因为被继承人死亡这同一事件而产生继承关系,因而这些继承人一起诉讼的话,便有着一定的牵连性,法院就必须统合确定诉讼。(6)按份共有案件。此种类型的案件中,不同的按份共有人基于实体法上的单独请求权,可以单独起诉,并不是一定要共同起诉。(7)一般保证案件。一般保证责任不同于连带保证责任,一般保证案件中,保证人和债务人并不是具有共同的权利义务,而是享有先诉抗辩权,具有一定的牵连性。保证人并不是必须要和债务人一同诉讼。(8)股东代表之诉案件。(9)数名债权人代位之诉。(10)连带之债。有关连带之债的归属,学界有着较大的争论。连带之债究竟属于哪种类型的诉讼形态呢?是应当为德国的普通共同诉讼还是为日本的准必要共同诉讼,还是另有其他形态?对此的主张不一,总体说来有普通的共同诉讼说、准必要共同诉讼说、类似必要共同诉讼说等。

案例 5.65

部分必要共同诉讼人欠缺起诉要件时,应如何处理?

一、案情简介

A县丁化工厂排放的废水污染了同县张某、王某、刘某3人共有的水库,受损达40万元。3人联合向人民法院起诉要求赔偿。在审查起诉阶段,法院经审查发现,原告之一的王某并非其本人的真实姓名。

二、分歧观点

法院应如何处理张某、王某、刘某三人的起诉,存在两种不同的观点:

第一种观点认为,法院应驳回当事人的起诉。虽然民事诉讼立法强调必要共同诉讼人之间的牵连性,但是辩论原则和处分原则在必要共同诉讼中依然有所体现,必要共同诉讼人之间具有一定的独立性。各共同诉讼人是否具备诉讼成立要件以及当事人是否适格,应分别调查。其中一人的诉讼能力、当事人能力有欠缺的,对于该当事人之诉应以诉不合法而驳回,其余共同诉讼人之诉则为当事人不适格之诉。

第二种观点认为,法院应告知当事人在指定的期间内补正欠缺的起诉要件。

三、提示与参考

我国民事诉讼立法强调了必要共同诉讼人之间的牵连性,强调必要共同诉讼人诉讼行为的一致性,必要共同诉讼人中一人的行为,有利于共同诉讼人的,其效力及于全体;不利于共同诉讼人全体的,对全体不发生效力。而对于必要共同诉讼人之间的独立性,现行立法并未作出明确的规定,从国外立法经验,主要是大陆法系国家的立法经验来看,德、日等国民事诉讼立法和理论研究在注重必要共同诉讼人之间的牵连性时也注重对必要共同诉讼人之间独立性的研究。有学者①认为,必要共同诉讼人之间的独立性体现在:(1)法院对各共同诉讼人的资格调查应分别进行。各共同诉讼人是否具备诉讼成立要件,以及当事人是否适格,法院应分别调查。如果发现必要共同诉讼人中一人的诉讼能力、当事人能力有欠缺的,若该共同诉讼人一方是原告,对于该共同诉讼人提起的诉讼,法院应以"诉不合法"而驳回。其余共同诉讼人之诉则为当事人不适格之诉,按照非正当当事人的诉讼处理。即可以由起诉人申请将没有参加诉讼的共同诉讼人追加进入诉讼或补正起诉状,如果该案外人不愿意参加诉讼的,或不能补正的,法院应当驳回起诉。如该诉讼为类似的必要共同诉讼,必要共同诉讼人中一人的诉讼能力、当事人能力欠缺的,不影响法院对其他共同诉讼人与对方当事人之间诉讼标的的审理。(2)共同诉讼人可以独立进行无关本案实体利害关系的诉讼行为。各必要共同诉讼人可各自委托诉讼代理人代为诉讼。当然,就总体而言,必要共同诉讼人之间相互的独立性,比起其相互之间权利义务的牵连性来说,是微不足道的。

案例5.66→

普通共同诉讼可以分开审理吗?

一、案情简介

2010年4月,某市公交公司(在D区)司机张某在营运途中不慎将路边一电线杆撞倒形成电路短路。事故发生后,张某立即打电话告知市供电局(在C区),要求组织抢修,但供电局没有及时出车排障,致使事故状态持续3小时,损坏了A区与B区45户居民的电视机45台。45户居民与公交公司和供电局交涉,但没有结果。5月4日,王某等45户居民一起起诉至人民法院,要求赔偿经济损失总计1万元。在立案过程中,法院认为,45户居民一起诉讼过于复杂,于是将45户居民的案件分别立案。

二、分歧观点

关于法院是否有权将当事人的起诉分别立案,存在两种不同的观点:

第一种观点认为,法院无须将当事人的起诉分别立案。45户居民因供电

---

① 肖建华:《必要共同诉讼行为相互独立性和牵连性分析》,载《平原大学学报》2000年第3期。

合同纠纷诉至法院,作为一方当事人选择共同诉讼,根据民事诉讼的处分原则,法院无权将当事人的起诉分别立案。在普通共同诉讼制度下,可以运用同一个程序审理数个当事人之间的争议,既便利当事人进行诉讼,又能够节省当事人和法院的时间、人力和费用,符合诉讼经济的原则,并且统一进行审理,又有助于防止裁判的矛盾和对裁判的抵触。

第二种观点认为,法院可以将当事人的起诉分别立案。本案属于普通共同诉讼,与必要共同诉讼不同的是,普通共同诉讼的诉讼标的是同一种类。根据民事诉讼法的规定,普通共同诉讼可以合并审理也可以分别审理。在普通共同诉讼的情况下,原告与被告之间存在各自独立的事实和诉之声明,存在数个独立的诉讼标的。在合并条件发生变化时可以进行诉的分离。如果某个案件按照普通共同诉讼来处理,会引起不公正、低效率或秩序混乱,则没有进行合并审理的必要。如果合并审理会使诉讼难度增大,有可能造成诉讼拖延的,则及时将普通共同诉讼分离为若干独立的诉分别进行审理。

三、提示与参考

普通共同诉讼,是指当事人一方或者双方为二人以上,共同诉讼标的是同一种类法院认为可以合并审理,当事人也同意合并审理的诉讼。一般认为,普通共同诉讼具有以下特征:普通共同诉讼的诉讼标的是同一种类的;普通共同诉讼有数个诉讼请求;普通共同之诉是可分之诉。普通共同诉讼和必要共同诉讼是共同诉讼制度的两种基本形式。普通共同诉讼使本来应该展开成两个或两个以上的诉讼程序合并为一个,其理由通常在于实现公正、效率或秩序。诉的分离是对诉的不适当合并的一种调整。有学者认为[①],最终影响普通共同诉讼成立的因素在于以下几方面:第一,存在两个以上独立的属于同一种类的诉讼标的普通共同诉讼属于诉讼客体的合并,不管是合并还是分离,判定是一诉还是多诉,都以诉讼标的的多寡为转移。只有存在两个以上的诉讼标的,才存在合并和分离的问题。因此要成立普通共同诉讼,必须有两个以上的当事人,就两个以上同一种类的诉讼标的向同一法院起诉或应诉。诉讼标的属于同一种类,在不同的诉讼标的理论下其结论有一定的差别。由于法律上对于诉讼标的及其识别标准没有统一规定,所以对采用普通共同诉讼形式的态度是积极推进还是限制其适用,将会通过对诉讼标的理论的选择而影响到普通共同诉讼的适用。第二,由同一法院管辖,并且适用同一诉讼程序。普通共

[①] 蓝凤英:《普通共同诉讼的探讨》,载《前沿》2008年第6期。

同诉讼既然属于诉的客体合并,在程序上就应具备关于请求合并的要件,主要包括:各诉讼标的可使用同一程序。诉讼程序既有普通程序、简易程序和特别程序之分,还有不同审级程序之别;几个有联系的诉属于同一法院管辖或者可以由同一法院实施合并管辖。诉的合并意味着不能要求欲合并的几个诉必须属于同一法院管辖,只要其中没有属于其他法院专属管辖的情形,就可以由同一法院实施合并管辖。第三,符合合并审理的目的。普通共同诉讼合并审理的目的,在于诉讼经济和避免裁判矛盾,为本案裁决提供更充足的证据。对诉讼效率的追求是普通共同诉讼的根本目的所在,而防止矛盾判决不过是实现效率目的派生出来的结果而已。第四,当事人同意合并审理,法院认为可以合并审理在符合以上条件的情况下,是否合并审理,还需要由当事人同意合并审理。因为普通共同诉讼不属于法律规定的强制合并,是否采用该形式,应当尊重当事人的程序选择权。即使法院认为适合采用普通共同诉讼进行审理的案件,若当事人坚持单独审理,法院就不能强制合并。当然,在当事人选择普通共同诉讼形式的情况下,并不意味着一定适用普通共同诉讼程序来处理,因为该程序适用的决定权掌握在法官手中。

案例 5.67→

普通共同诉讼应合并审理吗?

一、案情简介

被告甲分别从三个原告乙、丙、丁处借得共计 4000 万元人民币,一开始三原告互不认识,后在追款过程中相识。现三原告作为一个原告团体起诉至被告住所地法院。

二、分歧观点

关于法院是否应当将该案合并审理,存在两种不同的观点:

第一种观点认为,法院不应将该案合并审理。本案中的三原告与被告之间的诉讼标的虽属于同一种类,但在案件事实方面没有任何的联系。将三原告与被告之间的诉讼合并审理,不符合普通共同诉讼合并审理的目的。

第二种观点认为,法院可以将该案合并审理。在本案中将案件合并审理,既便利当事人进行诉讼,又能够节省当事人和法院的时间、人力和费用,符合诉讼经济的原则。

案例 5.68→

普通共同诉讼应分别判决吗?

一、案情简介①

2000年12月21日和2002年2月10日马某、杨某分别向武某出具运费欠条两张,言明分别欠武某运费645元和950元。到期未还,武某一纸诉状将两人诉至法院,要求二人偿还拖欠运费。法院受理后,把马某与杨某列为同案被告,因杨某没有到庭,原审法院进行了缺席审理。原审法院审理后认为:债务应当清偿,原告武某与被告马某、杨某之间的债权债务关系明确,有被告马某、杨某给武某出具的条据为据,二被告理应偿还。被告马某辩称所欠款项已全部付清,因原告武某对此提出异议,被告马某未提供任何证据证实,不予支持。被告马某辩称原告武某的起诉已超过诉讼时效的理由符合法律规定,依法应予支持。被告杨某经合法传唤,无正当理由拒不到庭,原审遂缺席判决:(1)驳回原告武某要求被告马某偿还运费欠款的诉讼请求。(2)被告杨某于判决生效后十日内偿还原告武某运费欠款950元。

二、分歧观点

对于普通共同诉讼是否应当合并判决,存在三种不同的观点:

第一种观点认为,本案并不属于普通的共同诉讼,而是两个独立的诉,法院依法应当分别判决。原告武某与被告马某、原告武某与被告杨某之间的纠纷不存在事实上或法律上的牵连关系,其诉讼标的并非一种类,不符合民事诉讼法中有关普通共同诉讼的规定。既然原告武某与被告马某、原告武某与被告杨某之间的纠纷为两个独立的诉,法院应分别判决而非合一判决。

第二种观点认为,本案属于普通共同诉讼,法院依法应分别判决,而非合一判决。在本案中原告武某与被告马某、原告武某与被告杨某之间的纠纷,在法律性质上是一致的,他们享有的权利和承担的义务属于同一类型,传统民事诉讼理论认为,人民法院对普通共同诉讼虽然是合并进行审理,共同诉讼人与

---

① 案例来源于:http://hnfy.chinacourt.org/article/detail/2005/05/id/708193.shtml,访问日期:2013年6月7日。

对方当事人之间的诉讼标的是各自独立的,因而人民法院应对不同的共同诉讼人与对方当事人之间的争议,分别作判决。

第三种观点认为,法院可以合并判决。本案属于普通共同诉讼,且法院已经对案件进行了合并审理,因此应合一判决。

案例 5.69→

部分普通共同诉讼人与对方当事人达成和解协议,对其他普通共同诉讼人有效力吗?

一、案情简介

自2012年5月起,某小区A栋楼业12户主,因不满物业管理公司未能及时清理小区垃圾,而拒绝缴纳物业管理费,经物业管理公司多次与之协商,仍未缴纳。2013年6月,物业管理人向欠交物业管理费的数个业主提起了交纳管理费的诉讼。在案件审理中,12户业主中的6户与物业管理公司达成和解协议。

二、分歧观点

部分普通共同诉讼人与对方当事人达成和解协议,对其他普通共同诉讼人是否具有效力,存在两种不同的观点:

第一种观点认为,部分普通共同诉讼人与对方当事人达成和解协议,对其他普通共同诉讼人不具有效力。根据我国《民事诉讼法》第52条第2款的规定,对诉讼标的没有共同权利义务的,其中一人的诉讼行为对其他共同诉讼人不发生效力。在普通共同诉讼人的内部关系中,各普通共同诉讼人的诉讼行为具有较强的独立性。普通共同诉讼是可分之诉,各个普通共同诉讼人进行诉讼,可以不受其他共同诉讼人的牵制,其中任何一人所为行为的效力不及于其他普通的共同诉讼人。在本案中,部分业主与物业管理公司达成和解协议,该和解协议的效力仅对达成调解协议的双方当事人有效。

第二种观点认为,部分普通共同诉讼人与对方当事人达成和解协议,对其他普通共同诉讼人具有效力。在本案中的普通共同诉讼是基于同类事实或法律上的同类原因而形成的,业主与物业管理公司之间的纠纷具有同质性,部分普通共同诉讼人与对方当事人达成和解协议时,对其他普通共同诉讼人具有效力。

三、提示与参考

"对普通共同诉讼,实行共同诉讼人独立的原则,各自与对方当事人进行诉讼,并没有横向的联系。"[①]普通共同诉讼人之间的独立性原则,意味着在普通共同诉讼中,任何普通共同诉讼人在诉讼中都有权按照自己的意思独立作出诉讼行为,不受其他当事人诉讼行为的约束。各普通共同诉讼人彼此互不依赖,所为诉讼行为依法产生的诉讼法上的效果由诉讼行为人自己承担。有学者[②]指出,普通共同诉讼人的独立性表现在:第一,各个普通共同诉讼人进行诉讼,可以不受其他共同诉讼人的牵制,各共同诉讼人可以在诉讼中自认、撤诉、和解、上诉,其中一人所为行为的效力不及于其他普通的共同诉讼人。普通共同诉讼人的对方当事人,对于各共同诉讼人所为的行为,可以不同,甚至互相矛盾或者对立。第二,各个普通共同诉讼人可以分别委托诉讼代理人代为诉讼、提出回避申请等。第三,普通共同诉讼人一人发生的缺乏适格要件、诉讼中止或终结事由,不影响其他普通共同诉讼人继续诉讼。第四,法院在诉讼进行中,发现合并辩论并不经济或可能不当地拖延诉讼时,可以将诉讼分开。因为各诉的结果可能不同,所以判决确定的时间也可能有所不同。

案例 5.70→

普通共同诉讼人其中一人所提出的证据,可以作为对其他共同诉讼人所主张事实进行认定的证据吗?

一、案情简介

2008年某地一造纸厂排放有毒废水,导致周边甲、乙、丙3户农家庄稼收成无望。甲、乙、丙3户多次与造纸厂协商,未果。甲、乙、丙3户遂将造纸厂诉至法院。在案件审理过程中,甲提交了一份由当地环保部门提供的有关造纸厂排放污水的检测报告。

---

① [日]兼子一、竹下守夫:《民事诉讼法》,白绿铉译,法律出版社1995年版,第195页。
② 蓝凤英:《普通共同诉讼的探讨》,载《前沿》2008年第6期;肖建华:《民事诉讼当事人研究》,中国政法大学出版社2001年版,第232~233页。

二、分歧观点

关于普通共同诉讼人其中一人所提出的证据,可否作为对其他共同诉讼人所主张事实进行认定的证据,存在两种不同的观点:

第一种观点认为,普通共同诉讼人其中一人所提出的证据,可作为对其他共同诉讼人所主张事实进行认定的证据。"普通共同诉讼的内部关系固然存在着上述相互独立的一面,但是,既然能够在同一诉讼程序加以审理,那么其也必然存在着具有共通关系的另一面。尤其是对共同诉讼人共同事实的存在与否,各个共同诉讼人应当作出相同的判断。法院为此必须通过行使释明权来实现当事人进行无矛盾诉讼资料的收集。"①此外,普通共同诉讼人之间还具有一定的诉讼地位的牵连性,证据共同性就是这种牵连性的表现。

第二种观点认为,普通共同诉讼人其中一人所提出的证据,不可以作为对其他共同诉讼人所主张事实进行认定的证据。根据我国《民事诉讼法》第52条第2款的规定,对诉讼标的没有共同权利义务的,其中一人的诉讼行为对其他共同诉讼人不发生效力。收集并向法院提交证据是当事人所为的诉讼行为,在普通共同诉讼中,根据民事诉讼法的规定,部分普通共同诉讼人的诉讼行为对其他人不具有效力。

三、提示与参考

在司法实践中过于强调普通共同诉讼人之间的独立性,势必会导致各个普通共同诉讼人各自为政,相互孤立,普通共同诉讼合并审理的目的将落空。独立性与牵连性是普通共同诉讼人内部关系的主要特性,我国民事诉讼立法片面地强调了普通共同诉讼人之间的独立性,而忽略了普通共同诉讼人之间的牵连性。对于普通共同诉讼人之间诉讼地位的牵连性,学术界普遍认为表现在以下几个方面②:第一,主张共通原则。大陆法系国家和地区的学者认为,普通共同诉讼人其中一人的主张,在不与其他共同诉讼人的行为相抵触时,其主张对其他共同诉讼人有利益的,其效力及于其他共同诉讼人。我国学者对此持肯定意见。第二,证据共通原则。普通共同诉讼人其中一人所提出

---

① [日]中村英郎:《新民事诉讼法讲义》,陈刚等译,法律出版社2001年版,第75~76页。

② 肖建华:《民事诉讼当事人研究》,中国政法大学出版社2001年版,第234~235页。

的证据,可以作为对其他共同诉讼人所主张事实的资料。换言之,该证据资料可以成为共同诉讼人共通的证据资料。第三,共同诉讼人是本案的当事人,而本案的当事人不能为本案的证人。所以共同诉讼人中的一人,不能成为其他共同诉讼人的证人。但是某些共通的事实以外的独立事实,只对其他共同诉讼人有利害关系的,其中一个共同诉讼人可以在该案中作为共同诉讼案的证人。第四,普通共同诉讼人中一人所做的抗辩如果足以否定对方当事人所主张的权利的,这对其他共同诉讼人与对方当事人的关系,将产生一定的影响。

案例 5.71→

诉讼代表人是否为诉讼当事人?

一、案情简介

某地一塑料厂排放有毒废水,导致周边 80 户农家庄稼收成无望。众农民推选刘村长为代表,向当地法院提起损害赔偿诉讼。

二、分歧观点

对于刘村长是否具有代表人资格,存在两种不同的观点:

第一种观点认为,刘村长具有代表人资格。因为他是由人数众多的一方当事人——80 户农民一致推选出来的。

第二种观点认为,刘村长不具有代表人资格。因为,刘村长并不是本案的适格当事人,无权代表 80 户农民提起诉讼。诉讼代表人是指人数众多的一方当事人为了便于诉讼,经一致同意推选出来,代表人数众多的一方当事人实施诉讼行为的人。诉讼代表人应当具备一定的条件。一般认为诉讼代表人应当具备的基本条件是:(1)诉讼代表人是人数众多的一方当事人的一员;(2)诉讼代表人具有诉讼行为能力;(3)具有诉讼所需要的表达能力和行为能力;(4)能够善意地履行诉讼代表人职责;(5)必须经过当事人的授权。

案例 5.72→

诉讼代表人未经被代表的当事人的同意是否有权撤诉?

一、案情简介

原告王某等 30 人,经陈某介绍团购购得某百货商店的酸奶机,在使用过程中,用户陆续反映酸奶机有质量问题,纷纷到某百货商店要求退货并赔偿损失。经协商不成,后来王某等30人诉至法院。法院依据民事诉讼法的规定,按照代表人诉讼受理此案。原告方推选王某、陈某为其代表人。在诉讼中,被告某百货商店态度诚恳,表示可以退赔60%的价款,并免费保修两年。王芳、陈某未与其他原告商议,直接向法院表示放弃诉讼请求,申请撤诉。

二、分歧观点

关于王某、陈某未经被代表的当事人的同意,擅自撤诉的行为是否有效,存在两种不同的观点:

第一种观点认为,王某、陈某未经被代表的当事人的同意,擅自撤诉的行为是无效的。根据我国《民事诉讼法》第54条第3款的规定,代表人的诉讼行为对其所代表的当事人发生效力,但代表人变更、放弃诉讼请求或者承认对方当事人的诉讼请求,进行和解,必须经被代表的当事人同意。撤诉是对当事人实体权利和诉讼权利进行处分的行为,应当征得被代表的当事人的同意。

第二种观点认为,关于王某、陈某未经被代表的当事人的同意,擅自撤诉的行为是否有效,不能一概而论。本案是人数确定的代表人诉讼,从诉讼性质来看属于普通的共同诉讼。普通共同诉讼是可分之诉,各共同诉讼人之间具有较强的独立性,其中一人的诉讼行为对其他共同诉讼人不发生效力。因此,在本案中王某、陈某未经被代表的当事人的同意,擅自撤诉的行为仅对当事人本人产生效力,对其当事人不具有法律效力。

三、提示与参考

在我国民事诉讼立法中,共同诉讼有两种方式。一种是以诉讼标的为标准将共同诉讼分为普通的共同诉讼和必要的共同诉讼;另一种是以起诉时人数是否确定为标准分为人数确定的代表人诉讼和人数不确定的代表人诉讼。依据最高人民法院的司法解释,代表人诉讼适用于一方当事人人数在10人以上的诉讼。至于一方当事人人数在10人以上的,是否必然推选代表人进行诉讼,我国民事诉讼法未明确规定。

一般认为,我国诉讼代表人制度兼具共同诉讼和诉讼代理制度的机能。但诉讼代表人制度与共同诉讼制度、诉讼代理人制度相比仍然有很大的区别。诉讼代表人制度与共同诉讼制度的区别主要表现在以下几个方面:(1)人数上的区别:我国民事诉讼法对共同诉讼没有作出人数上的限制,而代表人诉讼必须一方当事人人数众多,且为10人以上。(2)是否亲自参加诉讼不同:在代表人诉讼中,人数众多一方当事人只要推选出诉讼代表人,就可脱离诉讼,不必亲自参加诉讼,而共同诉讼人必须亲自参加诉讼。(3)所实施的诉讼行为的效力不同:诉讼代表人实施的诉讼行为,除法律明确规定的变更、放弃诉讼请求或者承认对方当事人的诉讼请求,进行和解,必须经被代表的当事人的同意才对其有效的以外,其他诉讼行为原则上对当事人全体有效。但共同诉讼人中一人的诉讼行为,是否对其他共同诉讼人有效,因共同诉讼的种类不同而有所不同。在必要共同诉讼中,原则上只有经过其他当事人的承认,才对其他当事人生效;在普通共同诉讼中,对其他共同诉讼人不生效。诉讼代表人与诉讼代理人的区别表现为:(1)诉讼代表人是本案当事人,他与本案的诉讼结果有利害关系。诉讼代理人不是本案当事人,与本案的诉讼结果没有利害关系。(2)诉讼代表人实施诉讼行为,不仅是为被代表的当事人的利益,也是为自己的利益。诉讼代理人实施诉讼行为的目的是维护被代表的当事人的利益。(3)诉讼代表人所实施的诉讼行为效力不仅对被代表的当事人有效,对自己也有效。而诉讼代理人所实施的诉讼行为效果归于被代理的当事人。(4)诉讼代表人实施的诉讼行为,除法律明确规定的变更、放弃诉讼请求或者承认对方当事人的诉讼请求,进行和解,必须经被代表的当事人同意才对其有效的以外,其他诉讼行为原则上对当事人全体有效。诉讼代理人所实施诉讼行为必须有被代理人的明确授权。

案例 5.73→

未参加登记的权利人在诉讼时效期间内
提起诉讼,能否申请法院裁定适用已经作出的生效判决?

一、案情简介

某企业使用霉变面粉加工馒头,潜在受害人不可确定。甲、乙、丙、丁等20多名受害者提起损害赔偿诉讼,法院作出判决,支持了甲、乙、丙、丁的诉讼请求。在案件作出判决后,戊作为受害人向法院提起诉讼,请求法院作出裁定,将已经生效的判决适用于自己提起的诉讼。

二、分歧观点

在人数不确定的代表人诉讼中,未参加登记的权利人在诉讼时效期间内提起诉讼,人民法院应否裁定适用人民法院已作出的判决、裁定,存在两种不同的观点:

第一种观点认为,根据《最高人民法院关于适用〈中华人民共和国民事诉讼法〉若干问题的意见》第 64 条的规定,未参加登记的权利人在诉讼时效期间内提起诉讼,人民法院认定其请求成立的,裁定适用人民法院已作出的判决、裁定。法院应支持戊提出的诉讼请求。

第二种观点认为,在人数不确定的代表人诉讼中,未参加登记的权利人在诉讼时效期间内提起诉讼,人民法院不应裁定适用人民法院已作出的判决、裁定。因为民事判决具有既判力。传统诉讼理论认为,民事判决的既判力仅仅约束法院和参加诉讼的当事人,对未参加诉讼的当事人而言,判决对其不具有约束力。

三、提示与参考

我国学者一般认为,既判力理论被认为是民事诉讼的基本理论之一,在民事诉讼体系中占据着非常重要的地位。既判力理论渊源于罗马法时期,在大陆法系国家得到广泛的认同。德国、日本、法国等国的民事诉讼法均采用这一概念。一般认为,既判力是判决实质上的确定力。"在民事诉讼中,法院的终局判决作出后,无论该判决结果如何,当事人及法院均要接受判决内容的约束,当事人不得就该判决的内容再进行相同的主张,法院也不得就该判决的内容再作出相矛盾的判决。判决所具有的这种拘束力称为既判力。"[①]关于既判力的概念、作用、本质、根据、主观范围、客观范围、时间界限(基准时)以及既判力与诉讼标的的关系等问题构成了既判力理论的主要内容。有关既判力的本质存在三种学说[②]:(1)实体法学说。实体法学说把确定判决与实体法上的法律要件联系起来,并且以判决的正当与否来确定既判力的本质。正确的判决是对当事人之间本来就存在的实体法律关系的重新确认;而不当的错误的判决是法院按照其判断来变更或者修改原来的实体法律关系,这种判例具有创造权利的效力,使真正既存的实体权利归于消灭,使真正不存在的实体权利发

---

① 王福华:《民事判决既判力:由传统到现代的嬗变》,载《法学论坛》2001 年第 6 期。
② 详见李龙:《论民事判决的既判力》,载《法律科学》1999 年第 4 期。

生存在的结果。(2)诉讼法学说。诉讼法学说现在已经形成为德国及日本之通说。这一学说是从国家审判权的判断统一的诉讼效果来说明既判力,认为既判力与实体法律关系无关,即使法院确定判决所认定的实体权利状态与既存的真正实体权利状态不相符,但基于国家要求公权(审判权)判断的统一,这种误判内容的效力,也不能不维持。法院所作出的确定判决在诉讼法上产生一定的效力,这种诉讼法上效力的内容系命令后诉的法院不得作出与前诉判决内容不同的判断。所以,既判力的本质在于,后诉法院在法律上不能有效作出与确定判决不同的判断,后诉法院所受的这种诉讼法上的拘束力,谓之既判力。(3)双重性质说。这种学说认为,因为法院的裁判是透过法律关系与诉讼过程形成的,因此既判力的本质应该从实体法和诉讼法两方面去理解。在实体法方面,既判力是为了解决当事人之间的实体法纠纷,因此赋予既判力以实体法地位,这就是所谓独立的既判力;在诉讼法方面,当双方当事人在其他的诉讼中,攻击已有既判力的实体法律关系时,确定判决有遮断的效力,这就是所谓附随的既判力。附随的既判力在诉讼中发生作用,而独立的既判力在诉讼外发生作用。既判力制度的核心内容是既判力的范围。既判力的范围包括主观范围、客观范围和时间范围①。第一,既判力的主观范围,又称既判力的人的界限,是指既判力及于什么人的问题。通说认为,民事诉讼解决的是当事人之间的权益纠纷,判决的效果能对双方当事人加以拘束即可,随意拘束第三者并无实际意义。民事诉讼奉行辩论主义与处分原则,判决以当事人之间的辩论为基础。如果允许判决拘束案外第三者,会不当地侵犯第三者所享有的诉讼程序保障权,并可能损害其正当的实体权益。因此,无论是大陆法系国家还是我国民事诉讼理论均认为,既判力原则上只是及于案件当事人,当事人以外的第三者不受当事人间诉讼结果的既判力拘束,即既判力具有相对性。第二,既判力的客观范围,是指判决中哪些判断事项产生既判力的问题。一般认为,既判力原则上以判决主文中的判断事项为限,判决理由没有既判力。第三,既判力的时间范围又称基准时,指的是以事实审言词辩论终结时为基准,当事人之间的权利义务关系被确定,不得复为争执。在既判力基准时之后,若有新事由发生(亦即实体权利义务关系发生变动),当事人自然可以根据新事由提起诉讼。大陆法系通说认为,发生既判力的判决只确认特定时刻的权利状态,而

---

① 有关既判力范围的论述详见翁晓斌:《我国民事判决既判力的范围研究》,载《现代法学》2004 年第 6 期。

不是确认所有未来的权利状态……涉及实质既判力的时刻与双方当事人在诉讼进行中能提起新的事实主张的截止时刻相同。简而言之,既判力的基准时应当界定在"事实审言词辩论终结时"。

案例 5.74→

"全权代理"等同于"特别授权"吗？

一、案情简介

刘甲委托律师王乙代理其进行民事诉讼,刘甲提交给人民法院的授权委托书中写明王乙的代理权是"全权代理"。依此授权书,王乙代理刘甲的诉讼中,王乙未经被代理人刘甲的同意,放弃诉讼请求,并与对方当事人达成和解协议。

二、分歧观点

关于律师王乙未经刘甲同意是否有权放弃诉讼请求,与对方当事人进行和解,存在两种不同的观点：

第一种观点认为,王乙未经刘甲同意有权放弃诉讼请求,与对方当事人进行和解。因为根据刘甲与王乙的授权委托书,王乙获得了刘甲有关诉讼的全部授权,其未经刘甲同意当然有权放弃诉讼请求,与对方当事人进行和解。

第二种观点认为,律师王乙未经刘甲同意无权放弃诉讼请求,与对方当事人进行和解。根据我国《民事诉讼法》第59条第2款的规定,诉讼代理人代为承认、放弃、变更诉讼请求,进行和解,提起反诉或者上诉,必须有委托人的特别授权。《最高人民法院关于适用〈中华人民共和国民事诉讼法〉若干问题的意见》第69条规定：当事人向人民法院提交的授权委托书,应在开庭审理前送交人民法院。授权委托书仅写"全权代理"而无具体授权的,诉讼代理人无权代为承认、放弃、变更诉讼请求,进行和解,提起反诉或者上诉。在本案中,授权委托书仅写明"全权代理",过于笼统,未明确地授予何种涉及实体权利的处分权限。而且这种过于笼统的授权,有可能为诉讼代理人损害被代理人的利益提供可乘之机。

三、提示与参考

民事诉讼代理人,是指基于法律规定、法院指定或者当事人的委托授权,在民事诉讼中以当事人的名义并为其利益进行诉讼活动的人。诉讼代理人代理当事人进行诉讼活动的权限称为诉讼代理权。诉讼代理人在授权范围内所实施的诉讼行为,称为诉讼代理行为。被代理的当事人称为被代理人。依据诉讼代理人产生方式的不同,诉讼代理人有法定诉讼代理人、指定诉讼代理人和委托诉讼代理人之分。委托诉讼代理人,是指基于当事人、法定诉讼代理人的委托,为当事人的利益在授权范围内进行民事诉讼活动的人。委托诉讼代理人具有以下特点:(1)委托诉讼代理权基于委托人的授权而产生。(2)委托代理权范围的限制性。(3)与委托人或被代理人之间不以存在特定身份关系为前提。(4)证明代理权存在的方式是授权委托书。委托诉讼代理人的代理权产生于当事人或法定代理人的授权行为。根据授权范围的不同,委托诉讼代理人的代理权限可以分为:一般授权和特别授权。一般授权,是指属于纯程序性质或者与实体权利关系不甚密切的诉讼权利,如申请回避权、管辖异议权、收集提供证据权、辩论权等;而特别授权是与实体权利联系紧密的诉讼权利,如代为承认、变更、放弃诉讼请求,进行和解,提起反诉或者上诉等。

案例 5.75

法定诉讼代理人可以未经被代理人同意承认、放弃、变更诉讼请求吗?

一、案情简介

李某民(男)与张某丽(女)于 2008 年登记结婚。2009 年张某丽由于做生意亏损、夫妻感情恶化等原因,患精神病,丧失民事行为能力。2010 年 2 月,李某民向某市河海区人民法院提起诉讼,请求判决与张某丽离婚。张某丽的母亲马某霞作为张某丽的法定代理人参加了诉讼。在案件审理过程中,法院主持进行了调解,马某霞代张某丽作出了同意离婚的意思表示。

二、分歧观点

关于马某霞是否有权代张某丽作出同意离婚的意思表示,存在两种不同的观点:

第一种观点认为,马某霞有权代张某丽作出同意离婚的意思表示。在本案中马某霞是张某丽的法定诉讼代理人,法定诉讼代理的代理权限是一种真正意义上的全权代理,法定诉讼代理人的代理权并不受被代理的当事人意志的限制。法定诉讼代理人处于"几乎等同于当事人"的诉讼地位,法定诉讼代理人的诉讼行为,视为当事人的行为,二者具有同等法律效力。

第二种观点认为,马某霞无权代张某丽作出同意离婚的意思表示。因为,在本案中张某丽是本案的当事人,马某霞只是张某丽的法定代理人。作出同意离婚的意思表示涉及了当事人的实体权利,为切实维护和保障当事人的权益,法定诉讼代理人在处分被代理人实体权利时应获得被代理人的授权。

三、提示与参考

法定诉讼代理人,是指根据法律规定取得诉讼代理权,代理无民事诉讼行为能力的当事人进行民事诉讼活动的人。法定代理人的范围与监护人的范围一致,法定诉讼代理人既可以是自然人,也可以由机关、团体或企事业单位担任。法定诉讼代理人具有以下三个突出特点:(1)基于法律的规定而产生。(2)被代理人仅限于无诉讼行为能力人。(3)与被代理人之间具有特定的身份关系。法定诉讼代理权的消灭与监护权的丧失同步。司法实践中,法定诉讼代理权的消灭主要有以下几种情形:(1)被代理人具备或恢复了诉讼行为能力;(2)基于婚姻关系发生的监护权,因婚姻关系解除而消灭;(3)法定诉讼代理人丧失行为能力;(4)法定诉讼代理人或被代理人死亡;(5)收养关系解除;(6)诉讼终结。

案例 5.76→

法定诉讼代理人顺位与监护人顺位必须一致吗?

一、案情简介[①]

原告李甲,男,1995年出生;原告李乙,女,1997年出生,系原告李甲之妹。法定代理人王某,1947年出生,系原告李甲、李乙之祖母。被告周某,女,1972年出生,系原告李甲、李乙之母亲。周某与李某于1994年登记结婚,婚后生一子李甲和一女李乙。夫妻二人婚后感情一直较好,直至2004年2月,李某患癌症去世。当年9月,周某改嫁他人,并抛家在别处

---

① 案例来源于:http://www.110.com/ziliao/article-145039.html,访问日期:2013年4月2日。

居住,李甲、李乙则一直随祖母王某共同生活至今。在此期间,周某一直未承担子女的监护和抚养义务。2007年2月,李甲、李乙以愿意随祖母共同生活,但祖母王某生活困难,母亲周某应支付抚养费为理由,向当地人民法院提起民事诉讼,要求母亲每年支付抚养费2400元。王某作为法定诉讼代理人出庭参加了诉讼。被告周某未做答辩。

二、分歧观点

关于祖母王某是否可以法定诉讼代理人身份参加诉讼,存在两种不同的观点:

第一种观点认为,王某不能作为本案的法定诉讼代理人参加诉讼。本案二原告系未成年人,属于民事诉讼法上的无民事诉讼行为能力人,依法应由其监护人作为法定诉讼代理人参加诉讼。依据我国《民法通则》的规定,未成年人的监护人以父母为第一顺位,王某作为祖母是二原告第二顺位的法定监护人。因此,本案中王某不能成为本案的法定诉讼代理人。

第二种观点认为,王某可以作为本案的法定诉讼代理人参加诉讼。本案属于给付抚养费的案件,本案原告的母亲虽然为第一顺位的法定监护人,但其在本案中的身份为被告,存在身份冲突。此时由第二顺位的祖母作为法定诉讼代理人参与诉讼,有利于维护未成年人的合法权益。

三、提示与参考

我国《民法通则》第16条规定:未成年人的父母是未成年人的监护人。未成年人的父母已经死亡或者没有监护能力的,由下列人员中有监护能力的人担任监护人:(1)祖父母、外祖父母;(2)兄、姐;(3)关系密切的其他亲属、朋友愿意承担监护责任,经未成年人的父、母的所在单位或者未成年人住所地的居民委员会、村民委员会同意的。

第六章 民事证据制度

第一节 民事证据

案例 6.1→

偷拍偷录的证据是非法证据吗？

一、案情简介

甲（男）与乙（女）系夫妻关系。甲与丙（女）存在婚外情。乙欲起诉离婚并请求赔偿。为收集证据，乙在自家卧室秘密安装了一个摄像头，然后谎称单位委派自己到外地出差10天。在乙离开期间，甲与丙同居的事实被拍摄了下来。乙取得该证据后向法院提起诉讼。

二、分歧观点

关于乙所取得的摄像资料是否属于非法证据，存在两种不同的观点：

第一种观点认为，乙所取得的摄像资料属于非法证据。根据《最高人民法院关于民事诉讼证据的若干规定》第68条的规定，以侵害他人合法权益或者违反法律禁止性规定的方法取得的证据，不能作为认定案件事实的依据。在本案中，乙的偷拍行为侵犯了甲的个人隐私，侵害了他人的合法权益。因此乙所取得的摄像资料属于非法证据，不能作为定案证据。

第二种观点认为，乙所取得的摄像资料不属于非法证据。民事诉讼活动中偷录偷拍的视频资料能否作为认定案件事实依据，要不同情况区别对待。根据《最高人民法院关于民事诉讼证据的若干规定》的规定，非法证据包括两类：一是以侵犯他人合法权益所取得的证据；二是采用违反法律禁止性规定的方法所获取的证据。乙在自己家里安装的摄像设备，不构成侵权。因此，乙所取得的摄像资料可以作为定案证据。

三、提示与参考

我国学者一般认为民事诉讼证据是指能够证明民事案件真实情况的事实。通常意义上讲,民事诉讼证据既是指民事诉讼中当事人向法院提供的或者法院依职权收集的用以证明案件事实的各种材料,也是法院认定有争议案件事实的根据。我国民事诉讼理论中,一般认为证据应当具有"三性",才能作为定案的证据,起到证明案件事实的作用。所谓证据的"三性"即客观性、关联性、合法性。证据的客观性,是指证据必须是真实的,证据所反映的内容应当是真实的,客观存在的,是不以人们的主观意志为转移的客观存在。证据的关联性,是指证据必须与案件的待证事实之间具有某种内在的联系。证据的合法性,是指证据必须符合法律的要求,不为法律禁止,即具有合法性。具体是指:①证据收集主体的合法性。②证据形式的合法性。③证据材料转化为证据的合法性,证据材料要成为证据必须经过法律规定的程序。④证据收集程序的合法性。证据是否具有合法性以及如何解读证据的合法性,一直是民事诉讼法学界争论的热点问题之一。"非法证据排除规则是一项缘起于美国刑事诉讼中的证据规则。这项规则的最初宗旨在于防止警察滥用侦查权力,以便保护公民个人权利与自由不受侵犯。由于非法证据排除规则牵动社会的'敏感神经',涉及非法证据排除的案件常常引起社会关注,使得这一证据规则的影响面跨越美国,逐渐波及其他国家与地区,从刑事诉讼领域扩展到民事诉讼领域。"[①]目前学界的通说认为,合法性是证据的基本属性之一。对不具有合法性的证据是否应当排除的问题,最高人民法院1995年3月以法复〔1995〕2号文批复河北省高级人民法院,认为:"证据的取得首先要合法,只有经过合法途径取得的证据才能作为定案的根据。未经对方当事人同意私自录制其谈话,系不合法行为,以这种手段取得的录音资料,不能作为证据使用。"该司法解释在当时的司法实践中产生了广泛的影响。这一司法解释认为民事诉讼必须坚持证据的合法性原则,确立了民事诉讼非法证据排除规则。为了进一步完善证据立法,2001年最高人民法院出台《关于民事诉讼证据的若干规定》,该司法解释进一步对非法证据作出规定:以侵害他人合法权益或者违反禁止性规定的方法取得的证据,不能作为认定案件事实的依据。该司法解释将非

---

① 韩波:《宽容的界限:事实认定中的非法证据排除——以民事诉讼为中心的分析》,载《清华法学》2008年第6期。

法证据的范围从偷拍偷录扩展至整个证据制度。但对合法性问题仅仅予以原则性规定,对于"合法性"的具体内涵以及非法证据的具体情形和非法证据排除规则,未予以明确规定。

第二节 证据的种类

案例 6.2→

本证是由原告提出的证据吗?

一、案情简介

原告诉请被告返还借款 5 万元,为证明这一事实,原告向法院提交了被告书写的"借据";被告则主张"借款已经清偿",并向法院出示了原告交给他的"收据"。

二、分歧观点

关于"借据"和"收据"是否属于本证,存在两种不同的观点:

第一种观点认为,借据是本证,收据是反证。原告提出提交"借据"是为了证明借贷关系的存在;被告提交的"收据"是为了否定原告的诉讼主张,证明借贷关系已经消灭。因此,借据是本证,收据是反证。

第二种观点认为,"借据"和"收据"都是本证。本证和反证往往是针对同一事实的,原告出示"借据"是为了证明借贷关系的存在。被告出示"收据"是为了证明已经还款的事实。无论"借据"还是"收据"都是为了证明当事人所主张的案件事实,所以,借据和收据都是本证。

三、提示与参考

本证与反证是与证明责任紧密相关的证据学理分类。我国目前的通说认为,根据证据与证明责任承担者的关系,可以将证据分为本证与反证。本证,是指负有证明责任的一方当事人,为了证明自己主张的事实成立而提交的证据。反证,是指针对某一案件事实不负证明责任的当事人,为了证明该事实不存在或不真实而提交的证明。除了本证和反证的分类外,有学者指出,"根据证据与证明责任的关系和待证事实之间联系的不同,可以把证据进一步分为间接本证与间接反证。在证明活动中,有些案件的主要事实难以用直接证据证明,因而主张待证事实存在的一方当事人只得提出若干间接事实来证明其主张。而对方当事人则通过提出并证明另一些间接事实,以推翻关于存在待证事实的主张。以上证明中双方用的都是间接证据,一方用的是间接本证,另一方用的是间接反证"①。

案例 6.3→

依据间接证据能认定案件事实吗?

一、案情简介

在甲诉乙借款纠纷一案中,有以下几种证据:①甲的同事丙的证言。丙证明,他在 2009 年 3 月 21 日听甲说,乙向甲借了 3000 元钱,准备到外地旅游时用。②乙的朋友丁向受诉人民法院提出的证言:乙在 2009 年 3 月底与丁到五台山旅游时向丁说,这次出来玩的钱是向别人借的。③甲向法院提供了 2009 年 3 月 20 日在银行取款 3000 元的银行凭证。④法院通过调查取证得知乙的银行卡在 2009 年 3 月 20 日转入 3000 元。

二、分歧观点

根据现有的证据能否证明甲、乙之间存在借款关系,存在两种不同的观点:

第一种观点认为,根据现有的证据不能证明甲、乙之间存在借款关系。因为,本案中的所有证据均为间接证据,无直接证据证明甲、乙之间存在借款关系。

第二种观点认为,根据现有的证据能证明甲、乙之间存在借款关系。在本案的证据中虽无直接证据证明甲、乙之间存在借款关系,但是,本案中的间接证据已经形成了完整的证据链,可以认为甲、乙之间存在借款关系。在本案中,各个间接证据本身是真实可靠的,并且相互之间不存在矛盾,具有一致性,构成完整的证据链。

三、提示与参考

在民事诉讼中,根据证据与待证事实之间的关系,可以将证据分为直接证

---

① 江伟:《民事诉讼法》,高等教育出版社 2004 年第 2 版,第 185 页。

据和间接证据。所谓的直接证据是指能够单独、直接证明案件的主要事实的证据。一般认为,直接证据具有以下特征:第一,单独一个证据;第二,能够证明案件的主要事实;第三,能够直接证明案件主要事实的,无须其他证据的辅助证明。所谓间接证据是指不能单独直接证明,而需要与其他证据结合起来才能证明案件主要事实的证据。一般认为,直接证据证明力强于间接证据。在诉讼过程中,当事人一般都尽量提出直接证据。只有在无直接证据证明案件主要事实的情况下,法官需要运用间接证据认定案件主要事实。

案例6.4→

传来证据具有证明力吗?

一、案情简介

甲向乙借款1万元,因时间较长,乙向甲催还借款时,甲矢口否认。为此双方发生纠纷,乙便起诉到法院。法院要求乙提供借款1万元的借据原件,但乙说原件已丢失,只提交了借据的复印件,甲对此复印件不予承认。

二、分歧观点

关于乙所提交的借据复印是否具有证明力,存在两种不同的观点:

第一种观点认为,乙所提交的借据复印不具有证明力。因为该证据为传来证据,由于其无法与原件核对,因此不能作为证据使用。在司法实践中,当事人向人民法院提供证据时,应当提供原件或者原物。如需自己保存证据原件、原物或者提供原件、原物确有困难的,可以提供经人民法院核对无异的复制件或者复制品;无法与原件、原物核对的复制件、复制品不能单独作为认定案件事实的依据。《最高人民法院关于适用〈中华人民共和国民事诉讼法〉若干问题的意见》第78条明确规定:"证据材料为复制件,提供人拒不提供原件或原件线索,没有其他材料可以印证,对方当事人又不予承认的,在诉讼中不得作为认定事实的根据。"

第二种观点认为,乙所提交的借据复印是否具有证明力,不能一概而论。根据最高人民法院的司法解释:无法与原件核对一致的复印件,不能单独作为定案的依据。需要说明的是最高人民法院的司法解释强调的是不能"单独"作为定案的依据。即如果本案中其他的传来证据或者间接证据(如证人证言、当事人陈述等),能与该复印件相互印证,形成了证据链,那么,这张复印件就可以被作为有效证据予以采信,具有一定的证明力。

三、提示与参考

根据证据的来源不同,将证据分为原始证据和传来证据。该分类已获得理论界和实务界的一致认同,可在相关的立法和司法解释中看到有关原始证据和传来证据的影子。我国《民事诉讼法》第70条第1款规定:"书证应当提交原件。物证应当提交原物。提交原件或者原物确有困难的,可以提交复制品、照片、副本、节录本。"《最高人民法院关于适用〈中华人民共和国民事诉讼法〉若干问题的意见》第78条,对此做出了进一步的细化规定:"证据材料为复制件,提供人拒不提供原件或原件线索,没有其他材料可以印证,对方当事人又不予承认的,在诉讼中不得作为认定事实的根据。"最高人民法院在总结多年司法实践后,2001年出台《关于民事诉讼证据的若干规定》,该《规定》第49条规定:"对书证、物证、视听资料进行质证时,当事人有权要求出示证据的原件或者原物。但有下列情况之一的除外:(一)出示原件或者原物确有困难并经人民法院准许出示复制件或者复制品的;(二)原件或者原物已不存在,但有证据证明复制件、复制品与原件或原物一致的。"第77条明确规定了原始证据和传来证据在证明力上的差别:"人民法院就数个证据对同一事实的证明力,可以依照下列原则认定:……(三)原始证据的证明力一般大于传来证据……"

案例6.5→

原始证据的证明力大于传来证据吗?

一、案情简介[①]

2008年1月17日,甲公司与乙公司签订合同号为JB307-1266P的合同一份,该合同明确由甲公司提供价值10072751.60元(人民币,下同)的服务器等货物。其中合同第1.4条约定交货地点为西藏中路18号港陆广场裙楼6楼,上海丙公司陈某(在交货的同时请用户在有序列号的收

---

① 案例来源:http://www.a-court.gov.cn/,访问日期:2013年6月4日。

货单上签字);第14(3)条约定如乙公司逾期付款的,除人力不可抗拒因素外,自迟延付款的第1天起,乙公司应向甲公司每日按迟付货款总值的0.1％支付违约金,但违约金总额不超过合同总额的10％。验收合格后30日未付款乙公司应向甲公司偿付合同项下所有款项。第16条约定纠纷的管辖地为乙公司所在地法院管辖。双方当事人各在该合同上签字或盖章确认。同年1月19日至4月10日,案外人即本案用户上海丙公司收到该合同项下的货物,并于同年4月15日进行了验收。乙公司于同年的5月15日前支付了货款800万元,于同年5月16日支付200万元,于同年5月20日支付72751.60元。甲公司曾于同年4月3日发函要求乙公司付款。甲公司遂诉至法院。法院另查明,案外人上海丙公司已向工商机关申请更名为上海丁公司。

一审法院认为,本案双方争议的焦点在于该合同项下货物的具体收货及验收时间。甲公司提供送货单的复印件、电话录音、电子邮件以及申请法院调查等材料来证明用户的收货时间在2008年的1月份,而乙公司则直接提供由该合同约定的用户出具的客户收货单(合同号、送货地点等均与双方签订的合同约定内容相符)和终验报告等证据原件来证明其所陈述的该用户的收货及验货时间。由于甲公司提供的材料系传来证据或间接证据,而乙公司提供的证据则属原始证据或直接证据。同时,证据的高度盖然性原则亦表明乙公司所提出的证据已经证明其陈述的事实发生具有高度的盖然性。因此,综上所述,根据现有证据,结合证据规则,乙公司的辩称意见,应予采纳。判决作出后,甲公司不服原审判决,向上海市第一中级人民法院提起上诉。称:依据甲公司提供的电话录音、电子邮件及送货单等证据均可证明最终用户的收货时间为1月份;原审错误运用证据规则判定乙公司提供证据的证明效力大于甲公司提供的证据。据此,请求二审法院撤销原审判决,改判乙公司向甲公司支付逾期付款违约金766256.64元。二审法院认为,原审法院根据双方提交证据的性质对证据证明力进行的认定,符合最高人民法院《关于民事诉讼证据的若干规定》中关于数个证据对同一事实的证明力进行认定的规则,并无不当,原审判决正确,本院应予维持。

二、分歧观点

针对原始证据和传来证据证明力的大小,存在两种不同的观点:

第一种观点认为：原始证据的证明力大于传来证据。因原始证据与案件事实有直接的关系，为民事行为直接形成的材料，与案件事实之间联系相对紧密，没有中间环节，没有经过转手复制，故真实性较大；而传来证据则经过转手、复制、传抄等方面形成，这些中间环节出现差错的可能性极大，且与案件事实的联系不紧密，可靠性较原始证据要差。而且直接证据证明案件的主要事实无须经过任何中间环节，也无须借助其他证据进行推理，使得其证明力明显高于间接证据，所以，原始证据和直接证据的证明力大于传来证据或间接证据已成为证据立法和司法实际中一条公认的原则。

第二种观点认为，原始证据和传来证据的证明力不能一概而论。在与原件核对无误的情况下，原始证据和传来证据具有同等的证明力。

案例 6.6→

交警部门的《交通事故责任认定书》是书证吗？

一、案情简介

某市A区居民甲一日乘坐B区乙出租汽车公司的出租车于C区十字路口与D县丙长途汽车公司的客车相撞，经公安交通管理部门调查认定：该交通事故是由于丙公司司机违章操作造成的，甲受重伤，乙公司的出租车严重损坏，丙公司汽车所载部分乘客受轻伤。现甲向有关责任方索赔未果而欲提起诉讼。在案件审理过程中，当事人各方向法院提交了如下证据：①甲的住院病历；②甲的医疗费发票；③乙公司绘制的事故现象图；④乙公司的修车发票；⑤交警部门的《交通事故责任认定书》。

二、分歧观点

在案件审理过程中，对于交警部门的《交通事故责任认定书》的性质，存在两种不同的观点：

第一种观点认为，交警部门的《交通事故责任认定书》是书证。所谓书证是指用文字、符号或图画所表达的思想内容来证明案件事实的证据。在本案中，交警部门的《交通事故责任认定书》通过它所记载的内容，证明谁才是责任的主体。因此，交警部门的《交通事故责任认定书》是书证。

第二种观点认为，交警部门的《交通事故责任认定书》是鉴定意见。鉴定是有专门知识的人运用专门知识对某些专业问题进行鉴别和判断的活动，据此所形成的结论性意见成为鉴定意见。《交通事故责任认定书》是交警部门运用专门知识对交通事故责任所作出的认定,因此,交警部门的《交通事故责任认定书》是鉴定意见。

案例 6.7→

悬赏证据——刘某提供的证人证言能否作为证据?

一、案情简介

2008年2月28日,刘某和李某两女士在逛街时,因购物发生矛盾,继而引发纠纷。此后,刘某觉得在这场纠纷中输了面子,于是在事发地张贴启事,内容为"2月28日此地发生了一起打架事件,其间本人被一名30岁左右的女人殴打谩骂,恳请当日在场的群众将所见所闻反映给法庭,本人将予以重金酬谢"。在拿到了李某谩骂自己的有关证据后,刘某以名誉侵权为由将李某起诉至法院。庭审中,刘某指责李某侵犯了自己的名誉权,并提供了案发时在场的两名证人出具的证人证言。

二、分歧观点

针对刘某提供的证人证言能否作为证据,存在两种不同的观点:

第一种观点认为,刘某提供的证人证言能够作为证据。根据我国民事诉讼法和最高人民法院关于民事诉讼证据司法解释的有关规定,凡是知道案件情况的单位和个人,除不能正确表达意志的人以外,都有义务出庭作证,都可以作为证人。因此,应悬赏而来的人同样具有证人的资格。其证词经过法庭质证、审核后是可以被法院采信的。

第二种观点认为,刘某提供的证人证言不能够作为证据。虽然依据民事诉讼法和最高人民法院的相关司法解释,凡是知道案件情况的单位和个人都有作证的义务,但证人作证应当是无偿的。在本案中,刘某提供的证人证言是悬赏获得,这说明刘某和证人之间存在某种金钱交换关系,刘某提供的证人证言的真实性、合法性存疑,因此,应当在诉讼中予以排除。

案例 6.8

X 光片是书证还是物证？

一、案情简介

患者甲与某医院发生医疗纠纷。甲认为由于该医院误诊，导致其疾病没有及时得到治疗，造成了财产和精神上的损害，故向法院提起诉讼，要求医院承担相应的民事责任。甲提出病历和 X 光片保存在医院。

二、分歧观点

在案件审理过程中，对于 X 光片是书证还是物证，存在两种不同的观点：

第一种观点认为，X 光片是书证。所谓书证是指用文字、符号或图画所表达的思想内容来证明案件事实的证据。在本案中，X 光片根据它所记载的内容来证明案件事实，很显然是书证。

第二种观点认为，X 光片是物证。物证是指以物自身存在的形态、物质属性和外部特征等证明案件事实的一切物品和物质痕迹。在本案中，X 光片本身的存在就已经证明了案件中争议的事实。因此，该 X 光片是物证。

三、提示与参考

书证和物证是民事诉讼立法中法定的证据形式，是民事诉讼中同样重要的证据。在司法实践中，同一物品有可能既是书证也是物证。两者之间存在以下区别：第一，是否具有思想性。物证以其自身属性、外部特征或存在状况来证明案件事实，而书证则以文字、符号、图像等所表达的思想内容来证明案件事实。第二，两者的稳定性不同。物证具有易变、易失性，而书证具有稳定性。第三，物证具有较强的客观真实性，物证就是强调其自身的客观的外在状态。书证是强调其表达的思想内容，必然需要人为的联想与揣摩。

案例 6.9→

交通事故责任书是证据还是裁判依据？

一、案情简介①

2009年6月17日17时30分左右，被告沈丘县汽车运输有限公司（以下简称沈丘汽运公司）雇佣的驾驶员鲍某许驾驶豫P28950/P6255挂号重型半挂货车，沿沪宁高速公路由东向西行驶至汤山出口匝道附近，因左前轮爆胎致其车失控向左撞断中心隔离岛两侧护栏冲入逆向车道，与由西向东正常行驶至此的由原告葛某斐之父葛某国驾驶的苏DR5853号轿车相撞后，货车又撞断逆向车道边缘（南侧）防护栏方停住车。该事故导致葛某斐之母史某娟当场死亡，葛某国、葛某斐、鲍某许三人受伤，车辆、路产受损。公安机关交通管理部门认定该起事故属于交通意外事故。原告葛某斐伤后经南京军区南京总医院、常州市中医院诊断为：(1)脑震荡；(2)头皮挫裂伤；(3)右锁骨粉碎骨折；(4)右侧肋骨多发骨折；(5)血胸；(6)肺挫伤；(7)右上臂烧伤；(8)失血性贫血；(9)低蛋白血症，住院治疗55天。2009年9月14日，南京金陵司法鉴定所出具司法鉴定书，鉴定结论为：(1)葛某斐四根肋骨骨折构成十级伤残；(2)葛某斐右上肢功能部分丧失构成十级伤残。事发当日鲍某许驾车驶入沪宁高速公路前，对所驾车辆右边第二桥外面的轮胎进行了补胎修理。事故发生时，涉案车辆码表已损坏，装载情况为空载。豫P28950号牵引车、豫P6255号半挂车分别在被告中国人民财产保险股份有限公司周口市分公司（以下简称"人保周口市分公司"）、被告中国人民财产保险股份有限公司沈丘支公司（以下简称"人保沈丘支公司"）投保了交强险。原告葛某斐请求法院判令三被告赔偿医疗费、住院伙食补助费、营养费等合计122331.85元。被告沈丘汽运公司辩称：对原告葛某斐陈述的事故经过无异议，涉案的豫P28950号牵引车、豫P6255号半挂车在被告人保周口市分公司、人保沈丘支公司处投保，请求法院依法处理。被告人保周口市分公司、人保沈丘支公司辩称：对事故发生不持异议。由于公安机关交通管理部门认定该起事故属于交通意外事故，因此双方均无责任，我方应当在交强险无责赔

---

① 案例来源于：《最高人民法院公报》2010年第11期。

付限额内赔偿。原告葛某斐主张的医疗费、住院伙食补助费、护理费、残疾赔偿金、交通费、鉴定费合理,而主张的营养费、精神损失费过高,不应当全部支持。南京市江宁区人民法院一审认为:本案中,虽然公安机关交通管理部门认定涉案事故属于交通意外事故,但是交通意外事故并不等同于民法上的意外事件,交通事故责任并不等同于民事法律赔偿责任。本案中,鲍某许在驾驶车辆码表已损坏的情况下,仍将具有安全隐患的车辆驶入高速公路,主观上具有过失。涉案车辆发生爆胎后,鲍某许在车辆制动、路面情况均正常且车辆系空载的情况下,未能采取有效的合理措施,导致车辆撞断隔离带护栏后冲入逆向车道,与正常行驶的葛某国驾驶的车辆发生碰撞,致使葛某斐受伤。鲍某许的不当行为与损害事实的发生存在因果关系,其主观上亦存在一定过失,葛某国驾车系正常行驶,主观上不存在任何过错。鲍某许系沈丘汽运公司雇佣的司机,案发时正在履行职务,因此涉案事故的法律后果应当由沈丘汽运公司负担,沈丘汽运公司应对葛某斐受伤后的合理经济损失承担全部赔偿责任。沈丘汽运公司应对损害后果承担全部赔偿责任,人保周口市分公司、人保沈丘支公司应在交强险责任赔偿限额内赔偿葛某斐的经济损失。对于被告沈丘汽运公司、人保周口市分公司、人保沈丘支公司认可的原告葛某斐主张的医疗费、住院伙食补助费、护理费、残疾赔偿金、交通费、鉴定费,依法予以确认。对于原告主张的营养费,考虑到其受伤情况,结合其出院医嘱,原告主张的1080元(每天12元,计算90天)并无不当。对于原告主张的精神损害抚慰金,考虑原告在本次事故中遭受的痛苦程度以及伤残等级,酌定为7000元,在交强险限额内优先予以赔付。南京市江宁区人民法院于2009年12月17日判决:一、原告葛某斐因交通事故造成的损失121831.85元,由被告人保周口市分公司在交强险限额内赔偿36938元(含精神损害抚慰金7000元),被告人保沈丘支公司在交强险限额内赔偿36938元。二、原告葛某斐因交通事故造成的损失超出交强险限额部分的47955.85元,由被告沈丘汽运公司予以赔偿。三、驳回原告葛某斐的其他诉讼请求。

  人保周口市分公司不服一审判决,向江苏省南京市中级人民法院提起上诉,请求撤销原判,依法改判。江苏省南京市中级人民法院二审认为:交通事故认定书是公安机关处理交通事故,作出行政决定所依据的主要证据,虽然可以在民事诉讼中作为证据使用,但由于交通事故认定与民事诉讼中关于侵权行为认定的法律依据、归责原则有所区别,同时,交通事故责任也不等同于民事法律赔偿责任,因此,交通事故认定书不能作为民事侵权损害赔偿责任分配的唯一依据,行为人在侵权行为中的过错程度,应当结合案情,全面分析全部证据,根据民事诉讼的归责原则进行综合认定。据此,江苏省南京市中级人民法院二审判决:驳回上诉,维持原判。

二、提示与参考

本案的争议焦点是交通事故认定书是本案的证据还是民事侵权损害赔偿责任分配的唯一依据。根据《道路交通安全法》第73条的规定:"公安机关交通管理部门应当根据交通事故现场勘验、检查、调查情况和有关的检验、鉴定结论,及时制作交通事故认定书,作为处理交通事故的证据。交通事故认定书应当载明交通事故的基本事实、成因和当事人的责任,并送达当事人。"

第三节 证据收集

案例6.10→

法院能主动收集证据吗?

一、案情简介

2005年9月13日,原、被告约定:原告向被告承租位于南海区桂城南海大道西海一路佑一城二层11号铺,保证金19800元。同日,原告向被告交付了部分保证金10000元,被告向原告出具收据。此时,商铺尚未整体开业。庭审中,双方对商铺的交付时间、余下的保证金交付时间、租赁期间等其他合同内容陈述不一致。经法庭询问,被告表示不清楚讼争商铺所在的具体位置。被告至今未向原告交付讼争的商铺使用。2006年6月22日,经法院现场勘验,位于南海区桂城南海大道西海一路佑一城二层编号为2F-11号铺已由他人使用。一审判决认为:被告作为出租方对其出租的铺位的具体位置负有说明的义务,但被告不做说明亦不到法院勘验的现场。因此,法院根据原告的举证及法院现场勘验的结果,认定位于南海区桂城南海大道西海一路佑一城二层编号为2F-11号铺就是讼争的 11 号商铺。一审法院经审理后,判决:一、被告某应于本判决发生法律效力之日起十日内退还保证金 10000 元予原告;二、被告某公司应以保证金 10000 元为本金从 2006 年 4 月 24 日起至上列判决确定履行之日止按中国人民银行同期贷款利率计付利息予原告,息随上项清。本案受理费 410 元,由被告负担。宣判后,被告不服提起上诉称:原审法院违反法定程序。最高人民法院《关于民事诉讼证据的若干规定》第 16 条规定:"除本规定第十五条规定的情形外,人民法院调查收集证据,应当依当事人的申请进行。"本案中,当事人至今未申请,原审法院主动到现场勘验,违反了法定程序。二审法院经审查后认为:原审法院在庭审时告知双方当事人到现场勘验,以核查被上诉人在一审期间提交的证据所列铺位的实际情况。根据《中华人民共和国民事诉讼法》(2007)第 63 条、第 73 条以及《最高人民法院关于民事诉讼证据的若干规定》第 30 条的规定,原审法院勘验现场的行为并未违反法定程序,勘验材料可作为认定本案事实的证据。因此,原审法院现场勘验并未违反法定程序。

二、分歧观点

本案争执的焦点是:法院可否未经当事人申请主动调查收集证据。针对这一焦点,存在两种不同的观点:

第一种观点认为,法院无权主动依职权调查收集证据。民事诉讼是解决当事人之间私权纠纷的程序制度,由当事人收集和提出涉诉事实的证据资料自是毫无争议。法院作为纠纷的裁决者应保持中立状态,无权主动调查收集证据。

第二种观点认为,法院有权主动调查收集证据。根据我国《民事诉讼法》第 64 条第 2 款的规定:"当事人及其诉讼代理人因客观原因不能自行收集的证据,或者人民法院认为审理案件需要的证据,人民法院应当调查收集。"可见,人民法院在是否调查收集证据上拥有一定的自由裁量权。在本案中,法院为了查明纠纷所争议的标的物位置,主动进行调查取证,进行勘验,符合民事诉讼法的规定。

三、提示与参考

在民事证据收集制度上,经过多年的司法改革和理论研究,我国已经初步建立以当事人举证为主,法院收集证据为辅的证据收集制度。这对于克服我国超职权主义诉讼模式的弊端,激励当事人收集证据的积极性无疑具有重要的意义。1982年的《中华人民共和国民事诉讼法(试行)》,通过立法的形式,正式确立了我国民事证据收集制度的一般原则。该法规定:人民法院应当按照法定程序,全面地、客观地收集和调查证据。1984年最高人民法院颁布的《关于贯彻执行〈中华人民共和国民事诉讼法(试行)〉若干规定的意见》进一步深化了试行民事诉讼法的规定。"人民法院收集和调查证据应当深入群众,依靠组织,认真查清纠纷发生的时间、地点、原因、经过和结果,不受当事人提供证据范围的限制。"这些规定反映出1982年《中华人民共和国民事诉讼法(试行)》在证据收集制度方面具有典型的职权主义特征,法院牢牢掌握着收集证据的权限。20世纪80年代后期,随着我国社会主义市场经济体制的建立,社会利益日益多元化,民事纠纷的数量激增。超职权主义模式下法院"包揽式"证据收集模式已越来越受到来自理论界与实务界的批评。1991年颁布实施的现行民事诉讼法,虽然并没有从根本上改变我国民事诉讼职权主义模式,但可以发现民事诉讼模式欲从职权主义诉讼模式向当事人主义模式转化的种种迹象。此时的民事证据收集制度较之1982年试行民事诉讼法的规定,发生了较大的变化。法院在证据收集方面的权限开始受到限制,不再全面地收集证据,仅在当事人及其诉讼代理人因客观原因不能自行收集的证据,或者人民法院认为审理案件需要时才可依职权收集证据。随着以"司法公正、效率"为主题的司法改革运动在全国法院系统展开,最高人民法院通过一系列的司法解释,不断弱化法院收集证据的权限,严格限制法院调查收集证据的范围。1998年最高人民法院在《关于民事、经济审判方式改革问题的若干规定》第3条规定:"下列证据由人民法院调查收集:1.当事人及其诉讼代理人因客观原因不能自行收集并已提出调取证据的申请和该证据线索的;2.应当由人民法院勘验或者委托鉴定的;3.当事人双方提出的影响查明案件主要事实的证据材料相互矛盾,经过庭审质证无法认定其效力的;4.人民法院认为需要自行调查收集的其他证据。"2001年12月最高人民法院颁布的《关于民事诉讼证据的若干规定》进一步限制了法院依职权调查收集证据。"人民法院认为审理案件需要的证据"是指以下几种情形:(一)涉及可能有损国家利益、社会公共利益或者他人合法权益的事实;(二)涉及依职权追加当事人、中止诉讼、终结诉讼、回避等与实体争议无关的程序事项。

以当事人收集为主导,以法院收集为辅的证据收集原则是法院与当事人证据收集权限的基本原则。强调以"当事人为主导",是由当事人的程序主体地位所决定的,是由当事人的主张责任与举证责任所决定的。其主要内容为,就一般民事案件而言,作为判决基础的事实和证据必须由当事人提出,当事人应当主动收集和提出证据。当事人在证据收集方面的主导性是不可动摇的。"以法院为辅"主要指:一是法院在当事人因种种原因不能有效地收集证据时,法院应当协助收集证据,为当事人接近证据提供便利。我国民事诉讼立法并未赋予当事人直接向证据源(对方当事人或掌握证据的诉讼外第三人)收集证据的权利。之所以如此的原因在于,"我国司法传统上将调查证据的权限作为司法权的一部分,故将其交由法院所垄断,并拒绝承认民事诉讼当事人有直接要求对方当事人甚至诉讼外第三人提供有关事实证据资料的权利"①。除当事人将自己占有的证据向法院提出外,如果证据为对方当事人或第三人持有,当事人可以向法院提出申请,而后法院通过发出文书、提出命令等方式来实施和完成证据的收集。二是法院在必要时对特定的案件可以依职权主动收集证据。从域外经验来看,法院不阈于当事人主张的事实和提供的证据的限制,依职权主动收集事实和调取证据的案件范围仅限于包含公共利益和人事诉讼案件。② 我国的《关于民事诉讼证据的若干规定》在一定程度上反映了对国外相关制度的借鉴,对于"涉及国家利益的事实"、"涉及公共利益的事实",法院依职权调查收集证据。同时《关于民事诉讼证据的若干规定》还认为对于涉及依职权追加当事人、中止诉讼、终结诉讼、回避等与实体争议无关的程序事项,法院也可以依职权收集相应的证据。在此需要说明的是,对此类事项的审查属于法院行使程序指挥权,与法院依职权于当事人主张之外收集证据并不处于同一层面。这反映出《关于民事诉讼证据的若干规定》混淆了职权探知事项和职权调查事项之间的差异。三是赋予法官释明权。诉讼中的当事人由于法律意识、经济水平等方面的差异,加之我国没有律师强制代理制度。当事人证据收集能力存在差异是不争的事实。对此可以通过法院行使释明权弥合此种差异,实现当事人证据收集上的实质平等。四是对妨碍证据收集的行为实施制裁。

---

① 骆东平:《论我国民事诉讼中的证据收集权限配置》,载《湖北社会科学》2010年第2期。

② 邵明:《析法院职权探知主义——以民事诉讼为研究范围》,载《政法论坛》2009年第6期。

案例 6.11→

一方当事人能否要求对方当事人提供证据？

一、案情简介[①]

被告为一家生产轮胎的企业，原告为被告加工配件，双方口头协商确定加工费，原告将加工物送至被告仓库后，由被告的质检员、保管员出具入库单，每月月底被告依据自己的记账情况告知原告其应付加工费的数额，原告据此开出增值税发票交给被告，被告将发票挂账，后分期给付加工费。在 1998 年 12 月至 2000 年 8 月双方业务关系存续期间，原告称共向被告开出 12 张发票，金额为 59 万元，被告付款 49 万元，尚欠 10 万元。原告在索款未果的情况下诉至法院要求被告支付剩余加工费，并提供了增值税发票的记账联和被告付款后原告向其开出收据的记账联。但对于被告是否收到原告的增值税发票，原告未能提供证据证明，原告主张只要调查被告的账目即可查明这一事实，并据此申请调取被告的账册。

二、分歧观点

一方当事人是否有权要求对方当事人提供证据，存在两种不同的观点：

第一种观点认为，一方当事人无权要求对方当事人提供证据。我国民事诉讼法并未赋予当事人直接向对方当事人收集证据的权利，当事人只能向法院提出申请，由法院调查收集证据。

第二种观点认为，当事人有权要求对方当事人提供与案件事实相关的证据。由于当事人诉讼能力的差异以及客观条件的限制，当事人对事证资料的提供能力有所不同。根据协力义务，不负举证责任的当事人在知悉或持有对方负有举证责任的事证资料时，在一定条件下，负有解明案件事实的义务。从发现真实、促进诉讼效率这两大价值维度来看，当事人有权要求对方当事人提供与案件事实有关的案件事实。

[①] 案例来源于：http://www.chinalawedu.com/news/21601/21713/21615/2005/1/li187449341131 50021936_157581.htm，访问日期：2012 年 12 月 2 日。

三、提示与参考

现代民事诉讼的主要特征之一就是证据裁判主义,当事人的辩论和法院的裁判都是以证据为基础的,从某种意义上说整个民事诉讼都是以证据为中心而展开的。收集证据作为一项基础性作业在民事证据制度中的地位不言而喻。我国有关民事证据收集制度的立法并不完善,只是笼统地规定了当事人收集证据的权利,而没为当事人设置法定的收集证据的手段和方法。大陆法系传统的证据收集理念以辩论主义为理论根据,认为:具有主张责任和证明责任的当事人,为了证明于己有利的事实,会不遗余力地收集和提出证据,而相对方没有协助当事人收集证据的义务。如此看来,收集证据似乎就是当事人的独角戏。其实不然,在德、日有关证据收集的立法规定和司法实践中,经常可以看到法院的身影,甚至可以说如影随形。事实上德、日两国证据收集制度最大的特点就是,法院在证据收集中占据着重要的地位,完整的证据收集程序是当事人诉讼行为与法院的诉讼行为相结合的结果。甚至在个别情况下,法院可以依职权收集证据。除当事人将自己占有的证据向法院提出外,如果证据为对方当事人或第三人持有,当事人惯常采用的方法是向法院提出申请,而后法院通过发出文书、提出命令等方式来实施和完成证据的收集。这种证据收集机制的形成与大陆法系民事诉讼体制密切相关,断续开庭的审理方式、法官既负责事实认定又负责法律适用及以法官询问为主的证据调查模式等大陆法系民事诉讼的这些特性决定了这种证据收集机制的正当性。[①] 与大陆法系相比,英美的民事诉讼程序更具对抗性,诉讼犹如竞技。每一场诉讼都犹如一场你死我活的斗争。为了维护当事人之间的攻防的平等,英美法系国家在民事诉讼中确立了证据开示制度,披露诉讼信息。美国于1938年制定的联邦民事诉讼规则首次将证据开示制度法典化,并使其成为一个独立的诉讼阶段。此后,美国证据开示制度经历了1980年、1983年、1993年、2000年的数次现代化改造,英国、澳大利亚等英美法系国家的民事司法改革亦将证据开示制度的改革作为其重心。证据开示制度的重要目标之一就是使诉讼当事人能发现与案件相关的必要证据及资讯,以向法院提出更多有关的事实。

---

① 熊跃敏:《大陆法系民事诉讼中的证据收集制度论析》,载《甘肃政法学院学报》2004年第8期。

第四节 证明和证明对象

案例 6.12→

一方当事人持有证据，拒不提供，应如何处理？

一、案情简介

甲将其自有房屋出卖给乙，双方签订房屋买卖合同，其后乙不慎将合同原件丢失。双方产生纠纷后，乙起诉主张确认其拥有房屋的所有权，并要求甲搬迁。乙称甲持有原件，要求甲出示。甲拒绝出示合同原件。

二、分歧观点

在甲拒不提交合同原件的情况下，法院应如何认定案件事实，存在两种不同的观点：

第一种观点认为，在甲拒不提交合同原件的情况下，法院可以依据《最高人民法院关于民事诉讼证据的若干规定》第 75 条的规定："有证据证明一方当事人持有证据无正当理由拒不提供，如果对方当事人主张该证据的内容不利于证据持有人，可以推定该主张成立。"认定乙的诉讼主张成立。

第二种观点认为，根据民事诉讼中"谁主张，谁举证"的原则，乙为了证明自己主张的房屋买卖关系存在，应当提供相应证据。甲作为对方当事人无协助乙提供证据的义务，甲拒绝提供合同原件的行为并无不妥。乙自行承担举证不力的后果。

三、提示与参考

本案属于典型的证据偏在案件。甲作为证据的持有人，掌握着关系案件重要事实的证据，但其拒不提供该证据。在司法实践中，不负举证责任的当事人通过作为或不作为的方式，使负有举证责任的当事人不可能提出证据，导致待证事实无法证明的情况屡见不鲜。针对此种情况，法官如何进行判断，是一个司法适用的难点。对通过毁灭、隐匿证据以妨害对方进行证明活动的当事人，应否予以一定的制裁呢？无论大陆法系还是英美法系对此都给出了肯定的答案。但对于何为证明妨碍，大陆法系和英美法系的侧重点有所不同。英美法系的"定义模式并未说明实施妨碍行为的主体类型,只是对妨碍行为所指向的具体证据方法以及妨碍行为的方式和严重性程度进行了限定。但随着判例的不断积累和发展,在实践中英美法系对妨碍行为的规制早已突破了上述较为单一的行为类型和构成要件。在大陆法系的语境下,其通常从主张责任和证明责任的角度出发来阐述证明妨碍对诉讼程序所造成的影响。……相较于英美法系的定义特点,该种将妨碍行为实施主体的范围极度缩限为'不负证明责任的一方当事人'的定义模式,很可能导致证明妨碍制度应有功能的弱化"[1]。我国民事诉讼立法没有对证明妨碍规则作出明确规定。有关证明妨碍的规定散见于司法解释中。最高人民法院于1998年出台的《关于民事经济审判方式改革问题的若干规定》第30条中首次规定法院可以对实施证明妨碍行为的当事人作出不利的裁判结果。2002年出台的《关于民事诉讼证据的若干规定》第75条规定:"有证据证明一方当事人持有证据无正当理由拒不提供,如果对方当事人主张该证据的内容不利于证据持有人,可以推定该主张成立。"此规定被视为正式在我国民事诉讼中确立了证明妨碍及其排除制度。对证明妨碍行为进行制裁的理论依据尚未达成共识,其中较具代表性的主要包括"实体法损害赔偿义务说"、"经验法则说"、"期待可能性说"、"民事诉讼诚实信用原则说"、"诉讼协力义务违反说",以及美国的"公平与制裁说"。

案例 6.13

被告在起诉书中自认的事实能反悔吗?

一、案情简介

原告北京某有限公司诉称,某电影系由其拍摄并拥有版权。2008年7月,经公证,原告发现被告某公司在其经营的"网吧"内播放涉案电影,而该电影片源系由娱乐公司提供。原告认为,两被告未经其许可,在信息网络的环境下,通过预先将涉案影片复制和存储在服务器上,向不特定的公众提供有偿的传播和播放服务,上述行为侵犯了原告对涉案影片享有的信息网络传播权。据此,原告请求本院判令两被告立即停止侵犯原告对电影享有的信息网络传播权并赔偿原告经济损失和合理费用共计人民

---

[1] 韩静茹:《民事诉讼证明妨碍问题之反思——理论、实践及制度优化语境下的思考》,载《现代法学》2012年第6期。

币 20000 元。被告某公司、娱乐公司共同辩称,公证书记载的步骤与公证拍摄的光盘内容不符,存在瑕疵,原告提供的公证书不足以证明两被告实施了侵权行为,而且,原告提出的赔偿数额过高,故请求本院依法驳回原告的诉讼请求。法院认为:两被告虽对公证书的真实性提出异议,但未能提供相反证据证明,而仅以该公证书所附录像光盘未能记录公证书中记载的对截屏文件进行保存并通过电子邮件发送的过程来否定公证书的真实性。本院认为,被告的这一抗辩理由并不足以推翻公证证明的效力,故对被告所提异议不予采纳。根据《最高人民法院关于民事诉讼证据的若干规定》第 74 条的规定,诉讼过程中,当事人在起诉状、答辩状、陈述及其委托代理人的代理词中承认的对己方不利的事实和认可的证据,人民法院应当予以确认,但当事人反悔并有相反证据足以推翻的除外。本案中,某公司提供的应诉书及《英雄宽频网最终用户使用协议》均承认了其播放的涉案影片系由娱乐公司提供,虽然其在庭审中予以反悔,但未能提供相反证据证明,故本院对被告某公司在应诉书中承认的事实及其提供的证据予以确认。

二、分歧观点

针对被告在起诉书中自认的事实能否反悔,存在两种不同的观点:

第一种观点认为,被告在起诉书中自认的事实不能反悔。根据民事诉讼中的诚实原则,当事人的诉讼行为应当前后一致,被告已在起诉书中对案件的事实作出了自认,其应受自身行为的约束,不得再提出反悔。

第二种观点认为,被告在起诉书中自认的事实可以反悔。自认是当事人自由行使处分权的表现,其可以作出撤销自认的意思表示。在本案中,被告有权撤销此前自认的意思表示,但是根据《最高人民法院关于民事诉讼证据的若干规定》第 74 条的规定:"诉讼过程中,当事人在起诉状、答辩状、陈述及其委托代理人的代理词中承认的对己方不利的事实和认可的证据,人民法院应当予以确认,但当事人反悔并有相反证据足以推翻的除外。"在本案中,被告虽然反悔,但未提出相应的证据加以证明,所以,被告在起诉中的自认具有法律效力。

三、提示与参考

自认是民事诉讼中的一项重要制度,各国民事诉讼立法大都对自认作出了比较详尽的规定。我国民事诉讼立法对自认并没有作出明确的规定,在《最高人民法院关于适用〈中华人民共和国民事诉讼法〉若干问题的意见》第75条第1款关于当事人无需举证的情形中,只是原则性地规定了当事人对事实的承认可免除对方当事人的举证责任。2001年最高人民法院新出台的《关于民事诉讼证据的若干规定》中,对自认问题作了比较具体的解释。一般认为,自认是指当事人一方承认对方当事人所主张的不利于自己的事实为真实明确表明其真实性的陈述。根据现有法律和司法解释的规定,要构成一项自认,必须具有以下三项条件:(1)自认的主体只能是当事人;(2)自认的内容是承认对方当事人所主张的不利于己的事实为真实;(3)自认适用范围为那些与社会公共利益无关的民事案件,主要适用于涉及财产问题的案件。涉及身份关系的案件不适用自认。对于自认的性质,存在着诉讼契约行为说和完善证据方式说两种不同的观点①。诉讼契约行为说认为,自认是当事人的一种意思表示,是处分诉讼权利,履行诉讼义务的诉讼行为,而且是双方当事人共同实施的诉讼契约行为。完善证据方式说认为,自认是一种证据方式,而且是完善的证据方式。这种观点将免除当事人证明责任的原因归于自认本身是一种完善的证据方式,即当事人一旦对某一事实予以自认,该事实就成为没有争议的事实,由于法院裁判的基础只能是当事人无争议的事实,因此自认就对法院产生了约束力。

案例 6.14

在调解中的陈述可否构成自认?

一、案情简介②

2006年1月8日被告吴某向原告王某借款3万元,并由被告张某为其提供连带责任保证,还款日期为2007年1月7日前,被告吴某出具了借条,保证人在借条上签字担保。2008年6月5日,原告诉至法院要求二被告承担还款责任。本案在调解过程中,被告吴某陈述借款属实,但当初钱款是原告委托案外人罗某转交给自己的,自己其后于2006年11月23日将1万

---

① 有关学说详见宋朝武:《论民事诉讼中的自认》,载《中国法学》2003年第2期。
② 案例来源于:http://ever.xhby.net/content/2007-11/21/content_1582667.htm,访问日期:2012年12月21日。

元交给罗某请其转交给原告王某,没有让罗某书写收据,该1万元应该扣除;原告王某确认已收到该笔还款,并同意从借款总额中扣除,要求二被告尽快归还余下的借款本息,后因还款期限分歧及担保人张某不同意承担担保责任等原因未能达成协议。庭审过程中,原告王某否认收到1万元的事实,要求二被告归还借款3万元及相应利息,而罗某及其家人下落不明。

二、分歧观点

关于当事人在调解中所作出的陈述,能否在其后的诉讼中作为对其不利的证据,存在两种不同的观点:

第一种观点认为,原告王某在调解中所作的陈述不构成自认,被告吴某应该归还原告王某借款本金3万元及其利息,被告张某承担连带保证责任。依据最高人民法院《关于民事诉讼证据的若干规定》第67条的规定:"在诉讼中,当事人为达成调解协议或者和解目的作出妥协所涉及的对案件事实的认可,不得在其后的诉讼中作为对其不利的证据。"原告王某在调解中的陈述是为了尽快达成调解协议而作的妥协,不构成自认。

第二种观点认为,原告王某在调解中的陈述已经构成自认。在调解中,双方争议的是尾款如何归还的问题,对于已还款1万元的事实双方都未提出异议。更为重要的是,当事人的自认是发生在诉讼过程中的。根据最高人民法院《关于民事诉讼证据的若干规定》第8条的规定,王某的自认具有合法性。

第五节 证明责任

案例6.15→

案件事实真伪不明时,法院应如何裁判?

一、案情简介

在一起借贷纠纷中,原告张某提出一张有被告署名的借条复印件,声称被告李某欠了他5000元未还。被告李某承认其向张某借过5000元,但被告李某同时向法院提供了一张有原告张某署名的收条,称其所借的5000元已经还了,原告手中之所以还有借条,是因为被告还钱时原告声称借条丢了,因而原告向被告开了张收条。

二、分歧观点

关于本案应当如何判决,存在两种不同的观点:

第一种观点认为,原告作为主张借贷关系存在的一方当事人,已经向法院提交了证明借贷关系存在的证据——借条,其已经完成了证据提出责任以及证明责任。法院应当判决被告偿还欠款 5000 元。

第二种观点认为,被告作为主张借贷关系消灭的一方当事人,已经向法院提交了证明借贷关系已经消灭的证据——收据。其已经完成了证据提出责任以及证明责任。法院应当认定原告与被告之间的借贷关系归于消灭。

三、提示与参考

证明责任是民事诉讼法学领域的前沿问题之一,有学者将其誉为民事诉讼的脊梁。证明责任既是民事诉讼法学研究的热点,也是民事诉讼法学研究的难点。大陆法系和英美法系国家对证明责任的内涵与外延有不同的认识,"英美法系的证明责任是提供证据责任与说服责任两种不同层次、内部互动且有机结合的统一体。其中提供证据责任是初级责任,如果未能履行这一责任,审判程序将无从开启和继续,说服责任也就无从产生。说服责任不仅是提供证据责任履行优劣的反映,而且预示着对方当事人提供证据责任的产生……接受德国诉讼法理论影响的大陆法系学者普遍认为,证明责任(Beweislast)一词包括双重含义:一是主观证明责任(或称形式上的证明责任),即当事人在具体的诉讼中,为了避免败诉的危险而向法院提出证据,证明其主张的行为责任。主观证明责任又可分为抽象的主观证明责任和具体的主观证明责任,前者是指法律对一个抽象的法律关系所做的有关主观证明责任的分配;后者则是解决一个具体诉讼的具体阶段应由何方当事人承担主观证明责任的问题。二是客观证明责任(或称实质上的证明责任),是指在口头辩论结束后,事实的存在与否不能确定(即事实处于真伪不明状态)时,应由何方当事人承担不利诉讼后果"[①]。关于证明责任的法律性质,民事诉讼法学界曾提出了"权利说"、"义务说"、"负担说"、"败诉风险说"、"风险分配说"等多种学说。目前通说的观点认为,证明责任具有双重含义。所谓证明责任的双重含义,是指对诉讼中的当事人而言,证明责任包含着两层含义:其一,是指当事人为了影响法

[①] 卞建林、郭志媛:《诉讼模式视角下的证明责任》,载《甘肃政法学院学报》总第 101 期,2008 年第 11 期。

官形成于己有利的关于案件事实的心证,以避免承担败诉的风险而向法院提供证据的必要性。其二,是指当事人没有使法官形成确信其积极主张所依据的要件事实为真的心证,法院不认可相当于该事实为构成要件的法律发生效力而承担的诉讼上和实体上的不利益。[1] 理解证明责任应当注意的问题:第一,证明责任包括证据提出责任(行为意义上的证明责任),也包括结果意义上的证明责任。第二,证明责任的分配是由法律规范预先确定的,结果意义上的证明责任在诉讼中不存在原告被告之间相互转移的问题。第三,证明责任得以发生的前提条件是:案件事实真伪不明。此处的案件事实指的是要件事实,而非辅助事实和间接事实。第四,证明责任是一种裁判方法。"证明责任不是当事人的责任,也不是当事人承担的败诉后果本身,而只是法院在法律规范要件事实真伪不明情况下据以裁判的方法,当事人承担的败诉后果只是法官借助于这种辅助装置判决的结果的一个必然。"[2]因为在要件事实真伪不明的情况下,法院不能拒绝裁判。

案例 6.16→

证明责任的分配是以实体法为依据的吗?

一、案情简介

2008 年 3 月,原告某有限公司与被告王某签订了房屋租赁合同,约定原告将其所有的仓库租给被告使用,租期为两年(2008 年 4 月 1 日至 2010 年 4 月 1 日)。合同签订后,原告依照合同约定将仓库交于被告使用。2008 年 12 月 24 日,该仓库发生大火,仓库的屋顶、门、窗等被烧毁。事故发生后,有关部门未对火灾事故的原因及责任作出认定。原告在多次与被告协商未果后,向法院提起损害赔偿之诉。被告答辩称:既然原告提起的是损害赔偿之诉,那么原告应对被告有过错行为、行为与损害后果之间存在因果关系等事实承担证明责任。原告不能提供消防部门作出的火灾事故原因和责任的认定书,不能证明被告存在过错,以及行为与损害

---

[1] 王成:《证明责任的理念及配置——以民事诉讼为背景》,载《法律适用》2002 年第 2 期。

[2] 肖建国、包建华:《证明责任——事实判断的辅助方法》,北京大学出版社 2012 年版,第 13 页。

结果之间存在因果关系。经法院释明后,原告变更了诉讼请求,将损害赔偿之诉变更为合同之诉。法院经审理后认定,被告作为承租人负有妥善保管租赁物的义务,被告未能举证证明其已尽到妥善保管租赁物的义务,因此应承担败诉的后果。

二、提示与参考

本案的关键在于合同之诉与侵权之诉的证明责任分配是不同的,两者之所以不同,源于证明责任的配置原则。证明责任的分配可追溯至古罗马时期。当时,证明责任有两条分配原则:一条是原告有举证的义务,另一条是提出主张的人有证明的义务,否定的人没有证明的义务。至近代大陆法系国家形成了三种较有影响的学说:待证事实分类说、法律要件说和法规分类说。至20世纪,随着民事诉讼法学界对证明责任分配的研究不断深入,产生了危险领域说、盖然性说、损害归属说等重要的新学说。当代英美法系的通说认为,证明责任分配不存在一般性标准(原则),只能在综合若干要素的基础上就具体案件进行具体性分配。在对具体案件进行证明责任分配时所考虑的要素包括:①政策(policy);②公平(fairness);③证据所持(possession of proof)或证据距离;④方便(convenience);⑤盖然性(probabiliy);⑥经验规则(ordinary human experience);⑦请求变更现状的当事人理应(承担证明责任);等等。其中最为重视的要素是政策、公平和盖然性。由于英美法系实际上是综合各种诉讼利益,以实证方式分配证明责任,所以可以将这种分配证明责任的理论称作"利益衡量说"。[①] 当代大陆法系证明责任分配的通说是规范说,该学说为由德国学者罗森贝克所创立。规范说按照法条的措辞、构造以及适用顺序,将法律规定分为权利根据规定、权利妨碍规定、权利消灭规定和权利行使阻止规定,并以法律规定的分类为依据,以法律规定的原则性与例外性关系及基本规定和相反规定的关系为标准分配证明责任。[②] 该学说目前也为日本和我国台湾地区的通说。我国民事证明责任的分配最早遵循的是"谁主张、谁举证"的原则。2001年颁布的《最高人民法院关于民事诉讼证据的若干规定》第2条进一步确认了我国证明责任分配的基本规则:"当事人对自己提出的诉讼请求所依据的事实或者反驳对方诉讼请求所依据的事实有责任提供证据加以证

[①] 陈刚:《证明责任概念辨析》,中国民商法律网,访问日期:2013年3月4日。
[②] 陈刚:《证明责任概念辨析》,中国民商法律网,访问日期:2013年3月4日。

明。没有证据或证据不足以证明当事人的事实主张的,由负有举证责任的当事人承担不利后果。""这一规定实质是借鉴规范说对证明责任的承担主体进行了界定:凡主张某种实体权利,或要求法院确认某种法律关系存在的当事人,应就产生该权利或法律关系的事实负证明责任;凡主张某种实体权利或法律关系不存在的当事人,应对存在妨害、消除、阻碍权利或法律关系产生的事实负证明责任。"①

案例 6.17→

彭宇案中的经验法则引用得合法、合理吗?

一、案情简介

原告徐某兰诉称,2006 年 11 月 20 日上午,原告在本市水西门公交车站等 83 路车。大约 9 时 30 分左右,两辆 83 路公交车进站,原告准备乘坐后面的 83 路公交车,在行至前一辆公交车后门时,被从车内冲下的被告撞倒,导致原告左股骨颈骨折,住院手术治疗。因原、被告未能在公交治安分局城中派出所达成调解协议,故原告诉至法院,请求判令被告赔偿原告各项费用,共计人民币 136419.3 元,并由被告承担本案诉讼费。被告彭宇辩称,被告当时是第一个下车的,在下车前,车内有人从后面碰了被告,但下车后原、被告之间没有碰撞。被告发现原告摔倒后做好事对其进行帮扶,而非被告将其撞伤。原告没有充分的证据证明被告存在侵权行为,被告客观上也没有侵犯原告的人身权利,不应当承担侵权赔偿责任。如果由于做好事而承担赔偿责任,则不利于弘扬社会正气。原告的诉讼请求没有法律及事实依据,请求法院依法予以驳回。审理中,对事故责任及原、被告是否发生碰撞的问题,双方也存在意见分歧。原告认为其是和第一个下车的被告碰撞倒地受伤的;被告认为其没有和原告发生碰撞,其搀扶原告是做好事。法院经过审理后认定原告系与被告相撞后受伤,理由如下:(1)根据日常生活经验分析,原告倒地的原因除了被他人的外力因素撞倒之外,还有绊倒或滑倒等自身原因情形,但双方在庭审中均未陈述存在原告绊倒或滑倒等事实,被告也未对此提供反证证明,故根据

---

① 胡忠惠:《证明责任分配契约探讨》,载《法学论坛》2008 年第 1 期。

本案现有证据,应着重分析原告被撞倒之外力情形。人被外力撞倒后,一般首先会确定外力来源、辨认相撞之人,如果相撞之人逃逸,作为被撞倒之人的第一反应是呼救并请人帮忙阻止。本案事发地点在人员较多的公交车站,是公共场所,事发时间在视线较好的上午,事故发生的过程非常短促,故撞倒原告的人不可能轻易逃逸。根据被告自认,其是第一个下车之人,从常理分析,其与原告相撞的可能性较大。如果被告是见义勇为做好事,更符合实际的做法应是抓住撞倒原告的人,而不仅仅是好心相扶;如果被告是做好事,根据社会情理,在原告的家人到达后,其完全可以在言明事实经过并让原告的家人将原告送往医院,然后自行离开,但被告未做此等选择,其行为显然与情理相悖。城中派出所对有关当事人进行询问、调查,是处理治安纠纷的基本方法,其在本案中提交的有关证据能够相互印证并形成证据链,应予采信。被告虽对此持有异议,但并未提供相反的证据,对其抗辩本院不予采纳。根据城中派出所对原告的询问笔录、对被告询问笔录的电子文档及其誊写材料等相关证据,被告当时并不否认与原告发生相撞,只不过被告认为是原告撞了被告。综合该证据内容并结合前述分析,可以认定原告是被撞倒后受伤,且系与被告相撞后受伤。(2)被告申请的证人陈某春的当庭证言,并不能证明原告倒地的原因,当然也不能排除原告和被告相撞的可能性。因证人未能当庭提供身份证等证件证明其身份,本院未能当庭核实其真实身份,导致原告当庭认为当时在场的第三人不是出庭的证人。证人庭后第二天提交了身份证以证明其证人的真实身份,本院对证人的身份予以确认,对原告当庭认为当时在场的第三人不是出庭的证人的意见不予采纳。证人陈某春当庭陈述其本人当时没有看到原告摔倒的过程,其看到的只是原告已经倒地后的情形,所以其不能证明原告当时倒地的具体原因,当然也就不能排除在该过程中原、被告相撞的可能性。(3)从现有证据看,被告在本院庭审前及第一次庭审中均未提及其是见义勇为的情节,而是在二次庭审时方才陈述。如果真是见义勇为,在争议期间不可能不首先作为抗辩理由,陈述的时机不能令人信服。因此,对其自称是见义勇为的主张不予采信。(4)被告在事发当天给付原告两百多元钱款且一直未要求原告返还。原、被告一致认可上述给付钱款的事实,但关于给付原因陈述不一:原告认为是先行垫付的赔偿款,被告认为是借款。根据日常生活经验,原、被告素不认识,一般不会贸然借款,即便如被告所称为借款,在有承担事故责任之虞时,也应请公交站台上无利害关系的其他人证明,或者向原告亲属说明情况后索取借条(或说明)等书面材料。但是被告在本案中并未存在上述情况,而且在原告家属陪同前往医院的情况下,由其借款给原告的可能性不大;而如果撞伤他人,则最符合情理的做法是先行垫付款项。被告证人证明原、被告双方到派出所处理本次事故,从该事实也可以推定出原告当时即以为是被被告撞倒而非被他人撞倒,在此情况下被告予以借款更不可能。综合以上事实及分析,可以认定该款并非借款,而应为赔偿款。

法院经审理后认为,原告赶车到达前一辆公交车后门时和刚从该车第一个下车的被告瞬间相撞,发生事故。原告在乘车过程中无法预见将与被告相撞;同时,被告在下车过程中因为视野受到限制,无法准确判断车后门左右的情况,故对本次事故双方均不具有过错。因此,本案应根据公平责任合理分担损失。公平责任是指在当事人双方对损害均无过错,但是按照法律的规定又不能适用无过错责任的情况下,根据公平的观念,在考虑受害人的损害、双方当事人的财产状况及其他相关情况的基础上,判令加害人对受害人的财产损失予以补偿,由当事人合理地分担损失。根据本案案情,酌定被告补偿原告损失的40%较为适宜。

二、提示与参考

在民事诉讼案件中,彭宇案属于少数能引起社会广泛关注的案件。"'彭宇案'中涉及'做好事'、'见义勇为'这样敏感的社会道德评价问题,而本案的一审裁判中对所谓'常理'的适用又似乎反映了审理法官对此类道德提倡的间接否定,因此深深地刺痛了人们的道德神经。由于这一结果恰好印证了当下人们对道德危机的判断——'好人无好报',从而引起了人们的共鸣。"[①]法官依据"常理"对被告彭宇撞人事实的认定,是社会公众如此关注此案的原因之一。在本案中,法官并没有直接证据证明被告的侵权事实,而是根据部分已知事实,依据"常理"推论出侵权事实的存在。并且,本案法官将推论过程比较完整地写进了判决书中。根据《最高人民法院关于民事诉讼证据的若干规定》第9条第(三)项的规定,根据法律规定或者已知事实和日常生活经验法则,能推定出的另一事实,该事实无需举证加以证明。有学者认为,"经验法则是人类

---

① 张卫平:《司法公正的法律技术与政策——对"彭宇案"的程序法思考》,载《法学》2008年第8期。

在长期生产和生活中形成的、以经验归纳和逻辑抽象后所获得的关于事物属性以及事物之间常态联系的一般性知识,这些知识属于常识性的、具有内在约束力的不成文法则"[1],"所谓经验法则,是指人们从生活经验中归纳获得的关于事物因果关系或属性状态的法则或知识。经验法则既包括一般人日常生活所归纳的常识,也包括某些专门性的知识,如科学、技术、艺术、商贸等方面的知识等"[2]。并进一步对经验法则进行了分类:"大体上可以将经验法则分为五大类:第一类:自然法则或自然规律;第二类:逻辑(推理)法则;第三类:道德法则、商业交易习惯;第四类:日常生活经验法则;第五类:专门科学领域中的法则。第一类经验法则因为是以科学方法和手段反复验证所得到的规律性认识,这些法则反映事物客观规律。第二类主要是关于人们思维的法则,如形式逻辑中的排中律、矛盾律、充足理由律等。逻辑法则与其他日常生活经验法则相比具有绝对意义上的可靠性和妥当性。第三类主要是历史形成的,在某个领域内人们所普遍遵守的行为规范。其特点并非反映人们对某类事物知识性的认识,而是一种通过积淀形成的习惯。第四类是日常生活经验法则。即人们在日常生活中通过个体经验形成了一种为一般人所认识或理解的关于某种事物和现象的认识,但这些认识并非通过科学的方法和手段进行严格的验证。第五类是专门领域中的经验法则。这些经验法则的存在往往需要当事人主张和证明。"

---

[1] 张亚东:《经验法则——自由心证的尺度》,北京大学出版社2012年版,第12页。
[2] 张卫平:《认识经验法则》(上),载《清华法学》2008年第6期。

第七章　法院调解

第一节　法院调解原则

案例 7.1→

法院调解协议可以超出当事人诉讼请求的范围吗？

一、案情简介

甲起诉与丈夫乙离婚，同时主张抚养小孩、分割房屋和存款。在诉讼过程中，双方当事人在法院主持下达成以下调解协议：解除婚姻关系；甲抚养小孩并分得房屋；乙分得存款及双方共同经营的杂货店；共同债务2000元由甲承担。

二、分歧观点

关于法院调解协议能否超出当事人诉讼请求的范围，存在两种不同的观点：

第一种观点认为，根据民事诉讼中的处分原则，法院作出的裁判应当依据当事人的诉讼请求作出。在本案中，原、被告双方并未提出债务分配的诉讼请求，法院超出当事人的诉请而作出调解协议违反了民事诉讼的基本原则。

第二种观点认为，民事诉讼中的法院调解遵循自愿、合法原则。该调解协议是原、被告合意达成的，应尊重双方当事人的自由意愿。根据《最高人民法院关于人民法院民事调解工作若干问题的规定》第9条的规定："调解协议内容超出诉讼请求的，人民法院可以准许。"

三、提示与参考

所谓法院调解的原则，是指人民法院和双方当事人在调解活动中应当遵循的行为准则。法院调解的原则主要有：第一，自愿原则。该原则指在民事诉讼过程中,法院对民事案件进行的调解必须是双方当事人自愿进行:调解的提出和进行必须是双方当事人的意愿;调解达成的协议内容必须反映双方当事人的真实意思。第二,合法原则。该原则指法院和双方当事人的调解活动及其协议内容,必须符合法律的规定。具体而言:法院主持双方当事人进行调解活动,必须按照《民事诉讼法》规定的程序进行;调解协议的内容,应当符合法律的规定。第三,查明事实、分清是非原则是指法院对民事案件进行调解必须在查明案件事实、分清责任的基础上进行。

第二节 调解协议

案例7.2→

保证人不签收调解协议会影响协议的效力吗?

一、案情简介

甲与乙的借款纠纷经法院调解达成协议,同时经丙同意并在调解协议中约定由丙提供担保,保证乙履行调解协议。在送达调解书时,甲与乙签收后,丙拒绝签收调解书。

二、分歧观点

关于保证人不签收调解协议是否会影响调解协议的效力,存在两种不同的观点:

第一种观点认为,《最高人民法院关于人民法院民事调解工作若干问题的规定》第11条明确规定:"调解协议约定一方提供担保或者案外人同意为当事人提供担保的,人民法院应当准许。案外人提供担保的,人民法院制作调解书应当列明担保人,并将调解书送交担保人。担保人不签收调解书的,不影响调解书生效。当事人或者案外人提供的担保符合担保法规定的条件时生效。"因此,保证人不签收调解协议不会影响协议的效力。

第二种观点认为,调解协议涉及保证人的实体权利义务,保证人拒绝签收则意味着其对调解协议的内容存有异议,此时,如果认定调解协议依然有效,有可能损害保证人的利益。因此,在保证人拒绝在调解协议上签字时,应产生同当事人拒绝签收相同的法律后果。

案例 7.3→

能即时履行的调解协议需要制作调解书吗?

一、案情简介

王某诉张某合同纠纷一案,经市中级人民法院二审判决王某败诉后,王某发现了新的重要证据,据此向省高级人民法院申请再审。省高级人民法院受理以后,王某与张某达成了调解协议,张某当场向王某给付货款150万元,王某放弃对利息的请求。

二、分歧观点

关于本案是否应当制作调解书,存在两种不同的观点:

第一种观点认为,根据我国《民事诉讼法》第98条的规定,"下列案件调解达成协议,人民法院可以不制作调解书:(一)调解和好的离婚案件;(二)调解维持收养关系的案件;(三)能够即时履行的案件;(四)其他不需要制作调解书的案件。对不需要制作调解书的协议,应当记入笔录,由双方当事人、审判人员、书记员签名或者盖章后,即具有法律效力"。因此,在本案中,省高级人民法院可以不制作调解书。

第二种观点认为,本案应当制作调解书。虽然依据我国《民事诉讼法》的规定能够即时履行的案件不需要制作调解书,但是本案属于再审案件的调解,涉及原一审、二审判决的认定,因此本案应当制作调解书。

案例 7.4→

调解书能撤销吗?

一、案情简介

甲乙夫妻二人感情不和,长期争吵,最后甲诉至人民法院,请求离婚。经人民法院调解,双方当事人达成了调解协议,同意解除双方的婚姻关系。人民法院将调解协议制成调解书,送达双方当事人,甲乙双方均签收了调解书。事后,乙反悔,认为审理本案的审判人员丙是甲的表哥,其在主持调解时对自己有欺诈行为,希望撤销调解协议。

二、分歧观点

关于已经生效的调解协议能否撤销,存在两种不同的观点:

第一种观点认为,甲乙已经签收调解协议,该协议已经生效。一方当事人如果对调解协议有不满,可申请再审,而不是申请撤销。

第二种观点认为,甲乙之间已经达成的调解协议,经人民法院确认后即具有法律上的拘束力。调解书非出现法定事由、非依法律程序不得撤销。但本案中,应当回避的法官在案件调解过程中没有回避,已经违反了程序公正。因此,在本案中乙可以申请撤销调解协议。

案例 7.5

达成调解协议后能够再起诉吗?

一、案情简介

王某供给赵某水泥 100 吨,价款为 49550 元。后赵某陆续给付王某部分价款。后王某起诉赵某要求给付尚欠的价款 34500 元,赵某对此无异议。经法院调解,双方自愿达成如下协议:第一,王某放弃价款 2000 元,余款由赵某在 2010 年 4 月底之前分两次归还。2010 年 8 月 6 日,赵某以其被起诉前实际还款 19500 元,调解时遗漏了 4500 元为由,起诉要求王某返还 4500 元。

二、分歧观点

法院应否受理赵某的起诉,存在两种不同的观点:

第一种观点认为,法院已经对王某和赵某之间的争议作出了法律上的判断,根据一事不再理原则,法院不应当再受理赵某的起诉。

第二种观点认为,赵某所诉请的是上一次解决纠纷时遗漏的诉讼请求,因此,法院应当受理赵某的起诉。

第八章 临时性救济和诉讼保障

第一节 保全

案例 8.1→

当事人能提出行为保全的诉讼请求吗?

一、案情简介

老方创作的纪实小说《村支书的苦与乐》,以某县吴村村支部书记吴某为原型进行创作,其中描述了他与村霸林某(以林甲为原型)之间斗智斗勇的冲突场面。小说在《山南海北》杂志上发表后,林甲认为小说将村支书作为正义的化身进行描述,将自己作为"村霸"进行刻画,侵犯了其名誉权。林甲起诉老方,请求赔偿经济损失 2 万元并赔礼道歉。林甲起诉后申请法院责令杂志社停止本期的发行,法院支持了林甲的诉讼请求。

二、提示与参考

诉讼保全是大陆法系特有的概念,英美法系国家并无此称谓,如果从功能等同的角度来看,在英美法系国家中频繁使用的"临时性救济措施"、"中间禁令"与民事保全程序有相似之处。"民事保全程序具有简易、临时、随附和密行的特征,具体体现于通知与审理方式的迅速和简化、保全裁判和保全措施效力的暂时与不确定化、保全要件与保全裁判及实施进程对本体诉讼程序的依附,以及保全裁判事前通知的豁免与非公开及非对审性等方面。"[1]民事保全源于古罗马时期的令状制度。经过教会法、欧洲王室法的发展,到了 15 世纪初"中间禁令"成为英国进而英美法系国家关于英美保全程序的完成形态。在大陆法系中,德国于 19 世纪颁布民事诉讼法典后,以假扣押与假处分为标准的保

---

[1] 范毅强:《民事保全程序要论》,西南政法大学博士论文。

全模式最终得以确立,其后为日本和我国台湾地区保全程序的立法说承袭。我国的民事保全制度在借鉴苏联的诉讼保全的基础上,设计了我国的"诉讼保全"制度。该制度只包括"诉讼中保全"这一种情形。1991年的现行民事诉讼法,在试行法的基础上增加了诉前保全的规定。2012年民事诉讼修正案中将我国民事保全的范围从财产保全扩展至财产保全与行为保全并存。根据民事诉讼法的规定,人民法院对于可能因当事人一方的行为或者其他原因,使判决难以执行或者造成当事人其他损害的案件,根据对方当事人的申请,可以裁定对其财产进行保全、责令其作出一定行为或者禁止其作出一定行为;当事人没有提出申请的,人民法院在必要时也可以裁定采取保全措施。人民法院采取保全措施,可以责令申请人提供担保,申请人不提供担保的,裁定驳回申请。人民法院接受申请后,对情况紧急的,必须在48小时内作出裁定;裁定采取保全措施的,应当立即开始执行。利害关系人因情况紧急,不立即申请保全将会使其合法权益受到难以弥补的损害的,可以在提起诉讼或者申请仲裁前向被保全财产所在地、被申请人住所地或者对案件有管辖权的人民法院申请采取保全措施。申请人应当提供担保,不提供担保的,裁定驳回申请。人民法院接受申请后,必须在48小时内作出裁定;裁定采取保全措施的,应当立即开始执行。申请人在人民法院采取保全措施后30日内不依法提起诉讼或者申请仲裁的,人民法院应当解除保全。

案例8.2→

当事人或利害关系人能否申请保全已经被抵押的财产?

一、案情简介

甲公司以乙公司为被告向法院提起诉讼,要求乙公司支付拖欠的货款100万元。在诉讼中,甲公司申请对乙公司一处价值90万元的房产采取保全措施,并提供担保。一审法院在作出财产保全裁定之后发现,乙公司在向丙银行贷款100万元时已将该房产和一辆小轿车抵押给丙银行。

二、分歧观点

关于法院能否对抵押财产实施诉讼保全,存在两种不同的观点:

第一种观点认为,根据《最高人民法院关于适用〈中华人民共和国民事诉讼法〉若干问题的意见》第102条的规定,人民法院对抵押物、留置物可以采取财产保全措施,但抵押权人、留置权人有优先受偿权。

第二种观点认为,民事诉讼立法设置保全制度的目的是保障将来的生效判决能够得到执行或者避免财产遭受损失,对当事人的财产或者争议的标的物,采取限制当事人处分的强制措施。如果相关财产上已经有其他权利的存在,将不利于将来判决的执行。

第二节　先予执行

案例 8.3→

先予执行是否适用于所有民事案件?

一、案情简介

甲区王某和孙某系邻居,平日关系融洽。2006年王某自己动手修建新瓦房,孙某主动帮忙。一日孙某不慎从脚手架上跌落,腿骨被摔断,因抢救及时未造成瘫痪,但需做一次大手术方能康复。医院让孙某交7000元医药费,孙某家境贫寒无力交付,王某虽有支付能力但支付了2000元后就拒绝支付。医药费没有着落,致使手术迟迟不能进行。孙某无奈只好向甲区人民法院起诉,并申请让王某先行支付5000元医药费。人民法院经审查认为孙某请求不符合法定条件,裁定驳回先予执行申请。

二、提示与参考

先予执行,是指人民法院在终局判决之前,为解决权利人生活或生产经营的急需,依法裁定义务人预先履行一定数额的金钱或者财物等措施的制度。根据民事诉讼法的规定,人民法院对下列案件,根据当事人的申请,可以裁定先予执行:(一)追索赡养费、扶养费、抚育费、抚恤金、医疗费用的;(二)追索劳动报酬的;(三)因情况紧急需要先予执行的。人民法院裁定先予执行的,应当符合下列条件:(一)当事人之间权利义务关系明确,不先予执行将严重影响申请人的生活或者生产经营的;(二)被申请人有履行能力。人民法院可以责令申请人提供担保,申请人不提供担保的,驳回申请。申请人败诉的,应当赔偿被申请人因先予执行遭受的财产损失。此外,根据《最高人民法院关于适用〈中华人民共和国民事诉讼法〉若干问题的意见》的规定,针对当事人提出的先予执行的诉讼请求,人民法院应当在受理案件后终审判决作出前采取。先予执行应当限于当事人诉讼请求的范围,并以当事人的生活、生产经营的急需为限。民事诉讼法规定的紧急情况,包括:(1)需要立即停止侵害、排除妨碍的;(2)需要立即制止某项行为的;(3)需要立即返还用于购置生产原料、生产工具货款的;(4)追索恢复生产、经营急需的保险理赔费的。

第三节 强制措施

案例 8.4→

民事诉讼强制措施适用于当事人吗?

一、案情简介

汪某因遗产继承纠纷涉讼,在案件庭审中汪某与对方当事人情绪激动,以致发生肢体冲突,经法警出面协调,双方才稳定情绪。

二、分歧观点

在案件审理过程中,双方当事人冲击哄闹法庭,是否应当适用妨害民事诉讼的强制措施,存在两种不同的观点:

第一种观点认为,民事诉讼中设置民事诉讼强制措施的目的在于保障诉讼程序的顺利进行,当事人作为诉讼的参与者,只要其实施了妨害民事诉讼的行为,就应当对其使用民事诉讼强制措施。

第二种观点认为,当事人是民事诉讼主体,如果对其采取民事诉讼强制措施,反而不利于诉讼程序的顺利进行,因此,不应当对当事人使用妨害民事诉讼的强制措施。

三、提示与参考

根据我国《民事诉讼法》的规定:诉讼参与人和其他人应当遵守法庭规则。人民法院对违反法庭规则的人,可以予以训诫,责令退出法庭或者予以罚款、拘留。人民法院对哄闹、冲击法庭,侮辱、诽谤、威胁、殴打审判人员,严重扰乱法庭秩序的人,依法追究刑事责任;情节较轻的,予以罚款、拘留。诉讼参与人或者其他人有下列行为之一的,人民法院可以根据情节轻重予以罚款、拘留;

构成犯罪的,依法追究刑事责任:(1)伪造、毁灭重要证据,妨碍人民法院审理案件的;(2)以暴力、威胁、贿买方法阻止证人作证或者指使、贿买、胁迫他人作伪证的;(3)隐藏、转移、变卖、毁损已被查封、扣押的财产,或者已被清点并责令其保管的财产,转移已被冻结的财产的;(4)对司法工作人员、诉讼参加人、证人、翻译人员、鉴定人、勘验人、协助执行的人,进行侮辱、诽谤、诬陷、殴打或者打击报复的;(5)以暴力、威胁或者其他方法阻碍司法工作人员执行职务的;(6)拒不履行人民法院已经发生法律效力的判决、裁定的。人民法院对有前款规定的行为之一的单位,可以对其主要负责人或者直接责任人员予以罚款、拘留;构成犯罪的,依法追究刑事责任。

民事强制措施指的是对妨害民事诉讼的人采取的强制手段。采取这种措施的目的在于,排除妨害,教育行为人履行法律规定的义务,遵守诉讼秩序,保证民事诉讼的正常进行。关于强制措施的性质主要有以下几种观点:第一种观点认为,民事诉讼强制措施只是一种对妨害诉讼行为的"临时性排除方法"、"强制手段"、"教育手段"或"强制教育手段",而不是法律制裁。其推论依据几乎或隐或明都是因其与实体法规定的法律制裁"根本不同",而法律制裁只能由实体法所规定,且仅有民事的、刑事的、行政的三种。第二种观点则明确将民事诉讼强制措施定性为一种法律制裁。认为违法不仅包括违反实体法,也应包括违反程序法。违反实体法应受到法律制裁,违反程序法同样也应受到法律制裁。这种观点在民诉法学界产生了较大影响,但真正完全认可者不多。第三种观点认为民事诉讼强制措施是一种带有制裁性质的强制手段或强制教育手段。这类观点应该说是受第二种观点影响而对第一种观点某种程度的修正。这类观点近十年来逐步替代第一种观点成为近年来的主流观点。[①] 学界普遍认为,妨害民事诉讼的行为,必须同时具备以下四个条件才能构成:(1)必须是违反民事诉讼法规定的行为;(2)必须是在诉讼过程中实施的行为;(3)必须是对民事诉讼正常进行构成了实际妨害的行为,并且尚未构成犯罪;(4)行为人必须具有主观上的故意。

[①] 中国法院网:http://www.chinacourt.org/article/detail/2002/07/id/8836.shtml,访问日期:2013年4月2日。

第四节 送达

案例 8.5

受送达人下落不明时应如何处理？

一、案情简介

林某与姚某因合伙协议纠纷诉至法院，法院按简易程序受理，该法院没有就送达事项向当事人作任何告知。送达诉讼文书时，送达人员按姚某提供的送达地址送达时，周围邻居告诉送达人员这里根本没有姚某这个人，送达人当场在送达回证上记明情况，并认为记明情况之日视为送达之日。

二、分歧观点

关于法院的送达行为是否合法，存在两种不同的观点：

第一种观点认为，在受送达人下落不明的，应当公告送达。自发出公告之日起，经过60日，即视为送达。公告送达，应当在案卷中记明原因和经过。

第二种观点认为，本案中，受送达人并不存在，即本案没有明确的被告，法院应当依法驳回原告的诉讼。

案例 8.6

受送达人拒绝签收法律文书应如何处理？

一、案情简介

甲起诉要求与妻子乙离婚，法院经审理判决不予准许。书记员两次到甲住所送达判决书，甲均拒绝签收。

二、提示与参考

根据我国《民事诉讼法》的规定，送达诉讼文书，应当直接送交受送达人。受送达人是公民的，本人不在交他的同住成年家属签收；受送达人是法人或者其他组织的,应当由法人的法定代表人、其他组织的主要负责人或者该法人、组织负责收件的人签收;受送达人有诉讼代理人的,可以送交其代理人签收;受送达人已向人民法院指定代收人的,送交代收人签收。受送达人的同住成年家属,法人或者其他组织的负责收件的人,诉讼代理人或者代收人在送达回证上签收的日期为送达日期。受送达人或者他的同住成年家属拒绝接收诉讼文书的,送达人可以邀请有关基层组织或者所在单位的代表到场,说明情况,在送达回证上记明拒收事由和日期,由送达人、见证人签名或者盖章,把诉讼文书留在受送达人的住所;也可以把诉讼文书留在受送达人的住所,并采用拍照、录像等方式记录送达过程,即视为送达。

第九章 第一审普通程序、简易程序

第一节 第一审普通程序

案例 9.1

被告人不明确能否起诉?

一、案情简介

退休工人刘某去电影院看电影,散场时因出口拥挤被人挤倒摔伤,因此住院治疗共花医疗费 300 元。刘某向法院起诉,要求法院为他寻找被告赔偿损失,但刘某说不出是谁挤倒他的。

二、分歧观点

关于法院应当如何处理刘某的起诉,存在两种不同的观点:

第一种观点认为,刘某的起诉状中并没有明确的被告,不符合民事诉讼法规定中规定的起诉条件,法院应当依法不予受理。

第二种观点认为,《最高人民法院关于适用简易程序审理民事案件的若干规定》第 8 条第 1 款第(二)项规定:"原告不能提供被告准确的送达地址,人民法院经查证后仍不能确定被告送达地址的,可以被告不明确为由裁定驳回原告起诉。"

三、提示与参考

根据《民事诉讼法》的规定,起诉必须符合下列条件:(1)原告是与本案有直接利害关系的公民、法人和其他组织;(2)有明确的被告;(3)有具体的诉讼请求和事实、理由;(4)属于人民法院受理民事诉讼的范围和受诉人民法院管辖。人民法院应当保障当事人依照法律规定享有的起诉权利。对符合《民事诉讼法》第 119 条的起诉,人民法院必须受理。符合起诉条件的,应当在七日内立案,并通知当事人;不符合起诉条件的,应当在七日内作出裁定书,不予受理;原告对裁定不服的,可以提起上诉。

驳回起诉,是指民事案件受理后,人民法院发现原告的起诉不符合法律规定的起诉条件,因而否定原告起诉的诉讼行为。它发生在人民法院立案审理阶段。不予受理是指人民法院对原告起诉的审查,认为不符合起诉条件,依法裁定不予接受的诉讼行为。它发生在人民法院审查起诉阶段。不予受理、驳回起诉是在民事诉讼过程中法院对当事人诉权的否定评价,不予受理和驳回起诉依据的是程序法,解决的是程序问题。两者的区别体现在适用阶段的不同。不予受理是在当事人起诉之后人民法院立案受理前的"审查"阶段作出的;驳回起诉是立案后审理审结前作出的,对于人民法院尚未立案的案件不适用驳回起诉。

案例 9.2→

法院受理案件后,一方当事人提出双方订有仲裁协议的,应如何处理?

一、案情简介

甲、乙因遗产继承发生纠纷,双方书面约定由某仲裁委员会仲裁。后甲反悔,向遗产所在地法院起诉。法院受理后,乙向法院声明双方签订了仲裁协议。

二、分歧观点

针对法院受理案件后,一方当事人提出双方订有仲裁协议的,应如何处理,存在两种不同观点:

第一种观点认为,在双方当事人订有仲裁协议的情况下,法院应当驳回当事人的起诉,转而由仲裁机构解决当事人之间的纠纷。

第二种观点认为,法院受理案件后,一方当事人提出双方订有仲裁协议的,需根据当事人提出的时间来确定相应的法律效果。一般认为,对于属于仲裁范围的民事纠纷,当事人可以协议选择仲裁,一旦选择仲裁,当事人应当将纠纷提交选定的仲裁委员会申请仲裁,仲裁裁决作出即生效。除非仲裁裁决被人民法院裁定不予执行或撤销,当事人不得再行起诉。根据《最高人民法院关于适用〈中华人民共和国民事诉讼法〉若干问题的意见》第148条,当事人一方向人民法院起诉时未声明有仲裁协议,人民法院受理后,对方当事人又应诉答辩的,视为该人民法院有管辖权。根据我国《仲裁法》第 26 条的规定,当事人达成仲裁协议,一方向人民法院起诉未声明有仲裁协议,人民法院受理后,另一方在首次开庭前未对人民法院受理该案提出异议的,视为放弃仲裁协议,人民法院应当继续审理。

案例 9.3

已超过诉讼时效的案件,
一方当事人向法院起诉的,法院应如何处理?

一、案情简介

甲市的王某被乙市李某的汽车撞伤,住院治疗 2 个月,后出国探亲 3 年,回国后向法院起诉,要求李某赔偿其损失。

二、分歧观点

对于已超过诉讼时效的案件,一方当事人向法院起诉的,法院应如何处理,存在两种不同的观点:

第一种观点认为,已超过诉讼时效的案件,一方当事人向法院起诉的案件,只要当事人的起诉符合民事诉讼法规定的起诉条件,法院应当受理该案。根据《最高人民法院关于适用〈中华人民共和国民事诉讼法〉若干问题的意见》第 153 条的规定,当事人超过诉讼时效期间起诉的,人民法院应予受理。受理后查明无中止、中断、延长事由的,判决驳回其诉讼请求。

第二种观点认为,已超过诉讼时效的案件,一方当事人向法院起诉的案件,法院不应当受理。因为案件的诉讼时效已过,当事人已经丧失了胜诉权,法院受理此类案件等于浪费诉讼资源。

案例 9.4

一方当事人提出管辖权异议,
另一方当事人撤诉的,法院应如何处理?

一、案情简介

红光公司起诉蓝光公司合同纠纷一案,A 市 B 区法院受理后,蓝光公司提出管辖权异议,认为本案应当由A市中级人民法院管辖。B区法院裁定驳回蓝光公司异议,蓝光公司提起上诉。此时,红光公司向B区法院申请撤诉,获准。

二、分歧观点

关于一方当事人提出管辖权异议,另一方当事人撤诉的,法院应如何处理,存在两种不同的观点:

第一种观点认为,在管辖权异议裁定作出前,原告申请撤回起诉,受诉人民法院作出准予撤回起诉裁定的,对管辖权异议不再审查,并在裁定书中一并写明。

第二种观点认为,在一方当事人已经提出管辖权异议的情况下,法院不应准许当事人的撤诉。因为此时,法院对此案件是否具有管辖权尚未确定,法院准许原告撤诉的行为,于被告不利。

三、提示与参考

撤诉,是指在人民法院受理案件之后,宣告判决之前,原告要求撤回其起诉的行为。撤诉是当事人对其诉讼权利行使处分权的表现,包括申请撤诉和按撤诉处理两种情况。(1)申请撤诉。申请撤诉,即原告在法院立案受理后,进行宣判前,以书面或口头形式向人民法院提出撤回其起诉的要求。申请撤诉应当符合一定的条件:申请撤诉的主体必须是原告、上诉人及其法定代理人,经原告特别授权的诉讼代理人也可以提出撤诉申请;有独立请求权的第三人也可以提出撤诉申请;申请撤诉必须是自愿的,申请撤诉是原告处分自己实体权利和诉讼权利的行为,任何人不得强迫原告申请撤诉;申请撤诉的时间必须是在法院受理案件之后,宣告判决之前;申请撤诉在实体上不得有规避法律的行为,不得违反现行法律、法规的规定,不得有损于国家、集体和他人的利益。申请撤诉必须由人民法院作出裁定。原告申请撤诉,人民法院应当依法进行审查,申请符合条件的,裁定准许撤诉,案件审理终结;申请不符合条件的,裁定驳回申请,案件继续审理。不论是否准许撤诉,都必须以裁定的方式告知当事人。(2)按撤诉处理,原告在诉讼中的一定行为,法院推定其已不愿意继续进行民事诉讼,因而法院将当事人的行为视为撤诉。按撤诉处理的情况为:①原告或上诉人未按期交纳诉讼费用。②原告经传票传唤,无正当理由拒不到庭。③原告未经法庭许可中途退庭。④原告应预交而未预交案件受理费,人民法院应当通知其预交,通知后仍不交纳,或申请缓、减、免未获人民法院批准仍不交纳诉讼费用的,按撤诉处理。⑤无民事行为能力的原告的法定代理人,经法院传票传唤无正当理由拒不到庭的,可按撤诉处理。⑥有独立请求权的第三人经法院传票传唤,无正当理由拒不到庭的,或未经法庭许可中途退庭的,可按撤诉处理。

案例 9.5

当事人申请撤诉后,再起诉的,法院是否应当受理?

一、案情简介

2013年3月,甲公司起诉乙公司合同纠纷一案,A市B区法院受理后,在案件审理期间,甲公司向法院提出撤诉申请,获准。2013年8月,甲公司再次向法院提起诉讼。

二、分歧观点

关于当事人申请撤诉后,再起诉的,法院是否应当受理,存在两种不同的观点:

第一种观点认为,当事人撤诉后,再次起诉的,如果还在诉讼时效期间内,人民法院应当受理。因为,从撤诉的法律效果来看,撤诉后视为当事人未起诉。当事人撤诉后,诉讼视为自始没有发生。撤诉是当事人处分诉讼权利而非处分实体权利,而且法院也未对当事人之间的实体争议作出判断。

第二种观点认为,当民事权利发生争议时,当事人享有向法院寻求司法救济的权利。但这种权利的运用和行使应当是有限度的。当事人在申请撤诉后再向法院提起诉讼,有滥用诉权的嫌疑,对此应当严格限制。只有当当事人证明撤诉行为并非出于自愿时,才可以再次提起诉讼。

案例 9.6

民事诉讼一方当事人下落不明时,应如何处理?

一、案情简介

齐某起诉宋某要求返还借款8万元,法院适用普通程序审理并向双方当事人送达出庭传票,因被告宋某不在家,宋某的妻子代其签收了传票。开庭时,被告宋某未到庭。经查,宋某已离家出走,下落不明。

二、分歧观点

关于法院受理案件后,发现一方当事人下落不明的,法院应如何处理,存在两种不同的观点:

第一种观点认为,在被告下落不明的情况下,法院可以作出缺席判决。根据我国《民事诉讼法》的规定,被告经传票传唤,无正当理由拒不到庭的,或者未经法庭许可中途退庭的,可以缺席判决。在借贷纠纷案件中,债权人起诉时,债务人下落不明的,人民法院受理案件后可以公告送达并传唤债务人应诉。公告期限届满,债务人仍然不应诉,借贷关系明确的,经审理后可以作出缺席判决。在审理中债务人出走,下落不明,借贷关系明确的,可以缺席判决。

第二种观点认为,在被告下落不明的情况下,为了保障对方当事人辩论的权利,法院应当中止案件的审理。

三、提示与参考

缺席裁判是与对席裁判相对应的一种审判制度。根据我国《民事诉讼法》第143条、第144条、第145条的规定,原告经传票传唤,无正当理由拒不到庭的,或者未经法庭许可中途退庭的,可以按撤诉处理;被告反诉的,可以缺席判决。

被告经传票传唤,无正当理由拒不到庭的,或者未经法庭许可中途退庭的,可以缺席判决。

宣判前,原告申请撤诉的,是否准许,由人民法院裁定。人民法院裁定不准许撤诉的,原告经传票传唤,无正当理由拒不到庭的,可以缺席判决。

诉讼中止是指在诉讼进行过程中,因为出现了法定的原因使得本案诉讼活动难以继续进行,法院裁定暂停本案诉讼程序。根据《民事诉讼法》的规定,有下列情形之一的,中止诉讼:(1)一方当事人死亡,需要等待继承人表明是否参加诉讼的;(2)一方当事人丧失诉讼行为能力,尚未确定法定代理人的;(3)作为一方当事人的法人或者其他组织终止,尚未确定权利义务承受人的;(4)一方当事人因不可抗拒的事由,不能参加诉讼的;(5)本案必须以另一案的审理结果为依据,而另一案尚未审结的;(6)其他应当中止诉讼的情形。

案例 9.7→

离婚案件一方当事人下落不明时，应如何处理？

一、案情简介

甲与乙系夫妻关系,4 年前乙下落不明。现甲提起离婚之诉。

二、分歧观点

对于该起诉,法院应如何处理,存在三种不同的观点：

第一种观点认为,法院应当受理,但在受理后应当裁定中止诉讼,并依照特别程序认定乙为失踪人,再对离婚之诉作出判决。

第二种观点认为,法院应不予受理,并告知甲应当依照特别程序申请宣告乙为失踪人。

第三种观点认为,夫妻一方下落不明,另一方诉至人民法院,只要求离婚,不申请宣告下落不明人失踪或死亡的案件,人民法院应当受理,对下落不明人用公告送达诉讼文书。

第二节　简易程序

案例 9.8→

简易程序可以转化为普通程序吗？

一、案情简介

2013 年 5 月 6 日,某法院受理王某与赵某合同纠纷一案并决定适用简易程序审理本案。为保证将来判决生效后能得到顺利执行,王某向法院提出了诉讼保全的申请,要求法院对赵某存款予以冻结。

二、分歧观点

关于简易程序中是否可以作出财产保全的裁定,存在两种不同的观点：

第一种观点认为,简易程序中不能作出财产保全的裁定。因为财产保全是诉讼中的保障措施,应由合议庭作出决定。因此,此案应转为普通程序予以审理。

第二种观点认为,简易程序中可以作出财产保全的裁定。我国民事诉讼法立法上,对于财产保全的适用,并未区分普通程序和简易程序。因此本案可继续适用简易程序独任审理。

三、提示与参考

1982年我国《民事诉讼法(试行)》专章规定了简易程序,1991年我国正式颁行的《民事诉讼法》和相关司法解释对简易程序部分又作了若干补充,2003年最高人民法院《关于适用简易程序审理民事案件的若干规定》对其又作了更为具体的规定。2013年《民事诉讼法》对简易程序的规定和司法解释的细化,使我国简易程序得到了进一步的完善。根据新民事诉讼法的规定,第一,人民法院可以根据案件的实际情况,选择案件审理适用普通程序或者简易程序。我国《民事诉讼法》第133条,人民法院对受理的案件,分别情形,予以处理,其中第(三)项"根据案件情况,确定适用简易程序或普通程序"。据此规定,对于同时符合第175条第1款规定的"审理事实清楚、权利义务关系明确、争议不大的简单的民事案件"这三个条件的,人民法院应确定适用简易程序审理案件,这排除在原告立案时选择普通程序。第二,当事人双方一致同意选择适用简易程序审理案件。我国《民事诉讼法》第157条第2款规定:基层人民法院和它派出的法庭审理第一款规定以外的民事案件,当事人双方也可以约定适用简易程序。第三,简易程序在某些情况下转为普通程序。我国《民事诉讼法》第163条,人民法院在审理过程中,发现案件不宜适用简易程序的,裁定转为普通程序。

案例 9.9→

标的额较小的案件一定适用小额诉讼吗?

一、案情简介

2013年4月,张某与王某因合同纠纷诉至法院,在起诉受理阶段,法院告知双方当事人,由于本案标的额为8000元,根据民事诉讼法的有关规定,本案属于小额诉讼,将一审终审。对此双方当事人提出异议。

二、分歧观点

关于当事人是否有权对小额诉讼的适用提出异议,存在两种不同的观点:

第一种观点认为,当事人有权对小额诉讼的适用提出异议。我国民事诉讼立法并未规定小额诉讼的强制适用制度,对符合条件的案件是否适用小额诉讼,应充分尊重当事人的程序选择权,由当事人自由决定是否适用小额诉讼审理案件。

第二种观点认为,当事人无权对小额诉讼的适用提出异议。我国《民事诉讼法》第133条,人民法院对受理的案件,分别情形,予以处理,其中第(三)项"根据案件情况,确定适用简易程序或普通程序"。据此规定,对于同时符合第157条第1款规定的"审理事实清楚、权利义务关系明确、争议不大的简单的民事案件"这三个条件的,人民法院应确定适用简易程序审理案件。小额诉讼从立法来看是简易程序的重要组成部分,因此,当事人无权对小额诉讼的适用提出异议。

三、提示与参考

"我国法院目前适用简易程序审理的案件,实际上已经包含了国外第一审程序所有的三种类型案件,即普通程序、简易程序和小额诉讼程序。现代民事诉讼简易程序的内容非常丰富,'简易程序'也是一个在多种意义上使用的概念。我们通常理解的简易程序,主要指的是我国现行《民事诉讼法》专章规定的简易程序,学界通常将其概念界定为:基层人民法院和它派出的法庭审理简单的民事案件所适用的程序。在这种简易程序中,小额案件也包括其中,两者未作划分,适用的程序是相同的。"[1]根据修改后的《中华人民共和国民事诉讼法》第162条的规定,小额诉讼程序适用对象为事实清楚、权利义务关系明确、争议不大的简单的民事案件中标的额为各省、自治区、直辖市上年度就业人员年平均工资百分之三十以下的民事案件。许多国家和地区的民事诉讼立法中,均有小额诉讼程序的规定。20世纪60年代以来,很多国家为解决司法的压力,缓解社会公众对司法说的质疑,开展了"司法大众化"和"接近正义"的运动,对案件进行繁简分流,简化审判程序,在民事诉讼领域建立小额诉讼制度。小额诉讼"在于让司法更加贴近普通民众,弥补传统审判程序的严格规则和技

---

[1] 章武生:《我国民事简易程序的反思与发展进路》,载《现代法学》2012年第2期。

术性弊端,保障当事人平等利用诉讼的机会"①。小额诉讼克服了诉讼迟延、诉讼成本高昂等问题,为社会公众接近司法、接近正义提供有效的途径,为司法大众化作出了积极的贡献。2011年我国启动《民事诉讼法》的修改之后,理论界希望我国《民事诉讼法》中增设小额诉讼程序的呼声颇高。最高人民法院积极推进小额诉讼的试点工作。2012年8月31日,第十一届全国人民代表大会常务委员会第二十八次会议通过《关于修改〈中华人民共和国民事诉讼法〉的决定》,该决定于2013年1月1日正式施行。毫无疑问,该修正案中增设的小额诉讼制度将对各级法院开展民事审判工作产生重大影响。在立法体例上,新民事诉讼法将小额诉讼程序包含于简易程序中,以诉讼标的额作为区分简易案件和小额案件的标准。简易、小额案件均由同样的法院或审判庭审理,其特殊性仅在于实行一审终审这一特别终审制度。

关于小额诉讼程序适用案件标的金额问题,民事诉讼立法只是作出了原则性规定,各地方高级人民法院从本地实际情况出发,制定与之相关的司法解释。例如,广西高级人民法院出台《关于适用小额诉讼程序审理民事案件相关问题的解答》,明确小额诉讼案件标的限额每年由广西高级人民法院统一确定;重庆市高级人民法院出台《关于小额诉讼程序若干问题的解答》廓清小额诉讼的适用范围。适用小额诉讼程序的案件类型包括:买卖合同纠纷、借款合同纠纷、租赁合同纠纷和服务合同纠纷案件;身份关系清楚,仅在给付的数额、时间上存在争议的抚养、赡养、扶养纠纷案件;责任明确,原告主张的损失金额确定的机动车交通事故责任纠纷和其他人身损害责任纠纷案件等八类案件。排除适用小额诉讼程序的案件包括:涉及人身关系争议、财产确权争议的案件;追加当事人或者提起反诉的案件;涉及知识产权的案件;一方当事人下落不明需要公告送达的案件;涉外、涉港澳台案件;需要评估、鉴定的案件;当事人人数众多且矛盾有可能激化的案件;辖区内有重大社会影响的案件。

---

① 肖建华、唐玉富:《小额诉讼制度建构的理性思考》,载《河北法学》2012年第8期。

第十章 上诉程序、再审程序

第一节 上诉程序

案例 10.1

离婚案件一方当事人在上诉期间死亡的,应如何处理?

一、案情简介

郭某与李某于 2005 年 10 月结婚,婚后感情不和,郭某向市中区人民法院起诉离婚。市中区人民法院于 2011 年 8 月以夫妻双方感情破裂为由判决离婚,并对共有的财产进行分割。郭某认为法院对财产处分不公而上诉,二审期间,李某因车祸死亡,市中级人民法院遂作出终结诉讼。李某死后遗留存款 12000 元加上肇事单位的赔偿金 20000 元共计 32000 元。李某之母以郭某已与李某离婚为由,占有该款,郭某以死者配偶的身份于 2012 年再次向法院起诉要求与李母共同继承。区人民法院认为:本院已解除了郭某与李某的婚姻关系,并对财产进行了分割,虽郭某上诉,但中级人民法院已终结诉讼,因而郭某的诉讼系重复诉讼,因此驳回起诉。郭某不服上诉。

二、分歧观点

关于离婚案件一方当事人在上诉期间死亡,一审判决是否生效,存在两种不同的观点:

第一种观点认为,离婚案件一方当事人在上诉期间死亡,属于一方当事人在诉讼过程中死亡的情形,符合民事诉讼法中有关诉讼终结的规定。因此在本案中,二审法院作出诉讼终结的裁定是恰当的。一审法院的判决自动生效,郭某和李某的婚姻关系随着李某的死亡而终结。

第二种观点认为,离婚案件一方当事人在上诉期间死亡,应认定一审判决尚未生效,郭某与李某之间的婚姻关系并未解除。一审法院作出的判决因为一方当事人的上诉行为而未发生效力。在二审期间,一方当事人死亡,诉讼因此而终结,双方当事人之间的离婚争议也随之结束。

案例 10.2→

民事案件二审期间,双方当事人达成和解协议,人民法院准许撤回上诉的,该和解协议未经人民法院依法制作调解书,属于诉讼外达成的协议。一方当事人不履行和解协议,另一方当事人申请执行一审判决的,人民法院应予支持吗?

一、案情简介①

原告吴某系四川省眉山市东坡区吴某收旧站业主,从事废品收购业务。约自 2004 年开始,吴某出售废书给被告四川省眉山某纸业有限公司(以下简称"某纸业公司")。2009 年 4 月 14 日双方通过结算,某纸业公司向吴某出具欠条载明:今欠吴某废书款壹佰玖拾柒万元整(¥1970000.00)。同年 6 月 11 日,双方又对后期货款进行了结算,某纸业公司向吴某出具欠条载明:今欠吴某废书款伍拾肆万捌仟元整(¥548000.00)。因经多次催收上述货款无果,吴某向眉山市东坡区人民法院起诉,请求法院判令某纸业公司支付货款 251.8 万元及利息。被告某纸业公司对欠吴某货款 251.8 万元没有异议。一审法院经审理后判决:被告某纸业公司在判决生效之日起十日内给付原告吴某货款 251.8 万元及违约利息。宣判后,某纸业公司向眉山市中级人民法院提起上诉。二审审理期间,某纸业公司于 2009 年 10 月 15 日与吴某签订了一份还款协议,商定某纸业公司的还款计划,吴某则放弃了支付利息的请求。同年 10 月 20 日,某纸业公司以自愿与对方达成和解协议为由申请撤回上诉。眉山市中级人民法院裁定准予撤诉后,因某纸业公司未完全履行和解协议,吴某向一审法院申请执行一审判决。眉山市东坡区人民法院对吴某申请执行一审判决予以支持。某纸业公司向眉山市中级人民法院申请执行监督,主张不予执行原一审判决。眉山市中级人民法院于 2010 年 7 月

---

① 最高人民法院颁布的指导案例 2 号。

7日作出〔2010〕眉执督字第4号复函认为：根据吴某的申请，一审法院受理执行已生效法律文书并无不当，应当继续执行。法院认为：某纸业公司对于撤诉的法律后果应当明知，即一旦法院裁定准予其撤回上诉，眉山市东坡区人民法院的一审判决即为生效判决，具有强制执行的效力。虽然二审期间双方在自愿基础上达成的和解协议对相关权利义务作出约定，某纸业公司因该协议的签订而放弃行使上诉权，吴某则放弃了利息，但是该和解协议属于双方当事人诉讼外达成的协议，未经人民法院依法确认制作调解书，不具有强制执行力。某纸业公司未按和解协议履行还款义务，违背了双方约定和诚实信用原则，故对其以双方达成和解协议为由，主张不予执行原生效判决的请求不予支持。

案例10.3

提起上诉的当事人都是上诉人吗？

一、案情简介[①]

甲在某报发表纪实报道，对明星乙和丙的关系作了富有想象力的描述。乙和丙以甲及报社共同侵害了他们的名誉权为由提起诉讼，要求甲及报社赔偿精神损失并公开赔礼道歉。一审判决甲向乙和丙赔偿1万元，报社赔偿3万元，并责令甲及报社在该报上书面道歉。报社提起上诉，请求二审法院改判甲和自己各承担2万元，以甲的名义在该报上书面道歉。

二、分歧观点

关于二审法院如何确定当事人的地位，存在两种不同的观点：

第一种观点认为，报社是上诉人，甲是被上诉人，乙和丙列为原审原告。根据《最高人民法院关于适用〈中华人民共和国民事诉讼法〉若干问题的意见》第177条的规定，必要共同诉讼人中的一人或者部分人提出上诉的，按下列情况处理：(1)该上诉是对与对方当事人之间权利义务分担有意见，不涉及其他共同诉讼人利益的，对方当事人为被上诉人，未上诉的同一方当事人依原审诉

---

① 本案例系司法考试真题。

讼地位列明;(2)该上诉仅对共同诉讼人之间权利义务分担有意见,不涉及对方当事人利益的,未上诉的同一方当事人为被上诉人,对方当事人依原审诉讼地位列明;(3)该上诉对双方当事人之间以及共同诉讼人之间权利义务承担有意见的,未提出上诉的其他当事人均为被上诉人。在本案中,甲和报社共同侵权,为必要共同诉讼的被告。报社上诉,仅对其和甲之间的权利义务分担有意见,未涉及对方当事人乙和丙,因此,报社是上诉人,甲是被上诉人,乙和丙依原审列明,即列为原审原告。

第二种观点认为,报社是上诉人,甲、乙、丙是被上诉人。根据《最高人民法院关于适用〈中华人民共和国民事诉讼法〉若干问题的意见》第177条的规定,必要共同诉讼人中的一人或者部分人提出上诉的,按下列情况处理:(1)该上诉是对与对方当事人之间权利义务分担有意见,不涉及其他共同诉讼人利益的,对方当事人为被上诉人,未上诉的同一方当事人依原审诉讼地位列明;(2)该上诉仅对共同诉讼人之间权利义务分担有意见,不涉及对方当事人利益的,未上诉的同一方当事人为被上诉人,对方当事人依原审诉讼地位列明;(3)该上诉对双方当事人之间以及共同诉讼人之间权利义务承担有意见的,未提出上诉的其他当事人均为被上诉人。在本案中,甲和报社共同侵权,为必要共同诉讼的被告。报社上诉,不仅对其和甲之间的权利义务分担有意见,而且认为自己无须承担赔礼道歉的责任,这涉及了报社与对方当事人之间的权利义务关系。因此,在本案中,报社是上诉人,甲、乙、丙是被上诉人。

案例 10.4→

二审法院有权变更一审判决吗?

一、案情简介

甲起诉乙请求离婚,一审判决不准离婚,甲不服提起上诉。二审法院审理后认为应当判决离婚。

二、分歧观点

关于二审法院是否可以直接改判,存在两种不同的观点:

第一种观点认为,二审法院可以对离婚、子女抚养和财产问题一并进行调解,调解不成的,发回重审。《最高人民法院关于适用〈中华人民共和国民事诉讼法〉若干问题的意见》第185条规定,一审判决不准离婚的案件,上诉后,第二审人民法院认为应当判决离婚的,可以根据当事人自愿的原则,与子女抚养、财产问题一并调解,调解不成的,发回重审。

第二种观点认为,直接改判离婚,子女抚养和财产问题一并判决。根据我国《民事诉讼法》第170条的规定:第二审人民法院对上诉案件,经过审理,按照下列情形,分别处理:(1)原判决、裁定认定事实清楚,适用法律正确的,以判决、裁定方式驳回上诉,维持原判决、裁定;(2)原判决、裁定认定事实错误或者适用法律错误的,以判决、裁定方式依法改判、撤销或者变更;(3)原判决认定基本事实不清的,裁定撤销原判决,发回原审人民法院重审,或者查清事实后改判;(4)原判决遗漏当事人或者违法缺席判决等严重违反法定程序的,裁定撤销原判决,发回原审人民法院重审。本案属于适用法律错误的情况,对此,二审法院可以直接改判。

案例10.5→

上诉期间,一方当事人转移财产时,应向哪级法院申请财产保全?

一、案情简介

某法院对齐某诉黄某借款一案作出判决,黄某提起上诉,向二审法院递交了上诉状,此时,齐某发现黄某转移了财产。

二、分歧观点

上诉期间,一方当事人转移财产时,应向哪级法院申请财产保全,存在两种不同的观点:

第一种观点认为,齐某应向二审法院提出申请,由二审法院裁定财产保全。因为一方当事人已经向二审法院提交了上诉状,案件已经进入二审程序,与诉讼相关的财产保全应由二审法院裁定并执行。

第二种观点认为,齐某应向一审法院提出申请,由一审法院裁定财产保全。根据《最高人民法院关于适用〈中华人民共和国民事诉讼法〉若干问题的意见》第103条的规定,对当事人不服一审判决提出上诉的案件,在第二审人民法院接到报送的案件之前,当事人有转移、隐匿、出卖或者毁损财产等行为,必须采取财产保全措施的,由第一审人民法院依当事人申请或依职权采取。第一审人民法院制作的财产保全的裁定,应及时报送第二审人民法院。

案例 10.6→

二审法院维持收养关系的案件,应否制作调解书?

一、案情简介

李某诉赵某解除收养关系,一审判决解除收养关系,赵某不服提起上诉。二审中双方和解,维持收养关系,向法院申请撤诉。

二、分歧观点

关于二审法院维持收养关系的案件,应否制作调解书,存在两种不同的观点:

第一种观点认为,二审法院应当制作调解书。《最高人民法院关于适用〈中华人民共和国民事诉讼法〉若干问题的意见》第191条规定,当事人在二审中达成和解协议的,人民法院可以根据当事人的请求,对双方达成的和解协议进行审查并制作调解书送达当事人;因和解而申请撤诉,经审查符合撤诉条件的,人民法院应予准许。

第二种观点认为,二审法院无须制作调解书。根据我国《民事诉讼法》第98条的规定,"下列案件调解达成协议,人民法院可以不制作调解书:(一)调解和好的离婚案件;(二)调解维持收养关系的案件;(三)能够即时履行的案件;(四)其他不需要制作调解书的案件"。

案例 10.7→

上诉程序中,漏掉必须共同
参加诉讼的当事人时,应如何处理?

一、案情简介

甲对乙提起财产损害赔偿之诉,一审法院判决甲胜诉。乙不服,提出上诉。二审法院发现丙是必须参加诉讼的共同诉讼人,便追加其参加诉讼。但丙既不参加诉讼,也不表示放弃权利。

二、分歧观点

上诉程序中,发现一审程序漏掉必须共同参加诉讼的当事人时,关于二审

法院应如何处理,存在两种不同的观点:

第一种观点认为,二审法院仍将丙列为二审的当事人,可以缺席判决。丙作为必要共同诉讼是必须参加诉讼的当事人,在其缺席的情况下,二审法院可作出缺席判决。

第二种观点认为,二审法院不能将丙列为二审的当事人。因为丙既不参加诉讼,也不表示放弃权利。二审法院可以裁定撤销原判决、发回原审法院重审。

案例 10.8

二审程序中,一方当事人提出反诉的,应如何处理?

一、案情简介

陈某忠在安定庄有3间房屋,陈某忠的儿子陈某在外地工作,2006年陈某忠去世,陈某忠的3间房屋由其侄子陈甲一家暂住。2007年陈甲未经陈某同意,将房子卖给了同村的胡某龙,陈某听说后立即将陈甲告上法庭,法院审理后判决陈甲将卖房所得款项全部返还陈某,陈甲不服提起上诉。在上诉审过程中,陈甲提出反诉,要求陈某返还其对房屋的修缮金。

二、分歧观点

二审程序中,一方当事人提出反诉,应如何处理,存在两种不同的观点:

第一种观点认为,二审法院应当将反诉与本诉一并审理、判决。反诉与本诉之间是有牵连关系的,根据民事诉讼法的规定,反诉可以和本诉一并审理和判决。

第二种观点认为,二审法院可以对反诉进行调解,调解不成告知陈甲另行起诉。《最高人民法院关于适用〈中华人民共和国民事诉讼法〉若干问题的意见》第184条规定:"在第二审程序中,原审原告增加独立的诉讼请求或原审被告提出反诉的,第二审人民法院可以根据当事人自愿的原则就新增加的诉讼请求或反诉进行调解,调解不成的,告知当事人另行起诉。"

案例 10.9→

如何确认上诉的法律效力?

一、案情简介

夏某与周某合同纠纷一案,王某以有独立请求权的第三人的身份参加诉讼。一审法院于 2011 年 8 月 4 日作出判决,并同日送达。判决宣判时,夏某当场表示不上诉,但 8 月 18 日又向一审法院递交了上诉状;周某当场口头表示上诉,但始终未向法院递交上诉状;王某当场口头表示上诉,但在上诉期内未直接到一审法院递交上诉状,而是在 8 月 18 日通过邮局向一审法院递交了上诉状,法院于 8 月 24 日收到王某的上诉状。

二、提示与参考

在民事诉讼理论中,当事人不服一审法院作出的裁判,提起上诉的,必须提交上诉状。我国《民事诉讼法》第 165 条规定:上诉应当递交上诉状。上诉状的内容,应当包括当事人的姓名、法人的名称及其法定代表人的姓名或者其他组织的名称及其主要负责人的姓名;原审人民法院名称、案件的编号和案由;上诉的请求和理由。根据《最高人民法院关于适用〈中华人民共和国民事诉讼法〉若干问题的意见》第 178 条的规定:当事人口头表示上诉,未在法定上诉期间内递交上诉状的,视为未提出上诉。一审宣判时或判决书、裁定书送达时,当事人口头表示上诉的,人民法院应告知其必须在法定上诉期间内提出上诉状。未在法定上诉期间内递交上诉状的,视为未提出上诉。

案例 10.10→

二审中,当事人提出双方订有仲裁协议的,法院应如何处理?

一、案情简介

甲公司与乙公司因合同纠纷向 A 市 B 区法院起诉,乙公司应诉。经开庭审理,法院判决甲公司胜诉。乙公司不服 B 区法院的一审判决,以双方签订了仲裁协议为由向 A 市中级人民法院提起上诉,要求据此撤销一审判决,驳回甲公司的起诉。

二、分歧观点

关于二审中,当事人提出双方订有仲裁协议的,法院应如何处理,存在两种不同的观点:

第一种观点认为,A市中级人民法院应当首先审查仲裁协议是否有效,如果有效,则裁定撤销一审判决,驳回甲公司的起诉。

第二种观点认为,根据民事诉讼法和仲裁法的规定,当事人一方向人民法院起诉时未声明有仲裁协议,人民法院受理后,对方当事人又应诉答辩的,视为该人民法院有管辖权。A市中级人民法院应当裁定驳回乙公司的上诉,维持原判决。

第二节 再审程序

案例 10.11→

人民法院接到民事抗诉书后,当事人申请撤诉,应如何处理?

一、案情简介①

2009年6月15日,黑龙江省牡丹江市华隆房地产开发有限责任公司(以下简称"华隆公司")因与牡丹江市宏阁建筑安装有限责任公司(以下简称"宏阁公司")、张继增建设工程施工合同纠纷一案,不服黑龙江省高级人民法院同年2月11日作出的〔2008〕黑民一终字第173号民事判决,向最高人民法院申请再审。最高人民法院于同年12月8日作出〔2009〕民申字第1164号民事裁定,按照审判监督程序提审本案。在最高人民法院民事审判第一庭提审期间,华隆公司鉴于当事人之间已达成和解且已履行完毕,提交了撤回再审申请书。最高人民法院经审查,于2010年12月15日以〔2010〕民提字第63号民事裁定准许其撤回再审申请。申诉人华隆公司在向法院申请再审的同时,也向检察院申请抗诉。2010年11月12日,最高人民检察院受理后决定对本案按照审判监督程序提出抗诉。2011年3月9日,最高人民法院立案一庭收到最高人民检

---

① 本案例系最高人民法院指导案例7号。

察院高检民抗〔2010〕58号民事抗诉书后进行立案登记,同月11日移送审判监督庭审理。最高人民法院审判监督庭经审查发现,华隆公司曾向本院申请再审,其纠纷已解决,且申请检察院抗诉的理由与申请再审的理由基本相同,遂与最高人民检察院沟通并建议其撤回抗诉,最高人民检察院不同意撤回抗诉。再与华隆公司联系,华隆公司称当事人之间已就抗诉案达成和解且已履行完毕,纠纷已经解决,并于同年4月13日再次向最高人民法院提交了撤诉申请书。最高人民法院于2011年7月6日以〔2011〕民抗字第29号民事裁定书,裁定本案终结审查。最高人民法院认为:对于人民检察院抗诉再审的案件,或者人民法院依据当事人申请或依据职权裁定再审的案件,如果再审期间当事人达成和解并履行完毕,或者撤回申诉,且不损害国家利益、社会公共利益的,为了尊重和保障当事人在法定范围内对本人合法权利的自由处分权,实现诉讼法律效果与社会效果的统一,促进社会和谐,人民法院应当根据《最高人民法院关于适用〈中华人民共和国民事诉讼法〉审判监督程序若干问题的解释》第34条的规定,裁定终结审再诉讼。本案中,申诉人华隆公司不服原审法院民事判决,在向最高人民法院申请再审的同时,也向检察机关申请抗诉。在本院提审期间,当事人达成和解,华隆公司向本院申请撤诉。由于当事人有权在法律规定的范围内自由处分自己的民事权益和诉讼权利,其撤诉申请意思表示真实,已裁定准许其撤回再审申请,本案当事人之间的纠纷已得到解决,且本案并不涉及国家利益、社会公共利益或第三人利益,故检察机关抗诉的基础已不存在,本案已无按抗诉程序裁定进入再审的必要,应当依法裁定本案终结审查。

案例 10.12→

一方当事人申请再审,一方当事人申请强制执行的,应如何处理?

一、案情简介

林某诉张某房屋纠纷案,经某中级人民法院一审判决后,林某没有上诉,而是于收到判决书20日后,向省高级人民法院申请再审。期间,张某向中级人民法院申请执行判决。省高级人民法院经审查,认为一审判决确有错误,遂指令作出判决的中级人民法院再审。

二、分歧观点

关于一方当事人申请再审,一方当事人申请强制执行的,法院应如何处理,存在两种不同的观点:

第一种观点认为,省高级人民法院应中止原判决的执行。按照审判监督程序决定再审的案件,裁定中止原判决的执行。裁定由院长署名,加盖人民法院印章。

第二种观点认为,应由中级人民法院裁定中止原裁判的执行,并按一审程序审理本案。人民法院按照审判监督程序再审的案件,发生法律效力的判决、裁定是由第一审法院作出的,按照第一审程序审理,所作的判决、裁定,当事人可以上诉;发生法律效力的判决、裁定是由第二审法院作出的,按照第二审程序审理,所作的判决、裁定,是发生法律效力的判决、裁定;上级人民法院按照审判监督程序提审的,按照第二审程序审理,所作的判决、裁定是发生法律效力的判决、裁定。本案中,原生效判决是一审作出的,且是中级人民法院作出的,原中级人民法院进行再审不是上级法院对下级法院的再审,应该按照一审程序进行审理。

案例 10.13→

再审时发现案件非法院主管案件,应如何处理?

一、案情简介

顾某诉李某侵犯土地使用权纠纷一案,由县人民法院与市中级人民法院两审终审。在省高级人民法院基于顾某的再审申请进行再审过程中,发现该案在起诉前已经过行政机关的确权处理,不属于人民法院受理民事诉讼的范围。

二、分歧观点

再审时发现案件非法院主管案件,应如何处理,存在两种不同的观点:
第一种观点认为,省人民法院应当作出裁定,驳回顾某的起诉。
第二种观点认为,省人民法院应当作出判决,驳回顾某的诉讼请求。

案例 10.14→

法院有权提起再审吗?

一、案情简介

张某与王某合同纠纷一案,经某市中级人民法院二审终结。后该中级人民法院发现张某与王某合同纠纷一案存在法律适用错误的问题。遂启动再审程序。

二、分歧观点

关于法院是否有权启动再审程序,存在两种不同的观点:

第一种观点认为,法院有权启动再审程序。我国《民事诉讼法》第198条的规定:各级人民法院院长对本院已经发生法律效力的判决、裁定、调解书,发现确有错误,认为需要再审的,应当提交审判委员会讨论决定。最高人民法院对地方各级人民法院已经发生法律效力的判决、裁定、调解书,上级人民法院对下级人民法院已经发生法律效力的判决、裁定、调解书,发现确有错误的,有权提审或者指令下级人民法院再审。

第二种观点认为,法院不适宜作为启动再审程序的主体。法院作为纠纷的裁决者,应维护裁判的稳定性和权威性。法院作为启动再审程序的主体违反了程序正义。

案例 10.15→

检察院有权提起再审吗?

一、案情简介

赵某与陈某著作权纠纷一案,经某市中级人民法院二审终结。赵某不服二审判决,向某市检察院提出申诉,该市检察院审查后认为,该案存在事实认定不清的问题,遂报请上一级检察院提起抗诉。

二、分歧观点

关于检察院是否有权提起再审,存在两种不同的观点:

第一种观点认为,检察院有权提起再审,根据我国《民事诉讼法》第208条的规定,最高人民检察院对各级人民法院已经发生法律效力的判决、裁定,上级人民检察院对下级人民法院已经发生法律效力的判决、裁定,发现有本法第200条规定情形之一的,或者发现调解书损害国家利益、社会公共利益的,应当提出抗诉。地方各级人民检察院对同级人民法院已经发生法律效力的判决、裁定,发现有本法第200条规定情形之一的,或者发现调解书损害国家利益、社会公共利益的,可以向同级人民法院提出检察建议,并报上级人民检察院备案;也可以提请上级人民检察院向同级人民法院提出抗诉。各级人民检察院对审判监督程序以外的其他审判程序中审判人员的违法行为,有权向同级人民法院提出检察建议。

第二种观点认为,检察院无权启动再审程序。检察院启动再审程序弱化了审判独立,从而损害了法院审判权的权威性,危及司法公正及社会正义。而且,检察机关行使再审抗诉权侵害了当事人的处分权,有悖于民事诉讼的处分原则。

三、提示与参考

面对民事抗诉制度在立法上和实际运作中存在的种种问题,民事抗诉制度的去留引起了理论界和实务界的激烈争论,观点林立,莫衷一是。盖而言之,大致有三种观点:废除论、加强论、限制论。(1)废除论[①]。该理论认为对民事诉讼实施检察监督有悖法理,应当予以取消。主要依据如下:首先,强化检察机关对法院民事活动的监督权,弱化了审判独立,从而损害了法院审判权的权威性,危及司法公正及社会正义。其次,检察机关行使再审抗诉权侵害了当事人的处分权,有悖于民事诉讼的处分原则。再次,再审抗诉使检察机关完全站在了一方当事人的立场上,破坏了当事人双方地位的平等性,违背了现代民事诉讼的基本规律——当事人平等抗辩原理。最后,检察机关的抗诉,尤其是对同一案件的多次抗诉,损害了法院的终审权,增加了诉讼成本,降低了诉

---

① 景汉朝、卢子娟:《论民事审判监督程序之重构》,载《法学研究》1999年第1期;刘荣军:《民事诉讼法律关系理论的再构筑》,载《民商法论丛》(第9卷);夏克勤:《推进我国司法改革的几点思考》,载《法学》1998年第2期。

讼效率。(2)加强论①。加强论针对废除论的观点进行了全面的驳斥和批判。主张该观点的学者认为,在我国现阶段不应当弱化或取消民事抗诉,而是恰恰相反,应当加强和完善民事抗诉制度。首先,检察机关的抗诉不仅不会损害法院的独立和权威,而且有利于司法独立的早日实现。审判独立并不意味着不能甚至于不得对审判权进行监督,审判权必须接受人民代表大会和检察机关的监督,否则绝对的权力必然导致绝对的腐败。其次,检察机关的抗诉与民事诉讼中的处分原则并非是"水火不相容"。在民事诉讼中,当事人享有广泛的处分权,但其处分权并不是绝对的,在当事人损害国家利益或第三人利益时,检察机关可以进行干预。同时,在实践中,检察机关提起抗诉几乎百分之百是基于当事人的申诉,检察机关极少主动提起抗诉,因而基本不存在侵害当事人处分权的情况。最后,错案是客观存在的。虽然由于判断案件的事实和法律标准具有不确定性,一个案件也可能不只有一种唯一的正确判决,但并不能因此而否认法官不会判错案,因为任何判决都只能依据法律进行,凡是违背法律的判决和裁定,就是错误的判决和裁定。(3)限制论②。该观点认为应当限制检察机关抗诉的案件范围,即检察机关只对涉及国家利益和公共利益或社会利益的案件提起抗诉,而对不涉及国家和公共利益的一般民事案件不能发动再审。理由主要有:首先,检察机关参与涉及公共利益的民事案件不违背民事诉讼法理,符合国际惯例。虽然在民事诉讼中要尊重当事人的处分权,但对于一些涉及公共利益的民事案件,为防止当事人假维护私权之名义损害公共利益,检察机关有必要代表国家公权进行干预。其次,目前侵蚀国家利益和公共利益的现象十分严重,造成的国有资产流失已达到了触目惊心的地步。检察机关作为专门的法律监督机关,对涉及公益的案件行使民事检察监督权,具有现实紧迫性,不仅能维护国家公共利益,而且有利于发现犯罪分子、惩治腐败等丑恶现象。最后,近年出现了大量的现代诉讼,这类诉讼并非完全是私权纠纷的解决,它还肩负着形成社会公共政策的神圣使命。让检察机关参与该诉讼,使其在社会公共政策的形成中发挥作用,不失为一个很好的考虑。

20世纪90年代以来,随着司法改革的不断深入,司法独立、法院中心论

---

① 参见杨立新、李浩:《民事再审程序改造论》,载《法学研究》2000年第5期;高建民:《论民行检察监督制度的法理基础》,载《检察日报》2000年5月19日;张晋红:《对取消与弱化民事抗诉制度的几点质疑》,载《国家检察官学院学报》2004年第3期。

② 张卫平:《民事再审:基础置换与制度重建》,载《中国法学》2003年第1期;章武生等:《司法现代化与民事诉讼制度的建构》,法律出版社2000年版,第578~583页。

渐入人心。检察机关对法院的监督越来越受到否定和质疑。我国检察机关可提出抗诉的范围经历了不同的发展阶段。自新民主主义革命时期至1954年之间,我国检察机关只可以对法院作出的判决提出抗诉。1954年9月21日通过的《中华人民共和国人民法院组织法》将法院生效的裁定纳入抗诉的范围,这一规定一直延续至1982年。1982年至1991年之间,由于试行民事诉讼法并没有赋予检察机关抗诉的权力,抗诉的范围也就无从谈起。随着1991年民事诉讼法的生效实施,检察机关抗诉再次成为民事诉讼的组成部分。在抗诉范围上回归到1954年之前立法的规定。即检察机关可对法院已经生效的判决提出抗诉。2007年10月28日第十届全国人民代表大会常务委员会第三十次会议通过《关于修改〈中华人民共和国民事诉讼法〉的决定》,虽然重点是完善民事诉讼中再审程序和执行程序,但只是细化了检察机关提出抗诉的理由,对于抗诉的范围问题只字未提。这将导致目前已经存在的检法之争仍将继续。我国现行民事诉讼法只简单规定了检察院的民事抗诉权能和法定事由,而没有具体规定其权力的法律基础、法律地位、操作程序等具体内容。因此,造成检察院在民事再审程序中处于尴尬境地。司法实践中,检、法两家在法院能否以某种理由、某种方式驳回民事抗诉、能否继续就相同理由再次抗诉、抗诉应否有期限或次数限制、应由哪级检察院向哪级法院抗诉,以及检察人员在再审法庭上的名义和座位等问题都持不同的,甚至是截然对立的观点。

第十一章 特别程序

第一节 选民资格案件

案例 11.1→

任何人都可以提起选民资格诉讼吗?

一、案情简介

在基层人大代表换届选举中,村民刘某发现选举委员会公布的选民名单中遗漏了同村村民张某的名字,遂向选举委员会提出申诉。选举委员会认为,刘某不是本案的利害关系人无权提起申诉,故驳回了刘某的申诉,刘某不服诉至法院。

二、分歧观点

关于刘某是不是选民资格案件适格的原告,存在两种不同的观点:

第一种观点认为,刘某并不是本案适格的当事人。因为刘某同本案之间没有直接利害关系。

第二种观点认为,刘某是本案适格的当事人。根据我国民事诉讼法的规定,只要公民不服选举委员会对选民资格的申诉所作的处理决定,就可以在选举日的五日以前向选区所在地基层人民法院起诉。

第二节 督促程序案例讨论

案例 11.2

债务人未对支付令提出异议，而是直接向法院提起诉讼，支付令是否有效？

一、案情简介

甲公司因乙公司拖欠货款向 A 县法院申请支付令，经审查甲公司的申请符合法律规定，A 县法院向乙公司发出支付令。乙公司收到支付令后在法定期间没有履行给付货款的义务，而是向 A 县法院提起诉讼，要求甲公司承担因其提供的产品存在质量问题的违约责任。

二、分歧观点

关于债务人未对支付令提出异议，而是直接向法院提起诉讼，应如何处理，存在两种不同的观点：

第一种观点认为，甲公司的起诉行为不能阻止支付令的效力。《最高人民法院关于适用〈中华人民共和国民事诉讼法〉若干问题的意见》第223条规定，债务人在收到支付令后，不在法定期间提出书面异议，而向其他人民法院起诉的，不影响支付令的效力。

第二种观点认为，甲公司的起诉行为能阻止支付令的效力。在本案中，甲公司虽未明确提出对支付令的异议，但其通过向作出支付令的 A 县法院提起诉讼的方式，表达了对支付令的异议。因此，甲公司的起诉行为能阻止支付令的效力。

三、提示与参考

根据我国民事诉讼立法的规定，债权人请求债务人给付金钱、有价证券，符合下列条件的，可以向有管辖权的基层人民法院申请支付令：(1)债权人与债务人没有其他债务纠纷的；(2)支付令能够送达债务人的。申请书应当写明请求给付金钱或者有价证券的数量和所根据的事实、证据。债权人提出申请后，人民法院应当在五日内通知债权人是否受理。人民法院受理申请后，经审查债权人提供的事实、证据,对债权债务关系明确、合法的,应当在受理之日起十五日内向债务人发出支付令;申请不成立的,裁定予以驳回。债务人应当自收到支付令之日起十五日内清偿债务,或者向人民法院提出书面异议。债务人在前款规定的期间不提出异议又不履行支付令的,债权人可以向人民法院申请执行。人民法院收到债务人提出的书面异议后,经审查,异议成立的,应当裁定终结督促程序,支付令自行失效。支付令失效的,转入诉讼程序,但申请支付令的一方当事人不同意提起诉讼的除外。

第三节 公示催告程序案例讨论

案例 11.3→

法院能否将票据权利直接判决给票据权利申报人?

一、案情简介

甲公司因遗失一张汇票向 A 县法院申请公示催告,在公示催告期满后,乙公司向 A 县法院申报权利。经审查,乙公司的权利申报成立。

二、提示与参考

《最高人民法院关于适用〈中华人民共和国民事诉讼法〉若干问题的意见》第 230 条规定,利害关系人在公示催告期间向人民法院申报权利的,人民法院应当裁定终结公示催告程序。利害关系人在申报期届满后,判决作出之前申报权利的,同样应裁定终结公示催告程序。本案中,乙公司是在申报期满后,判决作出之前申报权利的,所以法院应当裁定终结公示催告程序。

案例 11.4→

在公示催告期间,转让票据的行为是否有效?

一、案情简介

新新公司 2008 年 10 月 5 日向票据支付地的甲县人民法院申请公示催告,称遗失了一张面额 10 万元的汇票,该汇票可以背书转让。法院当即审查并决定受理申请。法院于10月10日通知汇票支付人停止支付，10月11日发出公告，催促利害关系人申报权利。2009年10月13日该票据被背书转让。

二、分歧观点

关于在公示催告期间，转让票据的行为是否有效，存在两种不同的观点：

第一种观点认为，根据我国《民事诉讼法》第220条的规定，公示催告期间，转让票据权利的行为无效。

第二种观点认为，公示催告程序非因作出除权判决而终结时，在此期间转让的票据行为有效，不产生公示催告程序的约束力。

第十二章 强制执行程序案例讨论

第一节 执行概述案例讨论

案例 12.1→

执行管辖的确定是否以被执行人住所地为准?

一、案情简介

李某被张某打伤后曾多次与张某交涉要求赔偿未果,遂向张某的住所地某市东区人民法院起诉。在案件审理过程中,张某的住所地变更为该市南区。一审法院作出判决以后,张某向该市中级人民法院提出上诉,二审法院驳回了张某的上诉请求。现在张某南区的家里已经没有什么值钱的财产,但其在该市西区集贸市场存有价值5万元的货物。

二、分歧观点

关于如何确定本案的执行管辖法院,存在两种不同的观点:

第一种观点认为,在确定执行案件管辖时并不是依据被执行人的住所地,而是应当由第一审人民法院作为执行法院。因此,本案应由某市东区法院执行。

第二种观点认为,民事诉讼设置执行程序是为了保证判决能够得到执行。在本案中,被执行人的主要财产在该市西区,因此,应当由与第一审人民法院同级的被执行的财产所在地人民法院执行。

案例 12.2→

能否执行到期债权?

一、案情简介

天南公司拖欠海北公司钢材货款200万元。天南公司多次与海北公司交涉还款事宜未果,遂将海北公司诉至法院。诉讼过程中,双方达成协议,约定被告在半年内还清200万元欠款,原告放弃利息。调解书送达半年后,海北公司仅还款130万元,尚欠70万元。天南公司申请人民法院强制执行,但此时海北公司由于经营不善,已无力清偿债务。后查明东方公司拖欠海北公司房租50万元。

二、分歧观点

关于被执行人已无财产可供执行,但享有对第三人到期债权时,能否以该债权为执行标的,存在两种不同的观点:

第一种观点认为,一般认为,强制执行的标的应为财务或者行为。被执行人享有对第三人的到期债权属于被执行人的无形财产,且,该债权债务关系是否符合法律规定尚存疑问。为了保障案外第三人的合法权益,应当禁止执行被执行人对第三人的到期债权。

第二种观点认为,执行被执行人对第三人的到期债权是有明确法律依据的,《最高人民法院关于适用〈中华人民共和国民事诉讼法〉若干问题的意见》第300条规定:"被执行人不能清偿债务,但对第三人享有到期债权的,人民法院可依申请执行人的申请,通知该第三人向申请执行人履行债务。该第三人对债务没有异议但又在通知指定的期限内不履行的,人民法院可以强制执行。"最高人民法院颁布了《关于人民法院执行工作若干问题的规定(试行)》第61条第1款规定:"被执行人不能清偿债务,但对本案以外的第三人享有到期债权的,人民法院可以依申请执行人或被执行人的申请,向第三人发出履行到期债务的通知(以下简称履行通知)。履行通知必须直接送达第三人。"

案例 12.3→

被执行人未到期债权能否执行?

一、案情简介①

2003年1月6日,A建筑公司和某银行签订了借款合同,合同约定借款金额为2500万元,借款期限一年。B建筑公司对此借款承担连带保

---

① 案例来源于:http://www.people.com.cn/GB/14576/15197/2460562.html,访问日期:2013年3月4日。

证责任,保证期限是自借款到期后顺延两年。2004年1月6日,合同到期,但由于 A 建筑公司开发的住宅项目未能按原定计划建成销售,资金周转受到影响,仅归还贷款 1000 万元,剩余 1500 万元未能按期归还。某银行将 A 建筑公司和 B 建筑公司列为共同被告,要求两公司承担连带清偿责任,并提出财产保全请求。法院在某银行提供相应的担保之后,冻结了 B 建筑公司银行账户内的 1500 万元现金。B 建筑公司和 A 建筑公司联合向法院提出,A 建筑公司对某房屋中介公司还有 3000 万元的债权即将到期,请求法院冻结某房屋中介公司的财产,以解除对 B 建筑公司账户的冻结。法院调查后发现,某房屋中介公司尚欠 A 建筑公司售房款 3000 万元,偿还期限为 2004 年 6 月。

二、分歧观点

关于法院是否有权执行被执行人未到期债权,存在两种不同的观点:

第一种观点认为,法院有权执行被执行人未到期债权。民事执行程序中之所以可以执行被执行人的债权是为了有效控制被执行人的财产,保证生效判决的执行。因此对司法解释的理解不应囿于其字面意思,而应把握司法解释背后的法律原意。因此,法院有权执行被执行人未到期债权。

第二种观点认为,法院无权执行被执行人未到期债权。最高人民法院相关的司法解释已经明确写明是"到期债权"。而本案中争议的债权未届清偿期,因此,法院无权执行被执行人未到期的债权。

第二节 执行措施案

案例 12.4→

以行为为执行标的的执行行为可以替代吗?

一、案情简介

女影星李某在自己的博客里发文说自己成名以前曾被知名导演张某包养。该文发表后没多久,网友们对该女影星进行了"人肉搜索",一时间女影星李某成为网络红人。但该文所提到的知名导演张某却因此受到了很大的负面影响。知名导演张某起诉女影星李某。经审理李某被判决赔礼道歉。但李某拒绝履行法院的判决。

二、分歧观点

关于法院应当如何处理,存在两种不同的观点:

第一种观点认为,对判决、裁定和其他法律文书指定的行为,被执行人未按执行通知履行的,人民法院可以强制执行或者委托有关单位或者其他人完成,费用由被执行人承担。在本案中,法院可以李某的名义登报道歉,相关费用由李某负担。

第二种观点认为,法院应当对李某进行说服教育,督促其主动履行赔礼道歉的义务。

案例 12.5→

被执行人无财产可共执行时,应采取何种执行措施?

一、案情简介

新兴公司诉开元公司合同纠纷一案,市中级人民法院二审判决开元公司败诉,但开元公司拒不执行生效判决所确定的义务,新兴公司向法院申请强制执行。执行过程中,开元公司提出目前没有财产可供执行。

二、分歧观点

关于被执行人无财产可执行时,法院应当采取何种执行措施,存在两种不同的观点:

第一种观点认为,在被执行人无财产可供执行的情况下,执行法院应当中止执行,待被执行人具有履行能力时,再恢复执行。

第二种观点认为,在被执行人无财产可供执行的情况下,执行法院应当终结执行。

三、提示与参考

执行中止是指在执行过程中,因为某种特殊情况的发生而使执行程序暂时停止,待这种情况消失后,再行恢复执行程序的制度。我国《民事诉讼法》第256条规定:有下列情形之一的,人民法院应当裁定中止执行:(1)申请人表示可以延期执行的;(2)案外人对执行标的提出确有理由的异议的;(3)作为一方当事人的公民死亡,需要等待继承人继承权利或者承担义务的;(4)作为一方当事人的法人或者其他组织终止,尚未确定权利义务承受人的;(5)人民法院认为应当中止执行的其他情形。中止的情形消失后,恢复执行。

执行终结,是指人民法院在执行过程中,由于出现了某种特殊情况,使执行程序无法或无须继续进行,从而结束执行程序。我国《民事诉讼法》第257条规定:有下列情形之一的,人民法院裁定终结执行:(1)申请人撤销申请的;(2)据以执行的法律文书被撤销的;(3)作为被执行人的公民死亡,无遗产可供执行,又无义务承担人的;(4)追索赡养费、扶养费、抚育费案件的权利人死亡的;(5)作为被执行人的公民因生活困难无力偿还借款,无收入来源,又丧失劳动能力的;(6)人民法院认为应当终结执行的其他情形。

案例 12.6→

执行如何应对执行规避?[①]

12.6.1 首都师范大学与中建物业管理公司供用热力合同纠纷执行案

首都师范大学与中建物业管理公司供用热力合同纠纷一案,北京市海淀区人民法院判决中建物业管理公司给付首都师范大学供暖费2913715.7元以及利息270025.17元。一审判决后,中建物业管理公司提起上诉。北京市第一中级人民法院二审判决驳回上诉,维持原判。

由于中建物业管理公司未履行生效判决确定的义务,首都师范大学向北京市海淀区人民法院申请执行。执行法院要求中建物业管理公司申报财产情况。中建物业管理公司申报了中国工商银行和兴业银行两个银行账户,执行法院对两个账户进行了冻结,仅扣划到9800元。执行法院进一步调查发现,中建物业管理公司在中国建设银行还开立有一个账户,执行法院遂冻结了该账上仅有的存款13289.02元。执行法院要求中建物业管理公司负责人到庭说明为何没有如实申报财产,并要求中建物业管理公司提供3个银行账号的对账单和会计凭证供调查。中建物业管理公司负责人未到庭,且未提供对账单和会计凭证。鉴于此,执行法院对中建物业管理公司的办公场所进行了搜查。通过查阅搜查获取的会计账

[①] 《最高人民法院公报》,2011年第9期。

簿，发现中建物业管理公司以工资、药费、差旅费等名义向中建北配楼招待所支付了大笔费用，累计近百万元。执行法院调取了中建物业管理公司的中国建设银行账户交易记录，显示在执行法院发出执行通知书后，中建物业管理公司仍有多笔大额资金往来。执行法院到中建北配楼招待所的经营场所进行调查，发现招待所条件十分简陋，仅有6名员工，月经营收入为20000～30000元。经过调查，执行法院掌握了大量确凿的证据，证明中建物业管理公司在收到执行通知书后，未如实申报财产情况，其将经营收入等大笔资金转入中建北配楼招待所的银行账户，以达到转移财产，规避执行的目的。因此，执行法院对中建物业管理公司的负责人采取了拘留措施，并决定对中建物业管理公司的账目进行审计。执行法院采取强制措施后，中建物业管理公司迫于压力，3日内向法院支付了180余万元执行款，并与申请人首都师范大学达成了执行和解协议，并已分期履行完毕。

提示：执行法院严格落实财产报告制度，加大依职权调查财产的力度，适当运用审计方法调查被执行人财产，使得该案得以顺利执结。

12.6.2 张某与陈某、吴某英民间借贷纠纷执行案

张某与陈某、吴某英民间借贷纠纷一案，福建省福州市中级人民法院判令陈某偿还张某188万元及利息；被告吴某英承担连带清偿责任。一审判决后，陈某、吴某英提起上诉。福建省高级人民法院二审判决驳回上诉，维持原判。由于陈某、吴某英未履行生效判决所确定的义务，张某向福州市中级人民法院申请强制执行。执行法院决定对诉讼阶段保全查封的吴某英名下的位于福州市晋安区新店镇福飞北路136号福州新慧嘉苑5号楼一层02号房屋进行强制拍卖。被执行人吴某英向法院出示了一份其与弟弟签订的关于上述房屋的租赁合同，合同约定每月租金950元，租期15年，租金一次性支付。吴某英称，她在法院查封前已经将房屋出租给弟弟，并一次性收取了租金17万元，其弟弟在签订合同后，又转租给第三人（次承租人）。吴某英不能出具金融机构的相关转账凭证，证明她一次性收取了17万元租金。对此，吴某英辩称，她是向弟弟借钱买了房屋，约定用该房屋的租金偿还。申请人张某向执行法院提交报告，称她曾亲眼看到吴某英亲自向次承租人收取租金，她认为吴某英出示的租赁合同系吴某英姐弟串通伪造而成。执行人员向房屋前后几个承租人调查了

解情况,几个承租人证实,每个月租金均由吴某英收取,租金为每月3000元。执行人员在掌握充分证据后,约谈了吴某英的弟弟。吴某英弟弟承认,吴某英知道房屋被法院查封后,以他的名义将房屋转租给次承租人,转租合同上的签名系吴某英所签,吴某英直接向次承租人收取租金。执行法院认为,查封财产上的租赁关系不影响对查封财产的处置。执行法院决定对查封房屋进行拍卖,并在拍卖公告中告知被执行人有权提出异议。吴某英没有在规定期限内提出异议。吴某英的弟弟在法院决定强制拍卖房屋之前,主动退出了租赁、转租的三方租赁合同关系。执行法院依法对房屋进行了评估拍卖。拍卖成交后,原次承租人仍享有租赁权,改向买受人交付租金。

提示:人民法院强化财产保全措施,加大对保全财产的执行力度,使得该案得以顺利执行。

12.6.3 上海金地石化有限公司与上海立宇贸易有限公司侵权损害赔偿纠纷执行案

上海金地石化有限公司(以下简称"金地公司")与上海立宇贸易有限公司(以下简称"立宇公司")侵权损害赔偿纠纷一案,上海市高级人民法院作出民事调解书,确认立宇公司支付金地公司880万元;杨某萍在740万元范围内对立宇公司的支付义务承担连带责任。立宇公司与杨某萍未履行调解书约定的付款义务,金地公司向该案一审法院上海市第一中级人民法院申请强制执行。执行法院查明,立宇公司因涉嫌刑事案件,经相关机构鉴定,已无偿债能力;杨某萍名下原有4套房产,但在原告金地公司提起诉讼前两天,杨某萍与龚某(杨某萍之子)签订了3份《上海市房地产买卖合同》,将其名下4套房产中的3套"售与"龚某,随后办理了房产过户手续。执行立案后,金地公司向上海市闵行区人民法院提起撤销杨某萍与龚某之间的房地产买卖合同的诉讼,上海市第一中级人民法院遂依法裁定该案中止执行。上海市闵行区人民法院在审理中查明,杨某萍系立宇公司股东,其在接受公安机关询问时,明确回答龚某实际未支付房款;龚某在受让房产时年仅20岁,且一直在国外读书,生活来源需父母供给,并不具备支付房款的能力。法院认为,杨某萍预见到可能承担责任后,将其房屋产权无偿过户至龚某名下,主观上具有逃避债务的恶意,且事实上致使其清偿债务能力减弱,损害了债权人的利益。因此,判决撤销了杨某萍、龚某签订的3份《上海市房地产买卖合同》。随后,金地公司申请恢复执行,要求处理已恢复至杨某萍名下的房产。执行法院恢复执行后,金地公司与杨某萍达成和解协议,杨某萍将其名下的1套房产过户至金地公司名下,并补偿金地公司16万元,金地公司放弃其他债权主张。案件执行终结。

提示: 被执行人无偿转让财产,对申请执行人造成损害,申请执行人依照合同法相关规定向有管辖权的人民法院提起撤销权诉讼,有效地反制规避执行行为。

12.6.4 湖北宏鑫建设工程有限公司、团风县方高坪建筑公司与亿源科大磁性材料有限公司及黄冈中机汽车销售有限公司工程款担保纠纷执行案

湖北宏鑫建设工程有限公司(以下简称"宏鑫公司")、团风县方高坪建筑公司(以下简称"方高坪建筑公司")与亿源科大磁性材料有限公司(以下简称"亿源公司")、黄冈中机汽车销售有限公司(以下简称"中机公司")工程款担保纠纷执行一案,湖北省黄冈市中级人民法院于2008年3月3日立案执行。亿源公司以其法定代表人丁某为市政协委员的特殊身份及无还款能力为由拒不履行生效判决确定的义务。经执行法院调查,亿源公司在人民银行登记备案的几个银行账户均只有几元到几百元不等的存款,公司不动产已设定抵押,无其他可供执行财产;中机公司早已歇业,无可供执行财产。2008年5月19日,申请执行人向执行法院提供线索,亿源公司有75万元货款从深圳汇回。执行人员随即查询亿源公司在人民银行登记备案的几个银行账户,未发现该笔款项。后执行人员查询到亿源公司于工商银行开立的一账户(该账户未在人民银行备案),查到该笔汇款,但款项已被转走。经调查,该款汇入当天即转入亿源公司会计邓某的个人账户。根据上述情况,执行法院认为亿源公司有隐匿资产、规避执行的嫌疑,立即冻结了邓某个人账户上的75万元存款。邓某提出执行异议,称被冻结账户上的款项系亿源公司偿还他的借款,系其个人财产。执行法院依法对异议进行审查,经核对亿源公司和邓某账户,发现自2007年11月至2008年5月,亿源公司账户所有大额资金(共22笔,156.5万元)均于到账当日或次日转入邓某个人账户,邓某个人账户除由公司账户转入的22笔款项外,无其他存款记录。审查过程中,邓某出示

一份盖有亿源公司印章、金额为86万元的借条。经对亿源公司会计账目进行调查,没有该笔借款记录。执行法院查明,邓某50多岁,下岗职工,配偶无职业,家庭生活拮据。据此推断邓某与亿源公司的借贷关系不合常理。执行法院要求邓某说明资金来源和给付方式,并告知虚假陈述的法律责任。邓某含糊搪塞,主动要求收回借据。执行法院遂依审查中查明的情况,认定亿源公司为邓某账户款项的实际所有人,依法裁定驳回邓某的异议。邓某签收裁定后,向执行法院提起异议之诉,又于开庭前撤诉。执行法院以故意隐匿资产、妨碍执行为由,对亿源公司处以罚款,同时积极征得黄冈市政协的同意和支持,对亿源公司法定代表人丁某处以拘留。亿源公司及丁某均未提任何异议、复议或申诉。案件得以顺利执行。

提示:被执行人虚假报告财产、虚构债务隐藏、转移财产,给申请执行人造成损失的,执行法院依法对被执行人及其相关责任人处以罚款、拘留,使得案件得以顺利执结。

12.6.5 广东省惠东县建筑工程总公司与万事达商贸城(惠东)有限公司工程款纠纷执行案

广东省惠东县建筑工程总公司与万事达商贸城(惠东)有限公司工程款纠纷执行一案,广东省惠东县人民法院于2010年1月13日向被执行人万事达商贸城(惠东)有限公司发出执行通知书及财产申报令,责令被执行人万事达商贸城(惠东)有限公司于同年1月20日支付80万元工程款给申请执行人。被执行人万事达商贸城(惠东)有限公司接到执行通知书后,派人到庭,但未申报公司财产状况,同时表示希望申请执行人在其指定的一家酒店消费30万元了结该案。经执行法院调查,被执行人万事达商贸城(惠东)有限公司为港资企业,法定代表人李某生系香港居民,公司的银行存款仅有1000多元,登记在公司名下的房地产占地面积共计16357平方米,已在银行办理了抵押登记,且该房地产已被万事达商贸城(惠东)有限公司出租给某酒店,租赁期限为60年,且租金已由被执行人一次性收取,该房产无法处置变现。因被执行人万事达商贸城(惠东)有限公司法定代表人李某生系香港居民,执行法院决定对其采取限制出境措施。2010年3月25日晚,正准备在深圳罗湖口岸出境的李某生被限制出境。随后,执行法院决定对其采取拘留措施。被拘留后,李某生主动承认了不申报财产和不履行法律文书确定义务的错误。最终,申请执行人广东省惠东县建筑工程总公司与被执行人万事达商贸城(惠东)有限公司达成执行和解协议,被执行人分两期将80万元工程款全部支付给了申请执行人。

提示:由于被执行人不履行法律文书确定的义务,执行法院依法对被执行人法定代表人采取限制出境和拘留措施,在强大的法律威慑力下,被执行人履行了义务,案件得以顺利执结。

12.6.6 周某利拒不执行判决、裁定案

2007年7月20日,被告人周某利驾驶车牌号为京HQ4771的吉利牌小客车在北京市海淀区太舟坞东路砖瓦厂路口发生交通事故,将行人孙某龙撞伤。经交通管理部门认定,周某利负事故全部责任。后孙某龙将周某利诉至北京市海淀区人民法院,北京市海淀区人民法院于2008年6月18日判令周某利赔偿孙某龙人民币43398.26元。上述判决生效期间,周某利从安邦财产保险股份有限公司领取事故赔偿款人民币62872.3元,但并未履行对孙某龙的赔偿义务,而是挪作他用。其在得知孙某龙申请执行后,又将其所有的吉利牌小客车过户到他人名下。2008年8月15日,周某利被传唤至北京市海淀区人民法院后,如实交代了其为逃避执行而转移财产的行为。北京市海淀区人民法院经开庭审理后认为,被告人周某利在对人民法院的判决有执行能力的情况下,采取转移财产的方式拒不执行,情节严重,其行为已构成拒不执行判决、裁定罪。鉴于周某利经电话传唤后主动到案,如实供述了其罪行,属于自首;同时结合其认罪态度较好,受到刑事追究后履行了民事判决确定的赔偿义务,对其可从轻处罚。据此,以拒不执行判决、裁定罪判处被告人周某利有期徒刑八个月。

提示:周某利发生交通事故后,在保险公司领取了专门用于赔付因交通事故造成的第三者经济损失的保险理赔款,未支付给受害人,而是挪作他用,且将车辆过户到案外人名下,造成生效判决无法执行,其拒不执行判决的行为受到了刑罚制裁。该案件的处理,对于当前在交通事故损害赔偿案件中,义务人存在的挪用机动车辆保险赔偿款以及转移、隐匿机动车辆等规避执行行为起到了较好的教育和示范效应,具有一定的典型意义。

12.6.7 李某辉拒不执行判决、裁定案

2007年4月20日,新疆维吾尔自治区博尔塔拉蒙古自治州中级人

民法院对原告新疆华冶国际贸易有限公司与被告新疆协和天然物产有限公司、李某辉买卖合同纠纷、代理合同纠纷两案依法作出判决,共判令新疆协和天然物产有限公司偿还新疆华冶国际贸易有限公司货款及利息等900余万元,李某辉个人承担连带清偿责任。判决生效进入执行程序后,博尔塔拉蒙古自治州中级人民法院依法向李某辉送达了执行通知书。李某辉不但不履行义务,反而将博尔塔拉蒙古自治州中级人民法院于2007年4月11日裁定扣押的新A-92691号江淮客车、新AC-3362号富康车以及2007年8月24日扣押的新A67700号桑塔纳轿车转移、隐藏至浙江省杭州市等地,其本人也藏匿于杭州市等地,并停止使用原来的手机号码,致使判决无法执行。博乐市人民法院经开庭审理后认为,被告人李某辉无视法院生效判决,有能力履行但拒不执行判决所确定的给付义务,采取转移、隐匿法院扣押的财产和停用手机号码并躲藏到外地的方式,逃避法院强制执行,情节严重,其行为已构成拒不执行判决、裁定罪,据此依法判处其有期徒刑二年六个月。宣判后,李某辉提出上诉。博尔塔拉蒙古自治州中级人民法院审理后认为,原审判决认定事实清楚,证据确实、充分,定性准确,适用法律正确,量刑适当,裁定驳回上诉,维持原判。

提示:被执行人李某辉在执行过程中,隐藏、转移已被查封的财产,致使判决无法执行,依照最高人民法院司法解释规定,属于拒不执行人民法院判决、裁定的行为"情节严重",依法应当以拒不执行判决、裁定罪追究刑事责任。本案的处理,对于依法打击实践中个别被执行人擅自隐藏、转移、变卖、毁损已被依法查封、扣押或者已被清点并责令其保管的财产等不法行为,具有一定的教育宣传作用。

12.6.8 陈某欢、洪某成拒不执行判决、裁定案

2008年4月3日,福建省建瓯市人民法院对原告建瓯市立伟塑料有限公司与被告深圳市德扬塑胶电木有限公司、陈某欢、洪某成买卖合同纠纷一案依法作出判决,判令深圳市德扬塑胶电木有限公司向建瓯市立伟塑料有限公司支付货款人民币509250元及违约金,陈某欢、洪某成个人对上述欠款承担保证责任。该判决生效后,陈某欢、洪某成夫妇于2008年5月8日将两人名下位于深圳市宝安区松岗街道塘下涌社区一村新区三巷18号的房产以220万元的价格出售;同年7月,二人又将深圳市德扬塑胶电木有限公司的机器设备以11.5万元的价格出售。二人并未将获得的款项用于履行生效判决所确定的债务,而是将款项转至别处,致使

法院判决无法执行。案发后,二被告人与申请执行人建瓯市立伟塑料有限公司达成和解协议并于同年6月履行完毕。建瓯市人民法院经开庭审理认为,被告人陈某欢、洪某成在法院民事判决已发生法律效力的情况下,为逃避债务,故意将可执行财产予以变卖转移,造成法院判决无法执行,情节严重,其行为均已构成拒不执行判决、裁定罪。鉴于二人在案发后认罪态度好,全部履行了义务,洪某成还具有自首情节,可分别从轻处罚。据此,以拒不执行判决、裁定罪分别判处陈某欢、洪某成有期徒刑二年,缓期三年执行和有期徒刑一年六个月,缓期二年执行。

提示:实践中,被执行人为逃避履行生效判决确定的义务,千方百计转移、隐匿财产,其中常见的手法是将名下房产予以变卖、处置,对这种行为必须予以严厉制裁。本案中,被执行人夫妇在判决生效后,出售房屋并转移售房得款,很显然属于有能力执行而拒不执行,依法应当追究刑事责任。而且本案还从另一个角度说明,对于那些涉嫌构成拒不执行判决、裁定罪的被执行人,只要能认清形势,主动投案并积极履行义务,依照宽严相济的刑事政策,可以得到从轻处罚。

12.6.9 李某明与被执行人丁某良虚假诉讼案

2007年9月,丁某良因与他人发生经济纠纷,致其位于浙江省嵊州市仙湖路877号锦绣嘉园东苑15幢二单元501室的房产被嵊州市人民法院查封。2008年,嵊州市人民法院陆续受理了4件以丁某良为被执行人的案件,总标的额为140余万元。同年11月,丁某良被查封的房产被以37万元的价格拍卖。2006年,丁某良因经营所需,曾先后向李某明借款共计10万元。2007年12月,李某明指使丁某良与其伪造了一张房屋租赁合同,约定以10万元的价格承租上述房屋,租期为20年,落款时间为该房产被查封之前的2007年6月。2008年2月,李某明为了多分得债权利益,又指使丁某良与其伪造了一张由丁某良向其借款35万元的借条,并于同年3月起诉至嵊州市人民法院,庭审前双方达成还款调解协议,嵊州市人民法院作出〔2008〕嵊民二初字第592号民事调解书予以确认。李某明依据嵊州市人民法院作出的前述民事调解书申请执行,要求参与分配,并以已向丁某良一次性付清10万元房租为由,要求法院先行退还剩余的房屋租赁费。多名债权人依法受偿丁某良房产拍卖款项时,对李某明与被执行人丁某良之间的借条提出异议。嵊州市人民法院经查发现,李某明与丁某良存在虚构债务的虚假诉讼情况,遂于2009年4月

29 日决定对该案进行再审,并于 2009 年 7 月 15 日作出撤销原民事调解书的判决。嵊州市人民法院经开庭审理后认为,被告人李某明为多分得债权利益,指使他人伪造借条,向人民法院提起诉讼并申请执行,严重妨害了司法机关正常的诉讼活动,其行为已构成妨害作证罪。被告人丁某良为使李某明多分得债权利益,帮助其伪造借条,情节严重,其行为已构成帮助伪造证据罪。鉴于二人犯罪后能自动投案,如实供述自己的罪行,属于自首,均可从轻处罚。据此,以妨害作证罪判处李某明有期徒刑一年,以帮助伪造证据罪判处丁某良有期徒刑八个月。

提示: 司法实践中,债务人与个别债权人或案外人串通进行虚假诉讼,对债务人名下财产主张权利,侵害其他债权人利益的现象偶有发生,必须坚决依法予以打击。本案债权人李某明为了多分得债权利益,指使债务人丁某良与其伪造了一张由丁某良向其借款 35 万元的借条,起诉到法院后以民事调解书予以确认,并据此申请参与分配,导致其他债权人受偿数额减少,侵害了他人合法权益。案发后,人民法院根据查明的事实,对李某明、丁某良分别以妨害作证罪、帮助伪造证据罪定罪量刑,准确适当。本案的处理给有关当事人能起到一定的警示作用,进行虚假诉讼,情节严重的,将依法追究刑事责任。

第三节 执行救济

案例 12.7→

被执行人认为法院的执行标的超出了判决确定的范围的,其应当采取怎样的救济措施?

一、案情简介[①]

异议人:泉州市祥恒建筑工程有限公司厦门分公司。异议人:黄某。申请执行人:厦门市瑞隆建材有限公司。被执行人:泉州市祥恒建筑工程有限公司。被执行人:黄某。

厦门市思明区人民法院于 2010 年 12 月 20 日作出〔2010〕思民初字第 7486 号民事调解书,确认:一、被告泉州市祥恒建筑工程有限公司厦门

---

① 案例来源于北大法宝网,2013 年 7 月 2 日访问。

分公司同意于庭后 2011 年 1 月 20 日之前支付给原告钢材款 1838684.85 元,加价款 30 万元,律师费 47811 元,合计 2186495.85 元;二、若被告泉州市祥恒建筑工程有限公司厦门分公司未按期支付第 1 条的款项,则本案的钢材加价款按 64 万元计付给原告,但若被告泉州市祥恒建筑工程有限公司厦门分公司提供的证据表明其未能按期支付本案款项是由于政府相关职能部门审核和拨付新永成花园安置房工程款拖延导致,本案钢材加价款仍按 30 万元计付;三、原告厦门市瑞隆建材有限公司自愿放弃其他诉讼请求;四、被告二黄某对被告一泉州市祥恒建筑工程有限公司厦门分公司的上述债务承担连带保证责任。民事调解书生效后,泉州市祥恒建筑工程有限公司厦门分公司、黄某仅支付 150 万元,厦门市瑞隆建材有限公司于 2011 年 2 月 23 日向厦门市思明区人民法院申请强制执行,该院依法分别于 2011 年 5 月 13 日与 2011 年 7 月 12 日扣划被执行人泉州市祥恒建筑工程有限公司厦门分公司执行款共计 1026495.85 元。对此,被执行人泉州市祥恒建筑工程有限公司厦门分公司、黄某于 2011 年 9 月 20 日对厦门市思明区人民法院按照 64 万元冻结扣划调解书确定的钢材加价款提出书面异议。两被执行人认为,法院应退回在执行程序中多扣划的 34 万元资金,理由是:(1)根据调解书调解协议第 2 款约定"若被告泉州市祥恒建筑工程有限公司厦门分公司未按期支付第 1 条的款项,则本案的钢材加价款按 64 万元计付给原告,但若被告泉州市祥恒建筑工程有限公司厦门分公司提供的证据表明其未能按期支付本案款项是由于政府相关职能部门审核和拨付新永成花园安置房工程款拖延导致,本案钢材加价款仍按 30 万元计付",现因规划部门新规定房屋底层不能设置配电房,建设单位重新选址配电房,待规划部门审核后方可施工,导致工程无法进行竣工验收及结算,工程款亦未审核拨付到位,因此,本案钢材加价款应该以 30 万元计付,而不是申请执行人主张的 64 万元;(2)加价款过高,高于申请执行人的实际损失;(3)调解书生效后,被执行人已经积极筹措资金履行了总数 2186495.85 元工程款中的 150 万元,不适用调解书约定的未按期支付的条款。福建省厦门市思明区人民法院认为,民事调解书第 2 款约定的"政府相关职能部门审核和拨付新永成花园安置房工程款拖延",并非整个建设工程的竣工验收与结算,因此,本案两被执行人在未能提供证据举证证明"政府相关部门审核拨付工程款拖延"的情况下,以新永成花园安置房工程尚未竣工验收与结算为由,主张加价款仍按30万元计算的理由不能成立。同时,两被执行人虽已经履行150万元付款义务,但是未按照调解书第1款"于2011年1月20日之前支付给原告2186495.85元"之约定,履行全部付款义务,仍构成对调解协议的整体违约,应承担相应的违约责任。因此,本院冻结并扣划本案两被执行人执行款1026495.85元并无不当,两被执行人的异议理由不能成立。据此,裁定驳回泉州市祥恒建筑工程有限公司厦门分公司、黄某的异议。

二、提示与参考

在执行程序中,如果被执行人认为执行法院的执行行为违反了程序法的规定可以提出执行异议。当事人、利害关系人认为执行行为违反法律规定的,可以向负责执行的人民法院提出书面异议。当事人、利害关系人提出书面异议的,人民法院应当自收到书面异议之日起十五日内审查,理由成立的,裁定撤销或者改正;理由不成立的,裁定驳回。当事人、利害关系人对裁定不服的,可以自裁定送达之日起十日内向上一级人民法院申请复议。

案例 12.8→

在执行担保中,当事人未对保证责任作出明确约定的,在债务人不履行债务时,法院能否直接强制执行保证人的财产?[1]

一、案情简介

异议人(执行担保人)李某丽称:申请执行人华某良与被执行人宁波海泰科医疗设备制造有限公司(以下简称"海泰科公司")、李某东民间借贷纠纷一案,宁波市镇海区人民法院在执行过程中,双方当事人于2011年12月7日达成了和解协议,约定被执行人李某东应归还申请执行人华某良欠款人民币70万元,异议人为被执行人李某东提供担保,在李某东不履行的情况下,承担相应的法律责任。和解协议约定李某东在不履行的情况下,可拍卖李某东所有的位于宁波市江东区兴宁巷12号101室房

---

[1] 来源于北大法宝网,2013年4月7日访问。

屋。因李某东未能按照和解协议按时履约,镇海法院于2012年2月27日查封了执行担保人李某丽所有的位于宁波市江东区彩虹北路7弄20号501室、宁波市海曙区紫薇巷7号306室的房屋两套并启动了拍卖程序。异议人认为,镇海法院的执行行为存在严重的程序问题,异议人只是作为被执行人李某东的一般保证人,只能在李某东没有财产导致无法履行的前提下才承担约定额度的履行义务,现法院明知李某东名下有房屋可供执行,却绕开李某东的财产,启动对异议人名下房产的拍卖程序,违背了法律规定的一般保证的偿还顺序,也不符合法院执行应该遵循的法定程序,严重侵害了异议人的合法权益,故请求先执行被执行人李某东的财产,停止对异议人李某丽个人财产的强制执行程序。申请执行人华某良答辩称根据和解协议,异议人应当承担连带保证责任,故请求驳回异议人的异议请求,并继续执行担保人李某丽的财产。被执行人海泰科公司、李某东答辩称:李某东名下有位于宁波市鄞州区姜山镇东方新村51幢2号、宁波市江东区兴宁巷12号101室的房屋可供执行,异议人承担的是一般保证责任,同意异议人的异议请求。宁波市镇海区人民法院认定事实如下:本院在执行〔2011〕甬镇执民字第1111号申请执行人华某良与被执行人海泰科公司、李某东民间借贷纠纷一案中,双方当事人于2011年12月7日自行达成和解协议,约定海泰科公司、李某东应归还华某良人民币70万元,于2011年12月31日前归还10万元,剩余60万元在2012年1月31日前归还;如海泰科公司、李某东不能按期归还欠款,则华某良可以按判决书确定的数额申请恢复强制执行,并可拍卖被执行人李某东所有的位于宁波市江东区兴宁巷12号101室房屋清偿债务;李某丽、胡某自愿作为被执行人李某东的担保人,保证李某东按上述约定的期限履行,逾期不履行的,则承担相应的法律责任。同日,李某丽、胡某向本院出具担保书,承诺自愿作为被执行人李某东的担保人,保证李某东在2011年12月31日前归还10万元及该案诉讼费、执行费25419元,于2012年1月31日前归还60万元,逾期不履行的,愿意依照《中华人民共和国民事诉讼法》的相关规定承担法律责任。后被执行人向申请执行人归还了5万元,余款65万元至今未还。2012年2月27日,本院作出〔2011〕甬镇执民字第1111-2号执行裁定,裁定查封、拍卖执行担保人李某丽所有的位于宁波市江东区彩虹北路7弄20号501室、宁波市海曙区紫薇巷7号306室房屋两套。镇海区人民法院认为,《中华人民共和国担保法》第19条规定:"当事人对保证方式没有约定或者约定不明确的,按照连带责任保证承担保证责任。"《民事诉讼法》(2007)第208条规定:"在执行中,被执行人向人民法院提供担保,并经申请执行人同意的,人民法院可以决定暂缓执行及暂缓执行的期限。被执行人逾期仍不履行的,人民法院有权执行被执行人的担保财产或者担保人的财产。"根据申请执行人华某良、被执行人海泰科公司、李某东及担保人李某丽、胡某于2011年12月7日达成的和解协议及李某丽、胡某出具的担保书,担保人李某丽在本案中依法应承担连带保证责任,在被执行人海泰科公司、李某东未按约履行的情况下,本院可依法裁定执行担保人李某丽的财产。异议人主张其只是作为被执行人李某东的一般保证人,只能在李某东没有财产导致无法履行的情况下,才承担约定额度的履行义务,没有事实依据,也与法相悖,故本院对异议人的异议请求不予支持。据此,依照《中华人民共和国民事诉讼法》(2007)第202条和《最高人民法院关于适用〈中华人民共和国民事诉讼法〉执行程序若干问题的解释》第5条的规定,裁定如下:驳回异议人(执行担保人)李某丽的异议。

二、分歧观点

关于法院能否直接执行担保人的财产,存在两种不同的观点:

第一种观点认为,和解协议及担保协议均系当事三方真实意思表示,且协议内容不违反国家法律规定,故该协议是合法有效的,对三方都具有约束力。故在被执行人海泰科公司、李某东未能按约履行还款义务且担保人李某丽、胡某也未按约定承担起担保责任的前提下,申请执行人华某良有权依照和解协议及担保协议直接向法院申请强制执行担保人李某丽的财产。

第二种观点认为,虽然和解协议及担保协议合法有效,但法律并没有赋予其具有强制执行的效力,故申请执行人不能直接向法院申请强制执行和解协议中的担保人;同时,和解协议中的担保行为也不同于执行担保,该和解协议中的担保仅仅是对申请执行人与被执行人达成的和解协议进行担保,其只是对被执行人就依照该协议约定的内容履行义务进行担保。本案中,被执行人海泰科公司、李某东未按和解协议履行,且担保人李某丽、胡某也未履行担保义务,则申请执行人华某良只能向人民法院申请对原生效法律文书的执行,而不能直接向法院申请对担保人李某丽的财产进行强制执行。

图书在版编目(CIP)数据

民事诉讼法教学案例/李昕编. —厦门:厦门大学出版社,2014.1
(广州大学律师学书系)
ISBN 978-7-5615-4917-9

Ⅰ.①民… Ⅱ.①李… Ⅲ.①民事诉讼法-案例-中国-高等学校-教材
Ⅳ.①D925.105

中国版本图书馆 CIP 数据核字(2013)第 321928 号

厦门大学出版社出版发行
(地址:厦门市软件园二期望海路 39 号　邮编:361008)
http://www.xmupress.com
xmup @ xmupress.com
厦门市金凯龙印刷有限公司印刷
2014 年 1 月第 1 版　2014 年 1 月第 1 次印刷
开本:720×970　1/16　印张:17　插页:2
字数:287 千字　印数:1～2 000 册
定价:35.00 元
本书如有印装质量问题请直接寄承印厂调换